MOREIRA DA SILVA
O Último dos Malandros

Alexandre Augusto

MOREIRA DA SILVA
O Último dos Malandros

2ª Edição

Rio de Janeiro

2013

Copyright © 1996 Alexandre Augusto Teixeira Gonçalves
1ª Edição – 1996
2ª Edição – 2013 (atualizada)

O nome, a imagem e os dados biográficos de Moreira da Silva foram licenciados pela herdeira Marli Correa Gomes
Escritório responsável: Márcia Pargana
Vini Produções Artísticas e Culturais Ltda.
Tels: (21) 2548-8680 / (21) 9615-7083
Email: pargana@terra.com.br

Copyright desta edição © 2013 por Sonora Editora
Todos os direitos reservados. Proibida a reprodução, armazenamento ou transmissão de partes ou a totalidade deste livro, através de quaisquer meios, sem prévia autorização por escrito dos detentores de direitos envolvidos.

www.sonoraeditora.com.br
www.facebook.com/sonoraeditora

Apoio Cultural (original, 1996):

Direção Editorial: Marcelo Fróes
Revisão: Maíra Contrucci Jamel
Projeto gráfico, diagramação e produção gráfica: Jéssica Campos e Marcelo Santos
Foto (capa): Carlos Schramm
Impressão e acabamento: Prol Gráfica

Coordenação Geral: Marcus Fabrício Cunha
Produção Executiva: Flávio Cristiano do Amaral
Direção de Negócios: Michel Jamel

CIP-BRASIL. CATALOGAÇÃO-NA-FONTE
SINDICATO NACIONAL DOS EDITORES DE LIVROS, RJ

A923m Gonçalves, Alexandre Augusto Teixeira, 1971-
        Moreira da Silva: o último dos malandros / Alexandre Augusto Teixeira Gonçalves.
– 2. ed. Rio de Janeiro: Sonora Editora, 2013.
  304 p. : il. color. ; 23 cm

  ISBN 978-85-66567-04-5

    1. Moreira da Silva. 2. Compositores. 3. Cantores. 4. Biografia. I. Título.
                                                           CDU 929

Vendas e distribuição:
INDIGO BRASIL EMPREENDIMENTOS CULTURAIS
Av. das Américas, 500 Bl. 4 sala 315 – Barra da Tijuca
Rio de Janeiro – RJ – CEP 22.640-100
Telefone: (21) 2484-0619
E-mail: indigo@indigobrasil.com
www.indigobrasil.com

Para Ludmila, Iuri e Lara

SUMÁRIO

Prefácio - Nasce um Craque	9
Apresentação	11
1º de abril	13
Antônio, o mulatinho	19
No alto da Babilônia	27
Chegou o rei de umbanda	42
No tempo do rádio	61
Na varanda dos rouxinóis	75
Um certo Geraldo Pereira	91
1.296 mulheres	102
Kid Morengueira	122
No clã dos imortais	144
Tira os óculos e recolhe o homem	159
Subindo o morro dos 90	178
Malandro em desfile	201
C'est la vie	215
Posfácio - E as Mulheres?	227
Entrevistados	231
Glossário da malandragem	233
Agradecimentos	239
Bibliografia	241
Discografia	246
Fotos	274

Prefácio
NASCE UM CRAQUE

Sérgio Cabral

Alexandre Augusto é um jovem muito mais atrevido do que fui quando, aos 23 anos, comecei a escrever sobre música popular no *Jornal do Brasil*. Jamais me passaria pela cabeça, naquela época, escrever um livro, tarefa que, para mim, era um privilégio das pessoas mais velhas ou de jovens geniais como Castro Alves, Álvares de Azevedo e Casimiro de Abreu. De lá para cá, aprendi que livro também pode ser escrito por jovens, mas a verdade é que nenhum deles havia abordado, até agora, a música popular brasileira.

Alexandre Augusto foi mais longe no seu atrevimento. Baiano e morador da Bahia, marca a sua estreia escrevendo a biografia de um dos representantes mais legítimos do segmento mais carioca do Rio de Janeiro, o cantor Moreira da Silva. E eu, carioca, estudioso da música popular e da alma da minha cidade, asseguro: o resultado é excelente. Alexandre Augusto entendeu tudo e destrinchou com a maestria de um veterano. Li a sua obra deleitando-me e aprendendo.

A elaboração de um livro com o biografado em vida — o que não é novidade — também concorre para o êxito da obra. Alexandre, recebido inicialmente com as reservas com que são geralmente recepcionados os desconhecidos, foi conquistando a confiança de Moreira da Silva até o ponto em que o cantor concluiu que nada tinha a esconder. A mesma confiança conquistou dos parentes e dos amigos do biografado. O resultado é um livro extremamente revelador e que, em algumas páginas, ultrapassa a figura de Moreira da Silva para entrar na história da música popular brasileira. É também um livro sério e, ao mesmo tempo, bem-humorado, escrito em estilo leve e agradável, e que expressa a brilhante vocação de repórter do autor.

Sinto-me honrado por ter sido escolhido para fazer esta apresentação, por estar plenamente convencido de que este livro marca a estreia de um dos mais talentosos escritores dos bastidores deste mundo maravilhoso que é o da música popular brasileira. Torço para que Alexandre Augusto prossiga no tema e nos proporcione outras obras do nível de *Moreira da Silva, O Último dos Malandros*.

APRESENTAÇÃO

Tinha acabado de chegar ao Rio de Janeiro, vindo de Salvador. Preparava uma nova série de entrevistas com Moreira da Silva. Estava iniciando sua biografia e ele me perguntou se não queria acompanhá-lo numa passada por um lugarzinho interessante que costumava frequentar. Aceitei o convite. Ele vestiu o terno branco S-120, o chapéu-panamá, uma velha camisa cor de abóbora, e lá fomos nós.

Chegamos ao Terreiro Grande, no morro do Salgueiro, no início da noite. Uns camaradas nos esperavam para um jogo de ronda — malandros sorridentes, que me olharam como um pato a ser depenado. Só depois descobri que o jogo era a dinheiro. Percebi que aquilo ia terminar em encrenca. Mesmo assim, resolvi topar a parada e começamos a partida. Tarde da noite, tudo ia bem para mim e para o Moreira. Tínhamos levado toda a grana dos otários. Já estávamos pensando em dar o fora quando, de repente, apareceu um sujeito que pegou o baralho e me pediu o corte. Empolgado, olhei para ele e disse:

— Amigo, jogo até com a morte. Mas jogo em silêncio. Se acaso ganhar, não vá sorrir, nem zombar de mim. E outra coisa, meu companheiro. Não sou brigador, mas se perder e não pagar, vou lhe dar uma surra!

O moço, que me ouvia com atenção, esperou eu terminar minha preleção, fez cara de assustado e exclamou:

— Nossa! Que terror você é!

Foi aí que começamos a entrar pelo cano. Antes de começar o jogo, o forasteiro se virou para Moreira e falou, num inglês sofrível:

— *I'm crazy about you*.

E o velho malandro se fez de desentendido:

— Que que é isso, meu irmão? Tá me estranhando? Fala português, que eu não manjo papo de gringo!

O rapaz colocou a língua entre os dentes, fez biquinho e então traduziu:

— Eu adoro você.

Moreira dessa vez foi veemente na resposta. Voltou-se para o rapaz com cara de poucos amigos e baixou um discurso surrealista:

— Logo pra cima de mim que sou espírita! Esse negócio de sentar não é comigo. Só sento na cadeira. Eu gosto é de feijoada completa, com orelha de porco, toucinho e lata de banha de vinte quilos. Gosto de comer com tudo dentro.

E o moço, já meio descarado, insistiu:

— Então, bota tudo dentro.

— Da lata, da lata — emendou Moreira.

Após o festival de freguenhagem, continuamos o jogo. O sujeito se fazia de besta, mas era uma fera no baralho. A essa altura, já estávamos quase tesos, só com o dinheiro do táxi. Foi quando Moreira pegou a soligem e, num ato reflexo, fez o sinal da cruz. Como num passe de mágica, ouvimos um estouro e subiu aquele cheiro de enxofre. Era o capeta, o mestre capelão. Veio materializado e não tínhamos percebido. Se bem que um diabo meio fresco. Assustados, metemos a mão no feijão, abrimos os poros e descemos o morro tranquilos. Hoje, relembro aquele dia e penso com meus botões que, se não fosse o ato reflexo do Kid, essas histórias não poderiam ser contadas.

Alexandre Augusto

1º DE ABRIL

Moreira andava deprimido. Passava os dias deitado, sozinho, em sua cama de casal. As noites eram todas iguais. No entanto, uma novidade começava a intrigá-lo. Sonhava constantemente com Mariazinha, sempre sentada na beira da cama, conversando com ele. A esposa morrera há doze anos e continuava na lembrança do cantor. Os sonhos, de tão perfeitos, pareciam reais. Cada vez mais, ele se agarrava à possibilidade de vida após a morte.

De fato, o Moreira estava falando demais na morte nos últimos tempos. O *habeas corpus* preventivo, que dizia ter impetrado contra ela, parecia querer expirar. O velho malandro emagrecia a olhos vistos e ficava irritado quando alguém notava isso. Mas nada o chateava mais do que a ideia de abandonar os palcos. Trabalhava porque queria e não pensava em parar tão cedo. Ainda era bastante querido no Rio de Janeiro e possuía muitos fãs. Fazia parte do folclore da Cidade Maravilhosa. Não queria simplesmente encerrar a carreira de uma hora para outra. Se parasse, que fosse em grande estilo.

No Rio de Janeiro, o 1º de abril não é só o dia da mentira. A data também tornou-se conhecida como o aniversário de Moreira da Silva. Todo ano, a rotina se repetia. Uma procissão de jornalistas procurava o velho malandro na rua Itapiru,155, apartamento 1.403, Rio Comprido. O cantor atendia a todos pacientemente e aproveitava para vender seu peixe. Sempre comemorava o aniversário com um show. Apesar da doença, 1995 não seria diferente. Com uma única novidade: pretendia anunciar a despedida dos palcos.

Uma semana antes da festa, começaram a sair as primeiras notas sobre a despedida do cantor. Quem quisesse vê-lo pela última vez *in concert* deveria correr até a boate Ritmo, em São Conrado, no 1º de abril. Ou, então, que fosse ao Circo Voador, no dia seguinte. Moreira encerraria a carreira com duas apresentações. De quebra, festejaria 93 anos, dos quais 60 dedicados à música.

Inaugurada recentemente, a boate Ritmo estava lotada naquela noite. O dono do estabelecimento não parava quieto. Os garçons iam de um lado para outro. Todas as mesas estavam ocupadas e muita gente ainda se aglomerava, em pé, perto do palco. Moreira aguardava ansioso no camarim. Há muito tempo não cantava em uma casa tão cheia. Só lamentava que sua empresária, Márcia Pargana, tivesse optado por receber cachê fixo em vez de uma participação na bilheteria. Faturariam bem mais que os dois mil reais acertados inicialmente.

Cinco meses sem pisar nos palcos deixaram o velho malandro apreensivo. Recolhido ao camarim, aguardava a hora de entrar em cena. A pequena sala da boate estava lotada e, a cada minuto, entrava mais gente para desejar sorte ao cantor. Parecia que adivinhavam uma tragédia. Afinal, ele andava esquecendo as letras das músicas e já não contava piadas como antigamente. Precisava cada vez mais da ajuda de Clóvis de Sete Cordas que, além de acompanhá-lo no violão, ficava encarregado de socorrê-lo nos momentos difíceis.

Para não dar vexame, Moreira resolveu se preparar para o show de despedida. Famoso por não gostar de ensaios, surpreendeu Clóvis quando pediu para passar o repertório com a banda. Há muito não demonstrava tal interesse. Estava realmente com medo de fazer feio.

Sempre que podia, Jards Macalé comparecia aos aniversários de Moreira da Silva. Não seria na despedida do amigo que iria faltar. Relembrariam, pela última vez, os tempos dos projetos Seis e Meia e Pixinguinha.

Além do Macau, o espetáculo também contaria com a participação do jornalista Sérgio Cabral e da atriz Cissa Guimarães. Os dois estavam encarregados de fazer uma espécie de *talk-show* com o cantor. De última hora, os planos foram modificados. Em vez de entrevistar Moreira, a atriz faria perguntas ao próprio Cabral e depois chamaria o cantor ao palco.

Até então, Moreira só vira Cissa Guimarães pela televisão. Já Sérgio Cabral, conhecia de longa data, desde muito antes do *Pasquim*. Perdera a conta do número de vezes em que fora entrevistado pelo jornalista. Só fazia uma restrição ao amigo: o coração vascaíno. Para um flamenguista doente como Moreira, não existia time mais odiado do que o Vasco da Gama. Principalmente porque, naquele ano, o time de São Januário podia se sagrar tetracampeão carioca. Divergências futebolísticas à parte, Moreira gostou de reencontrar Cabral. E aproveitou para mandar lembranças ao filho do amigo, eleito deputado estadual no ano anterior.

Moreira e os convidados se espremiam no camarim enquanto o show não começava. Ao contrário do malandro, Macalé, Cabral e Cissa esperavam tranquilos o início do espetáculo. Bebiam seus uísques e conversavam bastante. Morengueira permanecia quieto e pensativo. Ao notar a ansiedade do amigo, Macalé resolveu aconselhá-lo a não forçar as notas no show. Mas o velho cantor não gostou nem um pouco das dicas do antigo parceiro:

— Não preciso desse conselho! Eu sou profissional — resmungou, ofendido.

Macalé, então, tentou reparar o erro:

— Só estou devolvendo um favor para você — desculpou-se.

Na verdade, Macalé estava com a razão. Mas Moreira era muito orgulhoso para aceitar os conselhos do amigo. Com 93 anos, ainda queria cantar como no início da carreira. Não admitia baixar um único tom nas músicas. Só que a voz já não era a mesma, principalmente depois de cinco meses parado.

A medida que a hora do show se aproximava, o malandro ficava mais tenso. Continuava sentado, recolhido. Cissa Guimarães e Sérgio Cabral estavam prestes a subir no palco e logo depois seria a vez dele. Minutos antes de entrar em cena, a atriz abraçou o cantor e perguntou se estava nervoso:

— Nervoso é pouco. Estou é com medo. Já não canto desde 2 de dezembro — respondeu com sinceridade.

O camarim ficava a poucos passos do palco. Para chegar até lá, o caminho era difícil. Estava cheio de mesas e cadeiras. Moreira não conseguiria passar por ali facilmente. Alguém precisava levá-lo até o palco. O cantor, porém, não gostava de se apoiar em ninguém e resolveu entrar sozinho. Os dois netos e a empresária observavam com receio a travessura. Felizmente, o doutor Amin, médico e amigo do cantor, ocupava uma mesa próxima ao palco e o ajudou a subir.

Antes de Moreira entrar em cena, Sérgio Cabral havia feito um resumo da carreira do cantor. De agora em diante, ele assumiria. Subiu no palco, pegou o microfone com firmeza, tentando vencer o medo. Cumprimentou a plateia e pediu o tom da primeira música. Começaria com "Fui a Paris" (Moreira da Silva e Ribeiro Cunha) e depois emendaria outros sucessos. Mal cantou a primeira frase e uma microfonia atrapalhou os seus planos. Não lhe faltava mais nada. Parou de cantar, olhou para a plateia, virou-se para os músicos e disse:

— Vamos começar de novo! Esse barulho me deixou perdido.

A única intenção de Moreira naquele momento era retomar o show. A plateia, no entanto, achou graça e caiu na risada. Foi quando o malandro relaxou e soltou o vozeirão para não mais parar:

Bonsoir, madame, mademoiselle, monsieur. Je vais vous chanter un sambé en français parce que je suis poliglote, n'est-ce pas?

Eu fui à França e conheci Paris
cantei um samba e me pediram bis
logo depois que o samba estava terminado
uma linda francesinha chegou-se para o meu lado
e foi dizendo tudo que sentia
mas eu não compreendia, pois não sabia o francês
daí então ela ficou desanimada
e a minha ilusão naquela noite se desfez
tive a lembrança de comprar um dicionário
para não bancar o otário e me defender
pois a francesa era linda de verdade
e eu tinha necessidade de compreender

> no dia seguinte quando a encontrei
> um *"bonsoir"* eu logo lhe falei
> e gentilmente ela respondeu:
> *"Comment ça va, mon amour? Comment ça va?"*
> Daí então eu disse tudo que aprendi
> inclusive *"três bien, mon amour, três jolie"*,
> e a francesa cheia de contentamento
> falou-me em casamento e muito insistiu
> mas eu que tenho meu amor
> no Rio de Janeiro disse a ela:
> (breque) *"Jamais, mademoiselle, jamais!*
> *Qui vous pensez? N'a pas d'argent!*
> *Je ne sais pas, parce que je t'aime,*
> *mon amour, quelle heure est-il?"*
> Eu vou é pro Brasil.

Depois de perder o medo, Moreira não quis mais parar e cantou "Idade não é documento", "Inadimplente", "O beijoqueiro", "Ultimo desejo", "Fui ao dentista" e "Pistom de gafieira". Chamou Macalé e sentou numa cadeira improvisada no meio do palco, enquanto o amigo dava prosseguimento ao show. Usando um chapéu-panamá, presenteado por Morengueira, Macau cantou quatro músicas. Misturou antigos sucessos do amigo com composições de sua autoria. Moreira observava sentado, com o microfone em punho, e não perdia a chance de brincar:

— Ele é meio *crazy*, mas é boa gente — desculpava-se com a plateia.

Brincadeira podia ser, mas Moreira achava realmente Macalé meio maluco. Mesmo assim, tirou o chapéu-panamá e trocou com o do amigo. Era como se passasse sua coroa para o parceiro. Depois relembraram os tempos do Projeto Pixinguinha cantando "Amigo urso" e "Resposta do amigo urso".

Encerrada a participação de Macau, Moreira resolveu chamar outro amigo ao palco. Depois de cantar "Etelvina" e "O rei do gatilho", convidou doutor Amin para dar uma palhinha. Meio rouco e bastante encabulado, o médico pediu desculpas e recusou o convite. O velho malandro, porém, não se deu por vencido e pediu para a plateia ajudá-lo. Em coro, os espectadores exigiram a presença do cirurgião no palco, que não teve como recusar. Agradeceu ao amigo e arrasou com "Nervos de aço" (Lupicínio Rodrigues). Voltou para seu lugar ovacionado e muito elogiado por Moreira. Tinha, de fato, uma belíssima voz.

Os 93 anos de Moreira não passaram em branco. De volta ao palco, Macalé e Cissa Guimarães ensaiaram com a plateia "Parabéns pra você", com direito a bolo e velinha. Irreverente, Macau enfiou o dedo no bolo e foi repreendido pelo amigo:

— Olha aí esse seu dedo sujo, que você vive passando nos glúteos — reclamou Moreira, arrancando risadas dos espectadores.

A apresentação terminou com Moreira e Macalé cantando um *pot-pourri* de grandes sucessos carnavalescos. Até Cissa Guimarães, empolgada depois de algumas doses de uísque, ensaiou uma pequena participação na antológica "Saudades da Amélia" (Ataulfo Alves e Mário Lago). Mas errou a letra e resolveu ficar apenas dançando. Depois pegou novamente o microfone e perguntou à plateia se Moreira devia encerrar a carreira ou não. A resposta do público foi unânime. Por um momento, o cantor ficou tentado a continuar a vida nos palcos. Olhou para trás e, por um segundo, lembrou do menino pobre saído dos morros cariocas. Tinha motivos para estar feliz. Filho de uma modesta empregada doméstica com um músico desconhecido, chegara aos 93 como uma das figuras mais populares do Rio de Janeiro.

É, talvez devesse repensar sua decisão...

ANTÔNIO, O MULATINHO

Bernardino da Silva Paranhos tinha sobrenome importante. O mesmo do velho visconde do Rio Branco, José Maria da Silva Paranhos. O nome podia ser bonito, mas não lhe acrescentava muito. Dinheiro, que é bom, ele não tinha. Suas únicas riquezas eram a mulher e os dois filhos. Um casal de pequenos com apenas dois anos de diferença entre si. Rosália, a mais velha, nascera na virada do século. Antônio, o caçula, viera ao mundo quando a irmã ainda usava fraldas. Bem no dia da mentira. Em 1º de abril de 1902.

Se Bernardino não era um lorde, pelo menos levava a vida com dignidade. Tocava trombone de vara na banda da Polícia Militar do Rio de Janeiro e conseguia sustentar a família com o mínimo de conforto. Moravam numa casinha de aluguel na rua Santo Henrique, hoje rua Carlos de Vasconcelos, lá pelas bandas da praça Saens Peña, na Tijuca. Não era uma moradia luxuosa, mas contentava dona Pauladina, mulata geniosa casada com esse branco com nome de nobre.

Geniosa era elogio para a mulher. Fluminense de Cachoeiras do Macacu, cidadezinha localizada a 98 quilômetros do Rio de Janeiro, Pauladina vinha de família humilde, sem nenhuma instrução. Embora fosse registrada como Polodina de Assis Moreira, ficou Pauladina mesmo, e pronto. Muito ciumenta, não admitia levar desaforo para casa. Com ela, não existia esse negócio de diplomacia. Principalmente quando o marido chegava bêbado, o que era frequente.

Infelizmente, o casal não teve muito tempo para discussões. Em 1904, dois anos após o nascimento do segundo filho, o músico da banda da PM morreu de cirrose. Deixava uma viúva de 31 anos e dois filhos: Rosália, com quatro, e Antônio, com dois. Ambos muito pequenos para guardar qualquer lembrança do pai. A partir de então, Pauladina também evitaria ao máximo falar sobre o falecido.

Com a morte do marido, a mulher precisou se virar para criar as duas crianças. O que não foi fácil. Analfabeta, a única coisa que sabia fazer bem era cozinhar, apesar das feijoadas terem ficado cada vez mais raras depois da morte do marido. A vida andava difícil e faltava até água para pôr no feijão. Mesmo assim, a mulata não esmoreceu e tratou de procurar emprego.

Se trabalhasse fora, teria de arranjar com quem deixar as crianças. Conseguiu se empregar como doméstica, mas não podia levar os filhos. Como não tinha outro jeito, passou a deixar Rosália e Antônio na casa de vizinhos. À noite, quando voltava do trabalho, apanhava os dois.

Os filhos cresciam sem nenhuma assistência. Passavam da idade de iniciar os estudos e podiam terminar analfabetos como a mãe. Pauladina não planejava colocá-los num colégio. Estava mais preocupada em arranjar um novo companheiro, pois não queria ver os filhos crescerem sem pai. Haviam se passado quatro anos da morte de Bernardino, mas ela continuava sozinha. Afinal, tinha tempo apenas para cozinhar e criar os filhos. Na vida dela não havia lugar para romance. Pelo menos, era assim que pensava. Estava enganada.

É certo que Pauladina ia de casa para o emprego e de lá voltava para casa. O trabalho ficava longe da Tijuca e ela ainda gastava o dinheiro do bonde. Mas foi justamente no bondinho da Light que conheceu o jovem Otávio Ribeiro. Um tipo caboclo, de cabelos ondulados e muito alto, com pouco mais de 27 anos — portanto, mais moço do que ela, na época chegando aos 35.

Manobreiro de bonde, Otávio Ribeiro era uma pessoa bastante calma e introvertida. Tinha temperamento inverso ao de Pauladina. Os dois deram certo e não demoraram a juntar os trapinhos. Nove meses depois nascia Ruth, filha do casal. Rosália já era uma mocinha de oito anos e Antônio, um mulatinho de seis. Dona Pauladina pôde finalmente parar de cozinhar para fora e passou a só cuidar dos filhos. A vida melhorava.

A figura paterna que realmente ficou na lembrança do mulatinho foi a do padrasto. Seu Otávio, como os enteados o chamavam, não era apenas o marido de dona Pauladina. Além de pagar as despesas, assumiu as crianças como se fossem filhos legítimos. Mesmo depois do nascimento de Ruth, a primeira filha do casal, o tratamento dado aos filhos "emprestados" não se modificou.

Dos três, o mulatinho era o mais apegado ao padrasto. Funcionário público razoavelmente instruído, Otávio sabia da importância de alfabetizar o garoto. Seria uma injustiça um menino tão vivo e esperto continuar totalmente privado de instrução. Decidiu, então, matriculá-lo numa escola, onde aprenderia as primeiras letras. Mas o menino já havia passado da idade de se alfabetizar. Teria de entrar em uma turma de faixa etária bem menor que a sua e podia não se adaptar. Não tinha cabimento aquele mulatinho de oito anos de idade se misturar com pirralhos chorões.

Resolvido a poupar o garoto daquele vexame, Otávio resolveu ensinar-lhe as primeiras letras em casa. Comprou caderno e lápis e deu uma de professor. Todos os dias à noite, quando chegava da repartição, punha-se a ensinar o bê-a-bá ao moleque. Em pouco tempo, o mulatinho, que de burro não tinha nada, já lia e arriscava os primeiros garranchos. Orgulhoso de si, a primeira lição que aprendeu foi assinar o nome completo. A caligrafia podia não ser das melhores, mas dava para ler nitidamente o que estava escrito no papel: Antônio Moreira da Silva.

O primeiro passo havia sido dado. Se quisesse ir adiante, teria de entrar num colégio de verdade. Mesmo alfabetizado, Antônio precisaria fazer um exame de nivelamento para saber a série em que seria matriculado. Essa era, pelo menos, a exigência de dona Júlia Pereira de Castro, diretora da Escola Prudente de Morais. Localizada na rua Barão de Pilar, a escola foi escolhida por Otávio por ficar próxima de casa. O garoto poderia ir sozinho ao colégio.

A ideia do teste não agradou muito ao mulatinho. Tinha medo de não se sair bem e decepcionar o padrasto. Mas não havia outro jeito. Com o exame marcado, só lhe restava comparecer. A noite anterior ao dia decisivo pareceu longa demais para o garoto. Apreensivo, rolou no colchão de um lado para o outro. Só sossegou quando amanheceu. Pulou da cama muito cedo e foi logo se arrumar. Não queria causar má impressão e tratou de caprichar no visual. Tomou banho, penteou o cabelo e vestiu a melhor roupa. Camisa engomadinha para dentro das calças e sapato lustrado. Tudo para impressionar dona Júlia Pereira de Castro.

O mulatinho preferia ser levado até a escola pelo padrasto. Mas Seu Otávio saía cedo para o trabalho e ele teve de ir com a mãe. Durante o caminho, sentiu muito medo. Uma dor de barriga nervosa ameaçava botar tudo a perder. Tentou se controlar para não fazer feio. Só pensava em não decepcionar o pai. Não via a hora de se livrar daquela responsabilidade e continuar a vidinha de sempre, sem maiores preocupações. O pânico durou pouco. O exame foi bastante simples e ele voltou para casa com os dentes à vista. Não só pulou a alfabetização como também a primeira série. A professora resolveu colocá-lo no segundo livro.

Analfabeta, Pauladina ficou bastante orgulhosa em ter um filho no colégio. Todo santo dia, obrigava o moleque a tomar banho e a se arrumar para a aula. Ia sempre muito asseado, com sapato lustrado e até gravatinha. Mas aquela sua alegria não iria durar. Alguns meses depois, o garoto teria de abandonar a escola.

***

Otávio e Pauladina eram a prova viva da atração entre os extremos. Ele, calmo e introvertido. Ela, agitada e expansiva. Juntos formavam um casal apaixonado. Com direito, inclusive, a incansáveis cenas de ciúmes. Insegura por ser mais velha que o marido, Pauladina procurava cercá-lo. Bastava encontrá-lo conversando com alguma mulher para fazer o maior escândalo. Chegava ao ponto de rasgar a roupa dele e atacar quem o acompanhasse. Puxava cabelo, esmurrava, mordia e jogava pedras. Não deixava barato. No final, sempre voltavam às boas.

No início do relacionamento, Otávio até que procurou compreender a esposa. Aos poucos, porém, ela foi passando dos limites. Costumava aparecer no seu trabalho e aprontar as maiores confusões. Em casa, a situação se acalmava, parecia que iria mudar. Mas, passavam-se poucos dias e tudo se repetia. Lá estava Pauladina novamente dando o maior problema. A filha dos dois, Ruth, ainda não havia completado dois anos quando Otávio decidiu sair de casa. Nenhum dos dois se casaria novamente. Otávio morreria muitos anos depois, solteiro.

Com a separação, Pauladina teve de voltar à labuta. Agora, já não eram duas, mas três crianças para alimentar. Felizmente, os filhos do primeiro casamento já estavam crescidos e podiam ajudá-la. O mulatinho, o único homem da casa, foi obrigado a sair do colégio para ajudar a mãe a pagar as contas. Tinha pouco mais de nove anos quando começou a trabalhar. Jamais a perdoaria por tê-lo feito interromper os estudos, depois de ter se esforçado tanto para aprender.

Após a separação, Otávio manteve-se em contato com os filhos. Aparecia num final de semana e depois ia embora. No começo, as visitas eram frequentes, depois, foram diminuindo. Com o tempo, passou a procurar apenas Ruth, sua filha legítima. Rosália e Antônio foram sendo esquecidos. Perderam o pai pela segunda vez.

Dos três filhos, o mulatinho foi quem mais sofreu com a separação. Não entendia como a mãe pôde brigar com um homem tão bom. Para o menino, a culpa de tudo era de dona Pauladina. O padrasto não passava de uma pessoa tranquila, fácil de conviver. A mãe é que tinha um gênio ruim.

O mulatinho sentiu na carne a separação. Teve tanta vergonha que acabou inventando um falecimento, para explicar o caso. Passou a contar a todos que o padrasto havia morrido. Só os parentes e os amigos mais próximos conheciam a verdade. Para todos os efeitos, daquele dia em diante, Seu Otávio tinha morrido.

Depois da separação, ficou cada vez mais difícil para Pauladina manter a família unida. O dinheiro que ganhava como doméstica mal dava para alimentar os filhos. Pagar aluguel, então, nem pensar. A solução foi se ajeitar na casa dos outros, morando de favor com alguns parentes. Passavam um mês com um, o mês seguinte com outro, e assim iam vivendo. Só não conseguiam ficar hospedados por muito tempo no mesmo lugar, pois sempre acabava em confusão. O temperamento difícil da mulata continuava dando o que falar. Se achasse que não estava agradando, ia embora sem se despedir. Saía puxando os filhos pelos braços a qualquer hora da madrugada, se fosse o caso.

O mulatinho gravou para sempre os rompantes de Pauladina. Recriminava a mãe, seu jeito de ser e sua falta de instrução. Mas aceitou tudo calado. Além de ajudar a mãe a cuidar das irmãs, começou a fazer pequenos bicos. Carregava marmita, catava papel e vendia doce de tabuleiro. Passava o dia na rua e, no final da tarde, voltava para casa com o arrecadado. O dinheiro ia todo para a mão de Pauladina. Com o tempo, a situação melhorou e a família não precisou mais morar de favor. Mudaram-se para um barraco no morro do Salgueiro.

Mas a vida continuava difícil. Em casa, a dieta das crianças era a da fome. Comiam as sobras do almoço que Pauladina trazia da casa dos patrões. Nem sempre, no entanto, acontecia de chegar com comida. O jeito era engolir farinha e beber muita água. Podia não ser uma refeição nutritiva, mas enganava o estômago. Afinal, a miséria era grande. Do pão, só ouviam o estalo no barraco vizinho e, do café, só sentiam o cheiro que passava pelo zinco.

O mulatinho era muito apegado a Ruth. Andava com ela pendurada nas costas. Muitas vezes ia jogar bolinha de gude ou futebol carregando a menina, que passava o dia todo com a mesma roupa. Quando Pauladina chegava do trabalho e encontrava a filha sem tomar banho, era Antônio que acabava entrando bem. Dias depois, já recuperado da surra, fazia tudo de novo.

Apesar das responsabilidades do garoto, sempre sobrava um tempinho para a vadiagem. Antônio circulava pelos subúrbios da Leopoldina, Ramos, Penha e Olaria, catando papel e vendendo doce. Sem ninguém para lhe puxar a orelha, não dispensava uma partida de futebol com os amigos. Conhecido pelo apelido de Mulatinho, tinha um par de pernas muito finas e não perdia para ninguém na corrida. Gostava de se gabar da sua velocidade. E de fato era muito rápido, pois quase sempre escapava das surras da mãe.

A família era pobre, mas se dava ao luxo de fazer "banquetes" de vez em quando. Todo mês, dona Pauladina juntava um dinheirinho e mandava o filho ir comprar carne. Naquele dia não comeriam as sobras do patrão. Mas o garoto era muito displicente. Saía para o açougue mas acabava esquecendo da vida. Na volta, bastava ver os colegas jogando bola e não resistia à tentação. Pegava o pacote e o usava para marcar a trave do gol. Quando dava por si, o tempo havia passado e a carne havia estragado. Na hora de ajustar as contas com a mãe, era aquele corre-corre.

Passava a noite toda escondido na caixa d'água da casa. Só aparecia no dia seguinte, com a mãe já mais serenada. Não apanhava, mas também não escapava dos castigos. Como punição, tinha de passar o dia todo sem comer. Só não ficava verde de fome porque as irmãs sempre davam um jeitinho de levar comida para ele, escondidas da mãe. Do pior de todos os castigos não conseguia escapar: tomar banho frio no quintal da casa, onde ficava um tonel cheio d'água à disposição dos mais peraltas.

Mesmo na miséria, Antônio e as irmãs arranjavam sempre um jeito de se divertir. Como Antônio e Ruth eram muito agarrados, sempre que podia, Pauladina os levava para acompanhá-la no serviço. Trabalhava de doméstica na casa de um médico muito distinto. Fazia de tudo um pouco, desde a faxina até o almoço. As crianças ajudavam a mãe como podiam. Limpavam as escarradeiras da casa na maior naturalidade. Faziam a tarefa brincando. Sentavam num cantinho e esfregavam as escarradeiras até ficarem brilhando.

Quando a família se mudou para o Salgueiro, o Mulatinho arranjou o primeiro emprego fixo. Conseguiu trabalho numa fábrica de meias e as irmãs tiveram de voltar a morar com as tias. Só ele continuou morando com Pauladina. Viam-se apenas no final do dia, quando terminava a jornada de trabalho de ambos. A vida era dura para um garoto com pouco mais de dez anos... e ainda iria piorar.

O Mulatinho ficou pouco tempo na fábrica de meias. Não demorou muito, transferiu-se para uma tecelagem em Botafogo. Morando no Salgueiro, não podia se dar ao luxo de pagar transporte para ir ao trabalho. Andava diariamente os quilômetros que separavam sua casa da tecelagem. Sozinho no barraco, sem a mãe nem as tias, precisava ainda preparar a comida. Almoçava geralmente bolo de milho com bananada. Depois, água por cima para encher a barriga. Não demorou para ele começar a sofrer do fígado.

***

Com apenas treze anos, Antônio já tinha feito todo tipo de bico. Entretanto, não queria viver de biscate pelo resto da vida, e começou a procurar algo melhor. Por sorte, conseguiu uma vaga de encarteirador de cigarros na Fábrica Bonfim (Souza Cruz), lá mesmo na Tijuca, na rua Conde de Bonfim. O novo emprego lhe enchia os olhos. Além do salário, um pouco mais digno, não precisaria dar aquelas caminhadas diárias.

Mas não era só pela proximidade de casa que o novo emprego agradava a Antônio. Uma turma de garotos da sua idade também trabalhava na fábrica da Souza Cruz. O serviço era simples. Como ainda não existiam esteiras rolantes, os meninos levavam os cigarros para as empacotadoras. Não demorou muito, Antônio já estava enturmado com os colegas de seção e todo dia era aquela algazarra. Sempre que havia um intervalo, iam brincar no rio Agostinho, que corria atrás da fábrica. O dia passava ligeiro naquele ritmo. As vantagens da Souza Cruz não paravam por aí. A hora mais esperada pelo Mulatinho era a do lanche. Todo dia aguardava com ansiedade pelo café com leite e pão doce servidos na fábrica. Aproveitava para encher a barriga, pois não sabia se naquele dia a mãe levaria comida para casa. No final do expediente, voltava para o barraco satisfeito.

Durante o período em que trabalhou na Souza Cruz, Antônio Moreira da Silva não cansava de olhar as pernas das funcionárias da fábrica. Tinha mais de quatorze anos e ainda não havia conhecido mulher. Achava as empacotadoras de cigarro as criaturas mais bonitas da terra. Sonhava acordado com aquelas beldades e nutria vícios secretos na intenção delas. Sobrevivia numa de horror e descontava a solidão nas galinhas e bananeiras do Salgueiro. Às vezes, apelava para buracos de parede. Não via a hora de estrear com uma mulher de verdade. Mas teria ainda de esperar um bom tempo.

Com as filhas morando na casa de parentes e o filho passando o dia todo fora, Pauladina não tinha razão para continuar pagando o aluguel do barracão no Salgueiro. Havia conseguido um emprego de servente no colégio Barão de Mesquita e se mudou para lá com o filho. Depois de abandonar os estudos, o Mulatinho pisava novamente numa escola. Dessa vez, não como estudante, mas como morador. A direção do colégio arranjara um quartinho, onde ele vivia com a mãe. Era um cômodo bastante pequeno, cuja única vantagem era ser gratuito. No final do mês, sobrava mais dinheiro para a família.

Apesar de não estudar no colégio, Antônio se misturava aos alunos de sua idade. Principalmente com um coleguinha muito feio que, como descobriria em breve, era a alegria da garotada. Cansado das galinhas e bananeiras, o Mulatinho resolveu descarregar toda a libido acumulada no colega, que já era experiente no ramo. Pegou o coleguinha de jeito e teve seu primeiro orgasmo de verdade. Mas como tudo tem seu preço, acabou pegando uma bruta gonorreia do coleguinha.

Além da gonorreia, outro motivo levou Antônio Moreira a se afastar do coleguinha. A temperamental Pauladina decidiu largar o colégio e voltar para o Salgueiro. Mas quem disse que iriam esquentar lugar na nova casa?

NO ALTO DA BABILÔNIA

As residências alugadas por dona Pauladina não eram bem casas, e sim barracos de zinco, com um só cômodo, onde se amontoava toda a família. Quando o orçamento apertava, os Moreira precisavam dividir o barraco com outras pessoas para aliviar a despesa do aluguel. Dinheiro era artigo raro na família que frequentemente mudava de endereço, sempre correndo atrás de um lugar mais em conta.

Como não tinham residência fixa, peregrinavam pelos bairros da capital carioca. Saíram do morro do Salgueiro e foram morar na Penha. Depois, seguiram para Bonsucesso e outros subúrbios da Leopoldina. Até que, no início dos anos 20, pararam no morro da Babilônia, na rua Major Ávila, nas imediações da Tijuca. Apesar de tão miserável quanto os outros lugares por onde a família passou, o morro da Babilônia fascinou o Mulatinho. Logo, o garoto se embrenharia nos bares, sinucas e casas de tolerância da região.

O ambiente do morro deixava dona Pauladina temerosa quanto à formação do filho. Certa vez, ao voltar do trabalho mais cedo, encontrou o menino jogando baralho na esquina de casa. Enfurecida, pegou um pedaço de pau e desceu-o nas costas do moleque. Levou o filho para casa e ameaçou repetir a dose todas as vezes que o encontrasse na jogatina.

Longe da mãe, que passava a maior parte do tempo no trabalho, e das irmãs, que moravam com as tias, Antônio Moreira ia se virando como podia. Aos dezessete anos, já era dono do próprio nariz, pois nem todo dia dona Pauladina podia vigiá-lo. Por algum tempo, as cacetadas da mãe surtiram efeito. As cartas deixaram momentaneamente de despertar o interesse do rapaz. Seus olhos estavam voltados para outra atividade. A mãe podia censurar o jogo, mas não as mulheres.

Não demorou muito para o garoto se enrabichar por uma menina dos arredores. Era uma mocinha direita e bonita chamada Jandira. Desde o início do namoro, dona Pauladina percebeu que aquilo não ia dar certo. O Mulatinho não estava acostumado com aquele tipo de mulher e podia "fazer mal" a Jandira. Seu negócio eram as mulheres do Mangue. E Pauladina estava certa. Não demorou, e a garota apareceu grávida. Expulsa da casa dos pais, foi bater em sua porta. Jandira passou a morar com ela e o filho no barracão no morro da Babilônia. O espaço era pouco, mas dava para se ajeitarem.

Naquela época, tudo o que Antônio não queria era mulher e filho. Mas eles vieram e teve de se virar para sustentá-los. Jandira teve uma gravidez difícil, agravada por um princípio de tuberculose. Conseguiu ter o filho, um menino, a duras penas. Mal a criança nasceu, a doença se agravou e ela faleceu. Não teve nem tempo de batizar o menino, que também morreria de tuberculose, pouco tempo depois. O Mulatinho ficou triste, é verdade, mas um pouco aliviado. De alguma forma, tirou uma grande responsabilidade das costas.

***

Solteiro novamente, Moreira retomou o ritmo de vida a que se acostumara. Se, por um lado, sobrava tempo e disposição para fazer o que bem entendia, por outro lhe faltava dinheiro. Entregar-se à boemia e aos prazeres das prostitutas do Mangue, nem pensar. Apenas olhava de longe francesas, polacas, russas, loiras e morenas. Mulheres perfumadas que faziam um círculo unindo o polegar ao indicador e botavam a língua no meio, chamando o cliente para contatos mais íntimos.

O Mulatinho circulava por todo o Distrito Federal fazendo bicos. No final do dia, o que arrecadava mal dava para comer. Só não passava fome porque era jovem, disposto e não enjeitava empreitada. Trabalhava até por um prato de comida. Todo mês de outubro, por exemplo, era certa a presença do molecote na festa da Penha. Não ia atrás de divertimento, e sim de serviço. Certa vez se ofereceu para ajudar a erguer uma barraca. Apesar de não precisar de auxiliar, o barraqueiro ficou com pena daquele garoto magrinho e o mandou carregar tábuas. O serviço pesado durou o dia todo, mas acabou valendo a pena. Terminada a jornada, o barraqueiro improvisou um ensopado de repolho e matou a fome do Mulatinho, que nunca mais esqueceu daquela refeição.

O morro da Babilônia não era o mais alto do Rio de Janeiro. Seus 238 metros perdiam para os dos morros de São Carlos, Quilombo, Inglês, Cintra, Cabrito e Saudade. Também não chamava atenção pelo progresso. Contava apenas com algumas casas, estação de telégrafo ótico e posto telegráfico. O local era, no entanto, o ponto de encontro de grandes malandros da época. Gente como João Cobra, Fernandinho, Caneta, Paú Lira, Nino Careta e Manuel da Carretilha desfilava pelas ruas da Babilônia. Figuras folclóricas que encantavam pela esperteza e ginga. Em sua maioria, passavam o dia nas sinucas e cassinos da região ou nas imediações da praça Mauá à procura de turistas trouxas que chegavam aos montes de navio.

Os malandros eram os ídolos da molecada do subúrbio carioca. Os garotos adoravam o estilo de vida e o jeito daqueles sujeitos, que gastavam até o último centavo para manter barba bem feita e unhas bem aparadas. Chegavam ao exagero de usar um vidro inteiro de perfume Coty. Queriam-se bonitos e se embelezavam para uma festa sem fim. E o melhor de tudo é que não precisavam trabalhar para manter essa pompa. Sempre achavam um pobre coitado disposto a fazer o serviço pesado, enquanto ficavam de longe, impecavelmente vestidos. De preferência com camisa azul-claro de algodão, terno de linho S-120, gravata bem apertada, sapato duas cores e chapéu-panamá.

Como todo garoto da Babilônia, o Mulatinho também admirava aquele estilo de vida. Longe dos olhos da mãe, frequentava as rodas de carteado e sinuca. De início, apenas como observador, depois com maior assiduidade. Largava a labuta mais cedo e passava horas na jogatina. De todos os malandros, o mais admirado por ele se chamava Valdemar da Babilônia. Mulato espadaúdo — bem-dotado, com uma "espada" grande — de quase dois metros de altura, Valdemar se gabava de não conhecer o dissabor de um dia de trabalho. Era a personificação da malandragem carioca. Costumava contratar grupos de trabalhadores para descarregar um caminhão de areia ou fazer qualquer outro tipo de serviço pesado em seu lugar — e era ele quem faturava o grosso da grana. E ainda tomava o dinheiro dos trabalhadores de volta. Mas sempre na esperteza — afinal, não era um ladrãozinho barato. Só em último caso resolvia os problemas com a soligem — navalha, no linguajar dos malandros. Na maioria das vezes, aproveitava-se da fraqueza dos trabalhadores pelo jogo para reaver o dinheiro pago pelo serviço. Quando terminava o trabalho, chamava os peões para uma partidinha de baralho. Apostado, é claro. No final, o serviço não só saía de graça, como ficavam lhe devendo.

Nas rodas de malandro, o Mulatinho aprendeu muitos truques. Sabia guardar uma carta sem ninguém notar e era rápido no vira-baixo — baralho, na fala da rapaziada dos morros. Mas a marcação de dona Pauladina impediu que o filho caísse naquela vida, embora continuasse admirando sujeitos como João da Baiana, o mais elegante e sofisticado dos malandros. Sambista de primeira linha, dono de músicas em parceria com Donga, João da Baiana se gabava de ter sido o introdutor do pandeiro no samba. Seu refinamento estava na linguagem envolvente e num guarda-roupa inglês. Aliás, malandro que se prezasse tinha de envergar ternos feitos especialmente com linho vindo da Irlanda e da Inglaterra — vestidos com cuidados especiais. A calça precisava ser amarrotada antes de ganhar o corpo. No cós, a roupa era larga e cheia de pregas. No joelho, igualmente vasta, mas de boca estreita, tão apertadinha que quase não passava o sapato.

Não abriam mão do linho S-120, do sapato de duas cores, da gravata apertadinha e do chapéu-panamá, para nada. Até nas batucadas eram usados. Malandros como Brancura e seu irmão, Doca, frequentavam os batuques impecavelmente vestidos. Demonstravam, assim, que não tinham medo de cair na lama e sujar a roupa. As batucadas eram formadas por cerca de vinte pessoas cantando e tocando pandeiro, violão e prato-e-faca. Os participantes abriam uma roda. No centro ficavam dois membros, que trocavam pernadas e rasteiras, seguindo a dança e a ginga da capoeira. Um tentava derrubar o outro. Vestir uma roupa limpa e sair sem sujá-la demonstrava competência dentro do grupo.

É certo que o modo de vida dos malandros cariocas marcou definitivamente o comportamento do Mulatinho. Mas ele não vivia do jogo, nem de aplicar pequenos golpes. Apenas admirava de longe e passava adiante as façanhas dos ídolos da sua adolescência. Seu envolvimento com figuras como Valdemar da Babilônia e João da Baiana era bastante superficial. Afinal, tinha de ajudar a mãe a manter a casa. Não sobrava dinheiro para vestir terno de linho e camisa de algodão.

Dona Pauladina e os filhos não viveram muito tempo no morro da Babilônia. Em 1921, mudaram-se para a Penha, onde moraram por quase dois anos. A velha continuava trabalhando de cozinheira e as filhas permaneciam entregues aos cuidados das tias. Já não eram mais crianças e conseguiram emprego numa fábrica de tecidos. Na Penha, a vida do Mulatinho começou a melhorar. Cansado de depender de bicos, resolveu procurar emprego fixo. Mas não era fácil encontrar. Para sua sorte, indicado pelo amigo Valdir Mira, conseguiu um lugar de ajudante de chofer de táxi na Central do Brasil.

Era trabalho duro, mas compensava. O expediente começava pela manhã, só terminava à noite, e o salário não era lá essas coisas. Mas, pela primeira vez em muitos anos, o filho de dona Pauladina comia regularmente. Acompanhava o motorista na hora das refeições e, no final do dia, chegava em casa bem alimentado.

De barriga cheia, o Mulatinho tratou de segurar o novo emprego. Os táxis da época eram modelos europeus com sete lugares e motor acionado com uma manivela. Cabia ao ajudante de chofer arranjar os clientes, limpar o veículo, cobrar as passagens e acionar o automóvel, girando a manivela. Esperto, foi logo pegando os macetes da nova profissão. Bastava avistar uma pessoa bem vestida para sair gritando: "Táxi, táxi!". Quando o cidadão perguntava o preço, o garoto dissimulava:

— É dezoito e dois para o cavalheiro.

Só na hora de pagar, o passageiro descobria que a corrida custara vinte. Afinal, dezoito mais dois eram vinte, explicava-se.

Decidido a subir na vida, o Mulatinho não ficou muito tempo marcando passo como auxiliar de chofer. Com quase vinte anos, já não se contentava em ganhar apenas o necessário para comer. Por isso, aproveitou o período em que passou como ajudante de motorista e aprendeu a dirigir. Era só o chofer dar uma folga e lá estava ele, incansável, guiando o velho Ford placa 208. Vez por outra, arriscava-se a pegar clandestinamente um passageiro.

Mas não abusava, pois temia ser detido pela fiscalização. Finalmente, em 23 de fevereiro de 1923, prestou exame e recebeu a tão sonhada carteira de habilitação. Com o documento na mão, tudo ficou mais fácil.

Tão logo tirou a carteira, foi promovido no emprego. Depois de quase dois anos como auxiliar, virava motorista. Feliz da vida, o garoto de 21 anos começou a ganhar ares de chefe de família. Ao receber o primeiro salário, comunicou à mãe que pretendia tirá-la do barraco na Penha. Pegou o dinheiro do mês, alugou uma casa no morro da Cruz e levou dona Pauladina e as irmãs para morar com ele. A família estava novamente reunida.

Como motorista de praça, o garoto pobre saído das ruelas do morro da Babilônia pôde realizar antigos sonhos. A partir daquele momento, o terno S-120 com camisa de algodão, o chapéu-panamá e os sapatos de duas cores viraram marca registrada do Mulatinho. A vaidade tinha endereço certo. Quase toda noite, podia ser facilmente encontrado no centro da cidade, atrás de onde fica hoje o Sambódromo. Embrenhava-se de corpo e alma nos prazeres do Mangue, a zona de baixo meretrício do Rio de Janeiro. Não recusava mais o chamado das francesas, polacas, russas, loiras e morenas.

Chofer, fazia ponto na Lapa e, quando o movimento era fraco, aproveitava para passar a noite com uma das meninas. Muitas vezes trabalhava até alta madrugada guiando para os mais diversos tipos de clientes. Dirigia um Dodge preto, conversível, de quatro cilindros, e varava a noite trabalhando. O horário era perigoso, e por isso rendia mais. Certo dia, de madrugada, voltava para casa, cansado, quando recebeu o sinal de um passageiro. Sem pensar duas vezes, parou o Dodge e pegou o cliente que ia para a Saúde. O sujeito permaneceu todo o tempo calado. Quando chegou ao seu destino virou para o motorista e disse:

— Vou ficar devendo essa.

Tarde da noite, cansado, o Mulatinho queria tudo, menos confusão. Olhou para o tamanho do cliente e deu um sorrisinho sem graça, acenando positivamente com a cabeça. O passageiro ainda perguntou onde ele fazia ponto de dia. Garantiu que, assim que pudesse, pagaria a despesa. Sem acreditar muito, mas para não contrariar aquele homenzarrão, fez de conta que ainda tinha esperanças de receber o dinheiro, fechou a porta do carro e tratou de arrancar dali rapidinho. Para sua surpresa, alguns dias depois, não é que o tal sujeito apareceu na Central do Brasil e pagou a corrida?

Apesar dos sustos, não se emendava e continuava deixando de selecionar os passageiros. Fazia ponto na Lapa, que, definitivamente, não era um ambiente familiar. Sabia onde pisava e não recusava embaixada. Como da vez em que ia passando pelo centro da cidade e pegou um sujeito já meio bêbado que queria porque queria uma mulher.

— Me arranja uma mulher para dar uma volta na Tijuca! — gritava o passageiro, já escornado no banco traseiro do Dodge.

Decidido a satisfazer o cliente, tratou de seguir para a zona do Mangue. Como já era muito tarde, dificilmente encontraria uma companheira para o cidadão. Quando ia passando por uma rua, porém, avistou uma garota sentada na calçada. Parou o carro e fez o convite:

— Vamos dar uma volta na Tijuca? — indagou, piscando um dos olhos.

Antes mesmo de terminar a frase, a mulher estava dentro do carro, sentada do lado do cliente. Já tinha arranjado a moça, agora era seguir para a Tijuca e terminar o serviço. Passou na garagem, na rua Barão de Itapagipe, para abastecer o veículo. Depois, seguiram até a Vista Chinesa, um belvedere muito conhecido da região. Estacionou o carro, e já ia saindo do veículo para deixar os dois mais à vontade, quando notou que o cliente estava completamente escornado. Tentou ainda, sem êxito, acordar o homem, que babava como uma criança. Irritado com o inconveniente, pensou ainda em dar umas sacudidelas no infeliz. Mas, olhando bem para o banco de trás, mudou rapidamente de opinião. Afinal a garota, uma cearense bem apanhada, não era de se jogar fora. Não tinha culpa se a cachaça derrubara o sujeito. Tratou de pegar a almofada que usava de assento e, ali mesmo, na porta do Dodge, encerrou o assunto. Depois foi embora.

O Mulatinho não pensou que tornaria a encontrar a cearense. Acontece que, alguns dias depois, recebeu um recado do português que ficava na garagem lavando os táxis:

— Hoje de tarde, esteve aqui uma mulher à procura do senhor. Era uma criatura muito bonita, bem-vestida e com um chapéu bem grande — descreveu o português.

Pela descrição, o motorista descobriu logo de quem se tratava. Não foi difícil localizar a cearense. Resultado: começaram a namorar e passaram seis anos juntos. Prostituta bem requisitada, fazia todas as vontades do amante. Passavam as tardes na cama e só se levantavam quando ela queria:

— Tenho de ir trabalhar para ganhar dinheiro — despedia-se o Mulatinho.

Mas ela não o deixava. Agarrava-o pelo braço e o puxava de volta para a cama:

— O que você precisa está na gaveta. É só apanhar. Pegue quanto quiser.

Durante os anos em que estiveram juntos, a cearense encheu o amante de mimos. Não lhe faltava nada. Certo dia, começou a sentir dores horríveis na virilha e mal conseguia andar. A mulher lhe passara uma "mula" (nome popular do cancro mole) e ele ficou impedido de trabalhar. Durante muito tempo também esteve impossibilitado de manter relações sexuais, pois o pênis havia ficado coberto de feridas. O tratamento foi doloroso e, quando se restabeleceu novamente, não quis mais saber da amante.

***

Infelizmente para o Mulatinho, os bons tempos de chofer de praça não duraram muito. Apesar do *status* e da pompa, os motoristas não eram donos dos veículos que dirigiam. Sempre havia um português que, no fim do mês, ficava com grande parte do faturamento das corridas. O mercado começou a ficar saturado e a mão de obra foi se desvalorizando. Quem não estivesse satisfeito com os percentuais da empresa (80% para o patrão e 20% para o empregado) que pedisse as contas. Em qualquer esquina era possível achar um motorista pedindo emprego. O faturamento diminuiu ainda mais quando os carros americanos invadiram a Central do Brasil. As corridas para Antônio, que tinha um modelo de carro europeu, tornaram-se cada vez mais raras. Os velhos Pick-pick, Benz, Delauer e Bemorel não atraíam mais os passageiros.

Bastante preocupado, o Mulatinho resolveu procurar um novo emprego. Não podia continuar como motorista de praça. O problema é que só sabia dirigir. Se pedisse demissão, podia ficar desempregado durante muito tempo, ou voltar a fazer bicos. Precisava continuar na praça até arranjar ocupação melhor, pois dona Pauladina, com 53 anos, não tinha mais idade para trabalhar de empregada doméstica. Deveria com urgência arranjar um emprego estável para dormir mais tranquilo.

Foi pensando justamente na estabilidade que foi bater na porta da Assistência Municipal do então Distrito Federal. Ficou sabendo que havia surgido uma vaga de motorista de ambulância no Pronto Socorro da praça da República (hoje Hospital Souza Aguiar) e foi se oferecer para o emprego. Como não era o único atrás do serviço, o administrador mandou que aguardasse em casa uma possível convocação. Naquela manhã, o Mulatinho voltou para o morro da Cruz desanimado, sem acreditar que seria convocado. Passados oito dias, porém, mandaram chamá-lo para fazer exames.

Não sabia ao certo quantos eram os candidatos à vaga. Mas tinha a certeza de que, com aquela crise, não deveriam ser poucos. Mesmo assim fez o teste tranquilo e acabou recebendo a maior nota. Era realmente um bom motorista e não teve dificuldades em dirigir o Packard escolhido para o teste. Cauteloso, continuou trabalhando na praça até ser efetivado no emprego. Só depois de tudo encaminhado, largou o ponto na Central do Brasil. Tinha apenas 24 anos em 1926, quando foi efetivado no funcionalismo público e conseguiu a tão sonhada estabilidade.

Apesar de resolver boa parte dos problemas financeiros do rapaz, o emprego na Assistência Municipal era bastante puxado. A vida de motorista de ambulância não era fácil. Não dava direito a final de semana ou feriado. O funcionário dependia da escala feita pelo chefe do setor. O Mulatinho trabalhava em escala de 12x24h. Nada que alguém de sua idade não pudesse tirar de letra, embora nem sempre ficasse em casa descansando nas horas vagas. Gostava da noite carioca e, como se costumava dizer na época, vivia na orgia. Acordava sempre quebrado e indisposto para o trabalho. Mas ainda era jovem e solteiro e podia se dar a esse luxo.

Diferente do tempo de chofer de praça, o Mulatinho já não passava mais as folgas frequentando apenas bares e botecos da Lapa. Começou também a acompanhar amigos em festas e serestas. Como não sabia tocar instrumento algum, passava a maior parte do tempo como espectador. Tentou aprender violão, e logo percebeu que não iria muito adiante. Como não queria ficar parado, tratou de se aventurar como cantor. Gostava de música e conhecia os sucessos da época de cor e salteado. Para surpresa de todos, sua voz agradava. Pouco tempo depois, tornava-se o cantor da turma e passava a ser bastante solicitado para cantar valsas em saraus e festas de família. Aos poucos, a música ia tomando conta do motorista de ambulância.

Como cantor, o menino pobre da Babilônia se sentiu valorizado. Por mais simples que fosse a festa, ele sempre tinha um tratamento diferenciado. Era o artista, a estrela. Pouco importava se cantasse numa mansão ou numa casinha do subúrbio carioca. Os cantores eram admirados e paquerados pelas garotas, embora precisassem se conter para não desagradar às famílias das damas.

Foi num dos muitos saraus realizados lá pelas bandas de São Cristóvão que encontrou uma mulata de nome Maria de Lourdes. Mariazinha, como ela preferia ser chamada, contava pouco mais de vinte anos quando conheceu o novo cantor da área, que, todo sem jeito, pediu para ser apresentado a ela. Afinal, o rapaz não estava acostumado com aquele tipo de garota. Podia conhecer muito bem as meninas do Mangue, mas qualquer mulher mais recatada deixava o Mulatinho um pouco embaraçado. Por isso, foi com a melhor das intenções que ele pediu Mariazinha em namoro e que, alguns meses depois, procurou a família dela para formalizar o noivado dos dois.

O noivado seguiu como mandava o figurino. Respeitando a tradição corrente, o máximo a que Antônio Moreira da Silva se permitiu foi pegar na mão da noiva e trocar bilhetes apaixonados. Contatos mais íntimos, nem pensar. O casal só se beijou pela primeira vez no dia 12 de dezembro de 1928, quando se uniram pelos sagrados laços do matrimônio. Mesmo assim, um beijo ainda tímido durante a cerimônia.

***

Um ano antes de se casar, Moreira da Silva havia sido alçado da Assistência Municipal à função de motorista de Cícero Marques, secretário do então prefeito do Distrito Federal, Antônio Prado Júnior. O novo patrão era um homem influente, com trânsito livre pelo Palácio Guanabara. Secretário particular do prefeito, Cícero Arsênio de Sousa Marques tinha boas relações com todo o primeiro escalão do governo. Conhecia dos ministros de Estado ao presidente. Apesar de sempre respeitoso, Moreira acabou se tornando amigo do figurão. Costumava levar o chefe para festas e virou cúmplice das escapadas do secretário. Sempre arranjava desculpas para o amigo contar à esposa, nas ocasiões em que chegava tarde em casa. Era Moreira também quem preparava tudo quando doutor Cícero queria visitar a amante, uma dona muito bonita que morava no Estácio.

Paulista de nascimento, Cícero Marques não veio propriamente de berço de ouro, mas pertencia a uma família influente da capital paulista. Era afilhado do conselheiro Rodrigo Silva e da baronesa de Guajaré. Filho de um médico importante, o garoto foi mandado pelo pai à Escola Superior de Agricultura Luís Queiroz, em Piracicaba. A total falta de aptidão pela agronomia o levou a abandonar a carreira e ingressar no funcionalismo público. Não que nutrisse interesse pela vida de auxiliar de correios. Pelo contrário, preferia cair na boemia acompanhado dos amigos Monteiro Lobato, Ricardo Gonçalves, Moacir Piza e Raul Freitas.

Diferente dos colegas intelectuais, Cícero Marques cultivava também o espírito aventureiro. Fascinado pela aviação, viajou em 1915 para a Europa, onde ingressou no Aeroclube de França e, em 8 de outubro, tornou-se o segundo brasileiro a receber brevê de aviador. De volta ao Brasil, comprou um avião, batizando-o com o nome de Baiano. Certo dia, o piloto decolou do hipódromo da Mooca, chegou em Campinas e seguiu sem maiores problemas para o Paraná, Santa Catarina e Rio Grande do Sul. Entre São Gabriel e Bagé, porém, uma pequena pane derrubou o aparelho. Apesar do susto, Cícero Marques escapou ileso e disposto a continuar voando.

Alguns anos mais tarde, em 1918, depois de um novo desastre, dessa vez no Campo dos Afonsos, decidiu que não valia a pena continuar abusando da sorte. Além de boas lembranças, a aviação o deixou manco de uma das pernas.

Quando Moreira da Silva foi trabalhar para Cícero Marques, o patrão ainda conservava um pouco do espírito jovem. Já não se metia com aviões, mas gostava de praticar esportes. Uma das obrigações do motorista era pegar o doutor Cícero todas as manhãs bem cedo e levá-lo para o Clube de Regatas do Flamengo. Em seguida, partiam para o Posto 6, em Copacabana, onde o secretário terminava os exercícios com uma boa nadada.

Os exercícios matutinos duraram os quase três anos em que Moreira acompanhou o amigo. Raramente a rotina era interrompida, como aconteceu na manhã de 24 de outubro de 1930. Naquele dia, o chofer chegou bem cedo, como de costume, no apartamento do chefe, só que esbaforido, para avisar que o Rio estava tomado por tropas revoltosas:

— Doutor, o Terceiro Regimento tomou conta da cidade e está bloqueando os túneis Raimundo Correia e Real Grandeza. Acho que hoje não vai ser possível o banho de mar — explicou Moreira.

Perplexo, doutor Cícero correu ao telefone e ligou imediatamente para o amigo Plínio Uchôa, em busca de informações mais detalhadas. Queria saber o que acontecera com o presidente Washington Luís e com o prefeito Prado Júnior. Só que Plínio Uchôa não estava mais em casa. Quem atendeu ao telefonema foi sua esposa, que soube apenas informar que ambos estavam encurralados no Palácio Guanabara. Os principais chefes militares pressionavam o presidente da República a renunciar ao cargo.

Após desligar, Cícero Marques disse ao motorista que pretendia ir ao encontro do presidente e do prefeito. Antes, Moreira precisava trocar o carro de passeio pelo de trabalho. Não ficava bem chegar ao Palácio Guanabara no fordeco de bigode que usavam para ir à praia.

— Moreira, você vai trocar o carro, enquanto eu me arrumo. Mas não demore, pois tenho pressa — advertiu o patrão.

Pouco tempo depois, por volta das 8:30, o motorista retornava. O secretário esperava ansioso no *hall* do hotel da rua do Riachuelo, onde morava. Partiram para o Palácio Guanabara. Àquela altura, as ruas da capital refletiam o final de uma crise nacional que vinha se desenrolando há algum tempo. As dificuldades começavam na economia, com as exportações paradas devido à grande depressão dos EUA, e transbordavam para a corrida presidencial. A sucessão de Washington Luís alvoroçou a cobiça das oligarquias brasileiras e modificou o eixo do poder nacional. Pela primeira vez em 35 anos, a política café com leite era interrompida. O acordo sucessório, que desde 1894 alternava no poder nacional lideranças de Minas Gerais e São Paulo, foi estancado com o lançamento das candidaturas do gaúcho Getúlio Vargas e do paraibano João Pessoa para presidente e vice, respectivamente. O assassinato de João Pessoa acirrou ainda mais os ânimos nacionais e de nada adiantou o candidato do governo, Júlio Prestes, ganhar as eleições em 1º de março de 1930. Estava patente que a máquina de fraudar votos funcionara mais uma vez contra o candidato da oposição. A tomada das ruas pelas tropas era o clímax da maior crise da República Velha.

À medida que Moreira da Silva e Cícero Marques se aproximavam do Palácio Guanabara, percebiam que o tumulto ia se avolumando. Caminhões da Polícia Militar circulavam carregados de soldados empunhando fuzis e metralhadoras. Piquetes de cavalaria, de clavinote a tiracolo, espalhavam-se por toda parte. Aviões riscavam os céus da capital da República, com rasantes e *loopings*, e as pessoas corriam para as casas, apressadas.

Para encurtar caminho, Moreira resolveu evitar a praia do Russel. Entrou na rua da Lapa, saiu no Catete e subiu pelas Laranjeiras. Quando se aproximavam da rua da Guanabara, um soldado fez sinal para pararem o veículo. A essa altura, Moreira não sabia mais a quem obedecer. Olhou, então, para o patrão, que sinalizou positivamente com a cabeça. Ele prontamente freou o carro. O soldado se aproximou e lhes informou que não podiam prosseguir. As ruas da cidade estavam repletas de sacos de areia e alfafa, usados como trincheiras pelas forças policiais. A passagem pela frente do Palácio Guanabara estava bloqueada. Doutor Cícero não se deu por vencido e se identificou para o militar. Pretendia entrar no Guanabara de qualquer maneira.

Depois de muita conversa, o soldado reconheceu que não adiantava discutir com o secretário. Entrou no carro, sentou-se ao lado de Moreira e pediu para tocar em direção ao palácio. Ele acompanharia os dois. Seguiram o resto do percurso calados. Ao chegar no portão principal do Guanabara, tiveram de parar mais uma vez. Para a sorte dos dois, o porteiro reconheceu doutor Cícero e autorizou a passagem do veículo.

Chegando na frente do palácio, doutor Cícero desceu do carro e se dirigiu a Moreira:

— Muito obrigado por ter me acompanhado. Agora o senhor pode voltar para casa — agradeceu o secretário.

O motorista desobedeceu pela primeira vez a um pedido do patrão:

— Não vou para casa. Eu fico com o senhor.

Comovido com a atitude do amigo, Cícero Marques começou a subir as escadas do palácio, enquanto Moreira se dirigia à ala dos empregados. Conhecia o mordomo, um senhor chamado Goulart, e ficaria lá até as coisas se acalmarem.

Na vasta sala de despachos do palácio, sentado em um longo divã forrado de couro, Washington Luís conversava com os membros do ministério. Numa outra sala, o prefeito Prado Júnior trocava palavras com um médico da Assistência Municipal. O presidente resistia à ideia da renúncia. Mas as tropas revoltosas ameaçavam bombardear o local caso continuasse a resistência. Esperariam até às onze horas e depois começariam a atirar balas de quatrocentos quilos dos canhões do Forte do Vigia. Atento a todo o movimento, Moreira da Silva permanecia na expectativa. Torcia pela permanência de Washington Luís no poder. Se o presidente caísse, Cícero Marques também sairia do governo, pondo fim às esperanças do motorista de ser promovido a administrador do serviço de Limpeza Urbana. Doutor

Cícero prometera o cargo a Moreira tão logo Júlio Prestes assumisse a presidência da República.

Como havia acordado muito cedo para pegar o patrão, Moreira começou a sentir fome. Pediu, então, aos empregados do palácio, alguma coisa para comer. O clima estava cada vez mais tenso. Por volta das dez horas, a esposa e as filhas do presidente se recolheram a um local mais seguro. Faltava menos de uma hora para o prometido bombardeio começar.

Do lado de fora do palácio, uma multidão se aglomerava, esperando o desfecho dos acontecimentos. Uma junta governativa, encabeçada pelo general Tasso Fragoso, negociava com os revoltosos. Já passava das onze horas e os ânimos permaneciam acirrados. Mesmo assim, o almoço foi servido e Cícero Marques, convidado a acompanhar o presidente, sentou-se à mesa ao lado do ministro Konder. Apesar do clima tenso, a refeição transcorreu naturalmente. Ao final, partiram todos novamente para a sala de despachos. Antes, doutor Cícero passou pela cozinha para checar se o motorista havia almoçado. Guardara uma pera e uma maçã para o amigo, que, sorridente, agradeceu a lembrança. Quando o patrão saiu, largou as frutas de lado, pois já havia se alimentado.

A situação do presidente se deteriorava. A junta pressionava Washington Luís a renunciar. O general Tasso Fragoso chegou ao palácio com a tarefa de convencê-lo:

— Senhor presidente, venho mais uma vez patentear a minha lealdade, assegurando-lhe a vida. Comunico ao senhor que a junta governativa está formada e pede a vossa excelência a renúncia, a fim de evitar mais derramamento de sangue — argumentou o general.

Bastante irritado, Washington Luís garantia aos berros que não renunciaria.

— Pois vossa excelência responderá por sua vida, e assumirá toda a responsabilidade pelo que houver! — ameaçou o general.

Mais irritado ainda, o presidente abriu os braços e disparou:

— Assumo inteira responsabilidade.

— Então, nada mais me resta a fazer aqui — disse Tasso Fragoso, que bateu continência e se retirou do local.

Àquela altura, Moreira da Silva já estava do lado de fora do palácio. A junta governativa escolhera o local para funcionar e lá se instalara, acompanhada de um grande número de oficiais, populares e ordenanças. Em seguida, praças do Terceiro Regimento de Cavalaria invadiram o palácio e montaram guarda em cada uma das três portas das salas do andar de cima. Na prática, o presidente fora feito prisioneiro. Não tardaria a renunciar.

Do lado de fora do Palácio Guanabara, Moreira da Silva observava em segurança o desfecho da situação. Estava claro para ele que o presidente abandonaria o cargo a qualquer momento. Principalmente, quando, no final da tarde, chegou ao Guanabara o cardeal Sebastião Leme, junto com o bispo Benedito de Souza e com o vigário-geral da arquidiocese do Rio de Janeiro, Rosalvo da Costa Rego. Pouco tempo depois, por volta das dezoito horas, o presidente Washington Luís deixava o Guanabara ao lado do prefeito Prado Júnior. Perto dos dois, Moreira da Silva pôde ouvir claramente as palavras de conforto ditas ao presidente pelo prefeito do Distrito Federal:

— Vossa excelência, ao transpor os portões, só poderá ser aplaudido pelo que apresentou com suas obras.

O motorista não deixou de notar, também, um popular que estava trepado numa das grades do portão gritar com ironia para o ilustre presidente:

— Aí, malandro, agora vai trabaiá!

A quem prontamente Washington Luís respondeu, um tanto irritado:

— Se são esses os elogios, eu vos agradeço.

A queda de Washington Luís frustrou os planos profissionais de Moreira da Silva. Com a renúncia, também deixaram o governo o prefeito Prado Júnior e, por tabela, Cícero Marques. Os sonhos de ser promovido para administrador da Limpeza Urbana rolaram ladeira abaixo. Voltou ao Pronto-Socorro e ao volante da ambulância. Para o motorista, a única lembrança boa do episódio viria um ano seguinte. Em 1931, Cícero Marques estreava como escritor com o livro *O último dia do governo do presidente Washington Luís no Palácio Guanabara*. Logo nas primeiras páginas, o ex-secretário do prefeito contava todo o trajeto feito por ele e o motorista naquele dia. Sem se dar conta, Moreira da Silva se transformara em um pequeno fragmento da história do Brasil.

CHEGOU O REI DE UMBANDA

Apesar de possuir emprego fixo na Assistência Municipal, Moreira da Silva continuava morando no morro da Cruz. As irmãs já haviam se casado e agora era só ele e dona Pauladina. Mesmo com a vida equilibrada, o salário da prefeitura não dava para descer o morro. Não demorou muito para tudo começar a mudar. Em 1927, o então prefeito, Prado Júnior, determinou que as casas do município fossem alugadas aos funcionários públicos na base de 10% do salário. Moreira aproveitou as facilidades e se mudou para o Estácio. A nova casa podia ser considerada um palacete se comparada aos barracos do morro da Babilônia. Ficava na avenida Salvador de Sá, 66, entre a rua Marquês de Sapucaí e a praça Reverendo Álvaro Reis. Tinha dois quartos, cozinha ampla, dois banheiros e uma despensa. Uma casa muito grande para quem morava só, já que, depois do casamento das irmãs, ele havia comprado uma casa para dona Pauladina no Irajá.

O Estácio do final dos anos 20 era um bairro em grande desenvolvimento. O comércio crescia desde o início da década, quando surgiram estabelecimentos comerciais como o Armarinho do Branco, a Confeitaria Bandeira e a Casa Guiomar. Novas lojas iam sendo abertas e casas construídas. As ruas aos poucos começavam a ganhar um calçamento feito com pedras retiradas da pedreira Vinhas e Fernandes, localizada na rua Santos Rodrigues, próxima ao morro de São Carlos. Na falta de caminhões, as pedras eram trazidas em carroças puxadas por burros. Existiam ainda as padarias Sereia e A Francesa, ambas no largo do Estácio. A última, famosa pelos pães deliciosos que produzia. Esta não era, no entanto, a parte do bairro mais apreciada por Moreira da Silva.

A Lapa bem que podia ser considerada o bairro malandro do Rio do final dos anos 20. Mas o Estácio não deixava por menos. A maioria dos malandros que fizeram nome na velha Lapa nasceu no Estácio ou, pelo menos, frequentava o bairro. Lá passavam o dia e só desciam para a Lapa tarde da noite. A nata da malandragem gostava de se encontrar no Bar Pavão, na rua Pereira Franco. Pelas mesas do bar passavam nomes como Brancura, Gaguinho, Waldemar da Navalhada, Tertuliano e Bacalhau (também conhecido como Boca de Serrote, por não ter nenhum dente e só brigar sorrindo). Havia os malandros valentes e os bons de papo. Waldemar da Navalhada, como o próprio nome indicava, era um dos valentes. Temido por muita gente, lutava bem com as mãos e com as pernas e era um mestre no manejo da soligem. Dos bons de conversa se destacavam Caneta, Nino e Chico da Viola. Malandros finos, acostumados a embromar os otários no jogo de tampinhas de cerveja.

Além do valente e do enrolador, existia um terceiro gênero de malandro: o batuqueiro. Um dos mais admirados por Moreira da Silva se chamava Baiaco. Compositor de mão cheia, Osvaldo Caetano Vasques — seu verdadeiro nome — tinha fama de bom de música e de papo. Dono de uma conversa de causar inveja a qualquer advogado, fazia enorme sucesso com as mulheres. A maioria caía na sua conversinha mole e deixava todo o dinheiro com ele. Outro que também fazia parte da turma dos conquistadores era Brancura, moreno pintoso que só namorava mulheres brancas, daí o apelido. Moreira da Silva aprendeu muito com os dois. Não se tratava de um malandro no sentido exato da palavra, mas convivia com eles e mantinha boas relações com todos os bambas do lugar. Fazia a política da boa vizinhança e assim evitava confusões. Gostava de frequentar o Bar Pavão, sempre acompanhado dos futuros compositores e parceiros Alcebíades Barcelos e Saturnino. Quando a noite chegava, partia para o Cine Colombo atrás de algum rabo de saia. O cinema ficava na Pereira Franco e também figurava como ponto de encontro dos bambas do Estácio. Os ingressos custavam quase um terço do valor cobrado pelos outros cinemas. Como os filmes eram mudos, a sonoplastia ficava por conta de Pedro Crioulo, que, para isso, quebrava pratos, imitava metralhadoras e dava altos gritos.

Quando Moreira da Silva se mudou para o Estácio, ainda não existiam escolas de samba no Rio de Janeiro. O carnaval não passava de uma festa amadora e os blocos só surgiam espontaneamente. Ele gostava de acompanhar de perto o desfile que acontecia no largo do Estácio. Os mais velhos arrumavam as cadeiras na porta de suas casas para apreciar o movimento. Ainda não existiam fantasias, os homens vestiam paletó azul-marinho e as mulheres usavam vestidos. Em 1928, porém, surgiu no bairro a primeira escola de samba do país, a Deixa Falar. Com o pioneirismo, o Estácio passou a liderar o carnaval carioca.

A ideia da escola de samba surgiu dos grandes sambistas do local, tendo à frente Ismael Silva, morador do bairro desde 1908. Muito antes de Moreira se mudar para lá, Ismael já frequentava o bar e café Apolo, na esquina da Pereira Franco com a Estácio de Sá. Andava também em outros pontos, frequentados por sambistas como Mano Edgar, Baiaco, Nilton Bastos, Brancura, Bidê e seu irmão, Rubem Barcelos. Autor de músicas gravadas por Francisco Alves, Ismael Silva era considerado o maioral do lugar, sempre procurado por artistas em começo de carreira para prestar algum tipo de ajuda. O chofer de ambulância da Assistência Municipal, conhecido como o Mulatinho da Assistência, vivia atrás do sambista pedindo uma oportunidade. Queria ver se Ismael conseguia uma gravação para ele. Mas o compositor nunca se sensibilizou com a insistência do rapaz.

Mesmo sem chamar a atenção de bambas como Ismael Silva, o Mulatinho da Assistência continuava cantando. Gostava de frequentar festas de famílias, aniversários e serestas lá pelas bandas de São Cristóvão. Tinha uma voz grave e sempre era chamado para cantar sucessos de Vicente Celestino e Cândido das Neves, o Índio. O samba não aparecia muito nesses tipos de festas. A preferência musical da época eram valsas, serestas e tangos, músicas com letras românticas que muito agradavam às damas. Jovem e cheio de energia, Moreira da Silva fazia um enorme sucesso com as mulheres. Adorava Cândido das Neves e não saía de uma festa sem antes cantar "Lágrimas", "Cinzas" ou "Noite Cheia de Estrelas". Impostava a voz e começava:

> Noite alta, céu risonho
> A quietude é quase um sonho
> O luar cai sobre a mata
> Qual uma chuva de prata
> De raríssimo esplendor

O vozeirão à Vicente Celestino, deixando a veia do pescoço à mostra, não era apenas um modismo, mas uma exigência técnica. Até o ano de 1927, a indústria fonográfica brasileira seguia um sistema arcaico. O processo de gravação mecânico impossibilitava tecnicamente levar para a bolacha o som de alguns instrumentos musicais. Sem contar os cantores não dotados de potência vocal suficiente para ter a voz gravada. Desde 1902, quando chegaram ao Brasil, as matrizes da invenção de Thomas Edison tinham de ser gravadas aqui e enviadas para a Alemanha, onde eram transformadas em discos pela Internacional Talking Machine, proprietária da patente de fabricação da Odeon. Só sete anos depois, em 1909, os discos começaram a ser feitos no Brasil, seguindo ainda uma fabricação mecânica.

Quase vinte anos após Fred Figner, proprietário da famosa Casa Edison, começar a fabricar discos no país, chegava ao Brasil o sistema elétrico de gravação. Em julho de 1927, a Odeon introduzia no país a novidade. Pouco depois, chegavam mais quatro multinacionais do disco, a Parlophon, a Columbia, a Brunswick e a Victor, todas fazendo gravações elétricas.

Ao mesmo tempo em que possibilitaram a entrada no mercado de cantores como Mário Reis, dono de uma voz que jamais seria gravada no antigo sistema, os avanços tecnológicos abalaram alguns nomes consagrados. Vicente Celestino foi um dos que jamais se adaptou a microfones, amplificadores e agulhas eletromagnéticas de leitura. Acostumado a gravar com autofone (cone mecânico captador de sons), Celestino se complicou todo com o microfone. Tentou de tudo para superar as dificuldades tecnológicas. Chegou muitas vezes a gravar de costas para o aparelho. Mas não deu resultado. Nunca conseguiu se adaptar à mudança do tempo.

Moreira da Silva permanecia alheio às transformações da indústria fonográfica. Nunca tinha botado os pés em um estúdio de gravação, mas continuava participando de festas em São Cristóvão. Numa delas, conheceu Heitor Catumbi que, além de amigo, tornou-se um dos seus parceiros mais efetivos. Desde o primeiro encontro, os dois formaram um par inseparável nas serestas. Catumbi tocando violão, Moreira cantando. Aos poucos a parceria começou a evoluir e passaram a cantar músicas que Catumbi compunha, ainda timidamente.

Não demorou e a música começou a ser levada a sério pelo Mulatinho da Assistência. Principalmente depois que conheceu o compositor baiano Getúlio Marinho da Silva, em uma das muitas serestas de que participava. Apesar de não ser um dos grandes cartazes da época, Getúlio Marinho ostentava uma projeção expressiva no cenário musical carioca.

Carregando desde criança o meloso apelido de Amor, Getúlio Marinho não virou um compositor romântico. Ficou conhecido, sim, por ser um exímio tocador de omelê (a antiga cuíca) e um frequentador assíduo de terreiros de candomblé. Diziam que levava um assassinato nas costas. O boato, felizmente, nunca interferiu no seu relacionamento com Moreira da Silva.

A paixão de Getúlio Marinho pelo candomblé o fez se interessar por registrar em discos alguns pontos cantados em homenagem aos orixás. Não satisfeito em apenas registrar a musicalidade dos candomblés, Amor partiu para a composição de pontos. Pouco antes de conhecer Moreira, lançara em 1930 um 78 rpm em homenagem a dois orixás. O disco, que trazia, de um lado, "Ponto de Ogum", e, do outro, "Ponto de Iansã", saiu pela Odeon e chegou a ser bem divulgado. Mas Amor não se notabilizou pelo seu pioneirismo religioso. Só veio a aparecer realmente no carnaval de 1932, quando compôs com Eduardo Souto a marchinha "Gegê". A música alcançou um enorme sucesso na voz de Jaime Vogeler, num dos carnavais mais criativos de todos os tempos. Foi em 32, por exemplo, que Lamartine Babo estourou com "O teu cabelo não nega", "AEIOU" (em parceria com Noel Rosa) e "Marchinha do amor". Lalá dividia a cena com Ismael Silva, autor de "Sofrer é a vida" (música com parceria ilegítima de Francisco Alves). Para se ter uma ideia da qualidade das composições de 1932, basta lembrar que passaram despercebidos naquele ano seis discos lançados pelo antológico Bando de Tangarás, formado por Noel Rosa, João de Barro, Almirante e Henrique Brito.

Mesmo sem obter grande sucesso com a gravação dos pontos de macumba, Getúlio Marinho continuava apostando no gênero. Principalmente depois que conheceu a voz de Moreira da Silva e resolveu convidá-lo para gravar um disco. Naquela época, gravar um 78 rotações não era uma tarefa difícil. Tudo graças ao surgimento do sistema elétrico de gravação, que ampliou a possibilidade técnica de produzirem-se discos, estabelecendo-se nas gravadoras uma disponibilidade desconhecida até o momento.

A proposta de Getúlio Marinho podia não ser um sonho, mas era a única já feita ao Mulatinho da Assistência. O jeito foi aceitar o convite. Em 30 de novembro de 1931, ele entrava pela primeira vez em um estúdio para gravar "Ererê". Mesmo sem entender direito a letra da música, Moreira da Silva chegou bastante animado ao terceiro andar do Teatro Fênix, onde funcionava o estúdio da Odeon. Tão satisfeito estava, que aturou com muito bom humor um alemão chamado Strauss, o responsável pelo local. Um sujeito que colocava um lenço no rosto quando ia falar com os outros.

Moreira gravou "Ererê" acompanhado por um conjunto com também pouco tempo de estrada. Tratava-se do Gente do Morro, liderado pelo flautista Benedito Lacerda e lançado naquele início de década por Sinhô. Formado por excelentes músicos, o grupo acabou colaborando bastante com o início de carreira do cantor. Nove dias depois, ele retornava ao estúdio, novamente acompanhado pelo Gente do Morro, para gravar "Rei de umbanda", belíssima composição de Getúlio Marinho. Mais algum tempo e a Odeon colocava nas lojas o primeiro 78 rotações do novo cantor. O nome registrado no disco não podia ser outro e ele foi lançado pela gravadora como Antônio Moreira Mulatinho.

Apesar da boa qualidade das músicas, principalmente "Rei de umbanda", o disco de Moreira da Silva foi um grande fiasco ou talvez nem isso. Na verdade, passou despercebido no meio musical. Mas o fracasso não abalou a confiança de Getúlio Marinho no Mulatinho. O compositor continuou apostando na carreira do amigo. No início de 1932, Antônio voltava ao estúdio da Odeon para gravar os sambas "Na favela", "Eu sou bamba" e os pontos de macumba "Auê", "cafiô" e "Mata Virgem". Gravou também, pela primeira vez, uma música de outro compositor, "Auê de Ganga", de Cícero de Almeida "Baiano".

Mesmo com quatro discos lançados, o sucesso não vinha. Desconfiado de que o problema estava nos pontos de macumba, resolveu mudar de estilo. Antes gravou o excelente "A baiana de Nagô", do amigo Alcebíades Barcelos:

> Sonhei que estava na Bahia
> Num candomblé brincando noite e dia
> No meio das baianas de Nagô

        Isto é aviso de meu pai Xangô
          [Sonhei meu bem!
          Eu acordei chorando
        Pra meu pai me perdoar
        Ó meu Deus! Juro que a promessa irei pagar
        Estou sofrendo e sou culpado
        Estou cansado, meu pai
        De ser castigado
          [Sonhei meu bem!
        Pai Xangô me ajudando
        De minha vida endireitar
        Ó meu Deus! Peço que me livre deste azar
        Serei bom filho de coração
        Antes da morte para em mim a obrigação
              [Sonhei meu bem!

Discretamente, a carreira de Moreira ganhava fôlego. Aos poucos conhecia um número maior de compositores. "A baiana de Nagô" era uma prova de que o cartaz do cantor crescia. Alcebíades Barcelos, o Bidê, um dos fundadores da Deixa Falar, já era um dos grandes do Estácio naquela época.

Após abandonar os pontos de macumba, o Mulatinho resolveu também deixar de lado o apelido de infância. Afinal, não era um garoto, já tinha mais de trinta.

A ascensão da carreira de Moreira da Silva coincide com a profissionalização do carnaval e o surgimento dos concursos de música. Até a década de 30, a festa popular era organizada por carnavalescos, com o apoio de comerciantes e sociedades. A prefeitura ajudava, mas não participava da estruturação do evento. Naquela época, os representantes dos ranchos saíam com os chamados Livros de Ouro na mão, em busca de doações para realizar a festa. Não tardou, e a oficialização começou a ser um assunto bastante discutido. Muitos afirmavam que a festa perderia em espontaneidade, caso fosse patrocinada pelo poder público. O receio era justificado, pois, como organizador e patrocinador do evento, o governo não abençoaria sátiras a sua administração. Mesmo assim, as tentativas de oficialização ganhavam corpo.

O primeiro a tomar uma atitude concreta em favor da oficialização foi o conselheiro Vieira Moura. Vereador da época, Vieira Moura enviou ao Conselho Municipal um projeto com dez artigos delegando à Prefeitura do Distrito Federal a organização do Carnaval de 1928. Mas o projeto esbarrou num veto do então prefeito Antônio Prado Júnior. Felizmente para o conselheiro, a vontade do prefeito e o próprio prefeito não duraram muito tempo. Em 1930, Getúlio Vargas derrubou o presidente Washington Luís e nomeou Pedro Ernesto — um entusiasta do carnaval carioca — interventor do Rio de Janeiro.

Apesar de tirar um pouco de espontaneidade do evento, como se temia, a oficialização trouxe maior prestígio e publicidade ao carnaval do Distrito Federal. Pela primeira vez, a festa ganhava caráter turístico. Surgiam os bailes oficiais e a cidade começava a ser ornamentada. Já em 1933, a prefeitura entregava ao Touring Club do Brasil a organização do Carnaval. Foram programadas batalhas de confetes, dia dos blocos, o primeiro baile do Municipal e concursos de músicas carnavalescas. A Comissão de Turismo da Prefeitura do Rio de Janeiro chegou a mandar pelo navio *L'Atlantique* 500 mil cartazes para se fazer propaganda da festa na França.

Foi justamente nesse clima de novidade que Moreira da Silva viu sua carreira decolar. Saiu da Odeon e, com a ajuda de Benedito Lacerda, transferiu-se para a Columbia, onde estreou com o pé direito. Não precisou ir longe para achar músicas de valor. O Estácio era o lugar ideal para se obter novas composições. Já tinha algum cartaz e conseguiu gravar dois sambas de Baiaco: "Vejo Lágrimas" (Ventura e Baiaco) e "Arrasta a sandália" (Aurélio Gomes e Baiaco), lançados em dezembro de 1932.

Moreira sabia da importância do carnaval para a carreira de um cantor principiante. O próprio Getúlio Marinho não abandonava os pontos de macumba, mas, quando chegava o final do ano, concentrava-se em composições carnavalescas. Tinha sido assim em 1932, quando estourou com "Gegê". O segredo do sucesso era se adaptar ao mercado da época. Lógico que um pouco de sorte e boas composições também seriam essenciais.

Não satisfeito com as músicas de Baiaco, Moreira resolveu procurar outro compositor de peso para fortalecer seu repertório. Não poderia conseguir ninguém melhor do que José Luís Morais, o Caninha, um dos principais compositores carnavalescos de todos os tempos, que dividiu com Sinhô a fama de ser o autor dos mais populares sucessos da década de 20. Apesar de iniciante, Moreira da Silva aproximou-se do velho compositor. O encontro mudaria sua vida definitivamente.

Das novas composições de Caninha, uma logo chamou a atenção do cantor: "É batucada". A música, feita em parceria com o folclórico jornalista Horácio Dantas (Visconde de Bicohyba), tinha letra curta (leia-se: fácil de ser decorada) e um refrão forte, ideal, portanto, para cair no gosto do público no carnaval daquele ano. E que carnaval seria aquele!

O ano de 1933 foi absolutamente marcante na música. Empolgados com o início da profissionalização do carnaval carioca, um número crescente de artistas se engajava na festa. Compositores e cantores, que ajudariam a escrever páginas definitivas na história da música brasileira, lançaram sucessos inesquecíveis naquele ano. Os foliões se esbaldavam ao som de "Linda morena" (Lamartine Babo), "Moreninha da praia" (João de Barro), "Até amanhã" (Noel Rosa), "Formosa" (Nássara e Jota Rui), "Good Bye" (Assis Valente) e "Vai haver o diabo" (Benedito Lacerda e Getúlio Viana). Ao todo, foram lançadas mais de 150 composições.

Desde o início, Moreira da Silva percebeu que aquele seria um ano definitivo em sua carreira. A gravação de "Arrasta a sandália" começava a despontar como um dos maiores sucessos carnavalescos do ano. Meses antes do início da Festa de Momo, a ser realizada de 25 a 28 de fevereiro, os jornais cariocas passaram a colocar a música entre as favoritas de 1933. Já em 10 de janeiro, Ataulfo Alves declarava ao *Diário Carioca* estar bastante impressionado com a gravação de "Arrasta a sandália". Três dias depois, a cantora Zezé Fonseca fazia coro ao sambista. Apesar do sucesso da música, Moreira da Silva nunca aparecia nas matérias. O destaque sempre era dado aos autores do samba.

Finalmente, em 17 de janeiro, uma declaração da cantora Elza Cabral, ao *Diário Carioca*, tirava o Mulatinho do anonimato: "'Arrasta a sandália' é o samba do morro que vibra a alegria do seu povo. A dupla Benedito Lacerda e Osvaldo Vasques teve sorte até com o criador (leia-se: intérprete), Moreira da Silva". O único equívoco da cantora foi trocar Aurélio Gomes por Benedito Lacerda.

Apesar de não ganhar nenhum prêmio importante, "Arrasta a sandália" conquistou como poucas composições o gosto do povo. A popularidade da música podia ser medida pelo artigo publicado, em 04/02/33, no jornal *Beira Mar*: "(...) exemplares mães da família, matronas, obesas fantasiadas de baianas ou dançarinas em desavergonhada promiscuidade com rapazes e meninas a cantar impudicamente 'Segura esta mulher' ou 'Arrasta a sandália' pelas ruas percorrendo com um sorriso provocante os bairros mais chics da urbs". Apesar da opinião do autor do artigo, a letra do samba de Baiaco e Osvaldo Vasques não tinha nada que pudesse despertar atitudes "desavergonhadas em exemplares mães de famílias":

>Arrasta a sandália aí
>Morena
>Arrasta a sandália aí
>Morena
>
>Vou te dar uma sandália bonita
>De veludo, enfeitada de fita
>(Arrasta a sandália, arrasta)
>
>Arrasta a sandália aí no terreiro
>Estraga, que custa o meu dinheiro
>(Arrasta a sandália, arrasta)
>
>Arrasta a sandália, minha morena
>Estraga mesmo e não tenha pena
>(Arrasta a sandália, arrasta)
>
>Arrasta a sandália aí todo dia
>Que eu mando vir outra lá da Bahia
>(Arrasta a sandália, arrasta)

O sucesso foi tanto que o nome do samba acabou virando apelido dos ônibus da empresa Limousine Federal, veículos de longa traseira que pareciam se arrastar pelas ruas.

Fortalecido por "Arrasta a sandália", Moreira da Silva começou a trabalhar outro samba fadado ao sucesso — justamente o "É batucada". Suas chances começaram a aumentar quando foi anunciado que, além da festa, a prefeitura promoveria também um grande concurso musical no Teatro João Caetano. Moreira não pensou duas vezes e resolveu que concorreria com "É batucada". A música já alcançava alguma repercussão, mesmo sem ainda ter sido gravada em disco.

Ao todo, 63 cantores decidiram arriscar a sorte no Primeiro Concurso Oficial do Carnaval do Distrito Federal, realizado na última quinta-feira de janeiro. O Teatro João Caetano já estava completamente lotado quando Moreira da Silva entrou no palco para defender a música de Caninha e Horácio Dantas:

> Samba do morro
> não é samba, é batucada
> É batucada,
> É batucada.
>
> Lá na cidade
> A escola é diferente
> Só tira samba
> Malandro que tem patente (oi)
>
> Nossas morenas
> Vão pro samba bonitinhas
> Vão de sandálias
> E saiote de preguinhas (oi).

Obstinado, o até então Mulatinho da Assistência venceu o concurso e deu um passo definitivo na maioridade musical. Consagrado mesmo ficou Caninha, que recebeu o diploma de sambista das mãos do prefeito Pedro Ernesto — coroando com justiça a carreira de um dos mais populares compositores do carnaval carioca. Tanto Caninha quanto o Visconde de Bicohyba não saíam das páginas dos jornais depois da vitória de "É batucada". Apesar das atenções estarem todas voltadas para os autores do samba, às vezes também saía uma reportagem dando destaque a Moreira da Silva. Finalmente, em 1º de fevereiro, o *Diário Carioca* publicava uma entrevista intitulada: "Moreira da Silva, o criador de "Arrasta a sandália" e "Vejo Lágrimas", fala ao *Diário Carioca*".

O QUE NOS DISSE O FESTEJADO ARTISTA

Quando mais intenso era o exaustivo trabalho da turma do carnaval, tivemos a alegrar a nossa redação a presença de Moreira da Silva, o festejado criador de "Arrasta a sandália", e também intérprete, que com tanta alma, soube, perante a grande plateia de quinta-feira última no João Caetano, levar a vitória de "Batucada", o primeiro samba de Bicohyba e Caninha.

Possuidor de verve extraordinária, Moreira da Silva é o patrício cuja vibração encanta desde o primeiro contato. É a alma do samba em um corpo de brasileiro. Sua extraordinária força de vontade ficou demonstrada através da revelada composição de Benedito Lacerda, "Empurra", cognominando o único substituto de Pixinguinha e desse modo a segunda flauta de ouro do país.

"Assis Valente teve na interpretação de Lia Villar a mágica das cordas vocais, a glória de ver coroada de louros a sua apreciada produção de Good Bye, cujo sucesso dispensa qualquer comentário", disse aquela figura ao se referir ao autor dessa marcha que alcançou o primeiro lugar na disputada competição.

Apesar de um novo nos meios do samba, Moreira, que há um ano a esta parte vem se dedicando à revelação de várias produções, agradece seus brilhantes feitos a Getúlio Marinho "Amor", que o introduziu nos meios, e a Benedito Lacerda, pela gentileza de lhe permitir a primeira gravação em discos Columbia do "Arrasta a sandália".

O *Diário Carioca* esqueceu de informar, porém, que o auxílio de Benedito Lacerda custava 10% do cachê do cantor na Columbia.

Apesar de todo o sucesso, "É Batucada" só foi lançado em 78 rmp, pela Columbia, depois do carnaval, em março de 1933. No disco, o cantor aparecia com o nome completo, Antônio Moreira da Silva. Os nomes dos autores, contudo, foram grafados erroneamente na etiqueta. Caninha teve as iniciais dos dois primeiros nomes invertidas — em vez de J.L. de Morais saiu L.J. de Morais — e o jornalista Horácio Dantas, mais conhecido pelo pseudônimo de Visconde de Bicohyba, acabou registrado como Visconde de Picohyba. Uma segunda edição do disco, lançada depois, corrigiria o nome de Caninha, mas repetiria o erro no de Horácio Dantas.

***

Vencida a dificuldade inicial, Moreira da Silva partiu para a consolidação da carreira. Já ia longe o tempo em que só cantava músicas de Getúlio Marinho. Passou também a gravar acompanhado de músicos já consagrados, como Pixinguinha, e mudou de gravadora. Lançou apenas mais um disco pela Columbia. Começava a entender melhor o funcionamento da indústria fonográfica e a filosofia das grandes gravadoras. Sabia que só teria vez enquanto vendesse bem. Transferiu-se para a Victor, onde gravou oito discos. A campanha vitoriosa do ano anterior não se repetiu, mas não deixou de ser um ano bom para a sua carreira. O maior sucesso no carnaval de 34 foi o antológico "O orvalho vem caindo", samba de Noel Rosa e Kid Pepe, gravado por Almirante. Um pequeno contratempo ajudou Moreira da Silva a não ficar totalmente de fora do carnaval daquele ano.

Apesar do grande sucesso de "O orvalho vem caindo", outro samba também se destacava no carnaval de 34. Antes mesmo da chegada da festa, em 17 de janeiro, uma relação da gravadora Victor mostrava que "Agora é cinza" (Bidê e Marçal) já tinha vendido 1.121 cópias na voz de Mário Reis.

    Você partiu
    Saudades me deixou
    Eu chorei.
    O nosso amor
    Foi uma chama,
    que o sopro do passado
    desfaz
    Agora é cinza
    Tudo acabado
    E nada mais!...

    Você
    Partiu de madrugada

E não me disse nada
Isso não se faz
Me deixou cheio de saudade
E de paixão
Não me conformo
Com a sua ingratidão
(Chorei por que)

Agora
Desfeito o nosso amor
Eu vou chorar de dor
Não posso esquecer
Vou viver diante dos teus olhos
Oh! querida
Não me deu
Um adeus por despedida
(Chorei por que)

Nem todo o sucesso da música, porém, encorajou Mário Reis a defender "Agora é cinza" no concurso oficial do carnaval carioca. No dia do julgamento, era facultativo aos autores se fazer acompanhar ou não de seus respectivos cantores. Conhecido pela aversão a multidões, Mário Reis não estava nem um pouco disposto a comparecer no dia 21 de janeiro — uma tarde de domingo — ao Estádio Brasil, na Feira de Amostras, centro do Rio, onde se realizaria o concurso. A dupla de autores escolheu então o grande criador de "É batucada" e "Arrasta a sandália" para defender a música. Assim, por acaso, o cantor se sagrou bicampeão do concurso oficial do carnaval carioca.

***

Depois de dois anos seguidos de vitórias, Moreira da Silva passou a ser cada vez mais requisitado para participar de programas de rádio. Aproveitava a oportunidade para lançar novas composições e, a depender da reação dos ouvintes, gravava ou não a música. Preocupado em lançar um samba de sucesso para o carnaval do ano seguinte, o cantor saiu à caça de boas músicas. Foi numa dessas que chegou às suas mãos um sambinha de apenas uma estrofe chamado "Implorar":

>Implorar só a Deus
>mesmo assim
>não sou atendido
>amar como eu te amei
>fui um louco
>hoje estou arrependido.
>eu muito chorei

    Moreira da Silva até que gostou da música, mas, a princípio, não pensava em gravá-la. Só mudou de ideia no final do ano, quando participava de um programa na Rádio Guanabara. Na ocasião, mesmo sem muita confiança, cantou "Implorar" para os ouvintes do programa. Minutos depois, veio uma grata surpresa. O telefone da rádio não parava de tocar, pedindo que o cantor repetisse o samba. Naquele momento, ele percebeu que um novo sucesso estava nascendo, mas nem imaginava sua magnitude.

    Alguns dias depois da visita à Rádio Guanabara, Moreira da Silva foi procurar Kid Pepe, que ainda colhia os frutos da parceria com Noel Rosa. Queria que o compositor melhorasse a letra daquele achado.

    A palavra "achado", por sinal, servia perfeitamente para designar as composições de Kid Pepe, um conhecido negociante de música. Comprava, vendia, trocava, enfim, fazia qualquer negócio. Compor que era bom, nada. Por isso, para atender ao pedido de Moreira da Silva, Kid Pepe pediu ajuda a um compositor de verdade, Orestes Barbosa. Excelente letrista, o jornalista fez alguns ajustes na letra original e acrescentou-lhe duas estrofes:

>Implorar só a Deus
>mesmo assim
>às vezes não sou atendido
>eu amei e não venci
>fui um louco
>hoje estou arrependido
>Foi-se meu sonho azulado

> Minha ilusão mais querida
> Perdi o meu bem amado
> Minha esperança na vida
> Passei a vida implorando
> Aquela infeliz amizade
> Tudo na vida se passa
> Loucuras da mocidade.
>
> Hoje no mundo sozinho
> Relembrando o meu passado
> Não tenho mais carinho
> Na vida tudo acabado
> Fui um louco eu bem sei
> Implorar tua beleza
> Pelo teu amor fiquei
> Contemplando a natureza.

O complemento de Orestes Barbosa valorizou a composição sem comprometer a unidade do samba. Casava exatamente com a estrofe original.

Completada a música, Moreira resolveu lançá-la pela Columbia para o carnaval de 35. Com "Implorar", ele atingiu novamente o topo da parada. Nem as extensas três estrofes do poemeto tiraram o fôlego dos foliões que, aos milhares, cantaram a música por toda cidade. Já no dia 2 de fevereiro, a música passou com facilidade pela eliminatória do concurso oficial do carnaval de 1935, quando 171 composições concorreram e apenas 89 foram selecionadas (49 marchas e 40 sambas). Dois dias depois, nova fase do concurso classificaria os dez sambas e dez marchas para a grande final. A essa altura "Implorar", um dos favoritos, tinha sua autoria atribuída a Kid Pepe e Germano Augusto.

Além de se apossar da parte de Orestes Barbosa na letra, com a permissão do jornalista, é claro, Kid Pepe aproveitou para colocar também um amigo na parceria, já que esse era um procedimento comum na época. Funcionava como uma gentileza, uma troca de favor.

O italiano Giuseppe Gelsomino, mais conhecido como Kid Pepe, chegou ao Rio de Janeiro ainda muito jovem. Fez de tudo um pouco. Foi vendedor de jornal, lutador de boxe — daí o apelido — até virar compositor. Frequentador das rodas do Café Nice, ficou famoso pelas músicas que nunca compôs. Fazia tudo por um bom samba. Vendia, trocava, intermediava e, se achasse necessário, ameaçava dar alguns diretos e cruzados em quem quisesse atrapalhar seus negócios.

A compra e venda de músicas não era considerada uma atividade aética na época, e sim um negócio como outro qualquer. Um comércio tão comum que existiam compositores especializados no assunto, com fregueses e compradores certos. Já o roubo, a apropriação indevida, era uma prática censurada, que sempre gerava polêmicas sobre a autoria da composição.

Passada a fase eliminatória do concurso, chegou o dia da grande final no Teatro João Caetano, em 10 de fevereiro. Pela terceira vez consecutiva, em poucos anos de carreira, Moreira ganhava o concurso oficial do carnaval carioca. Não faltaram protestos e tumultos, porém.

Ao todo, mais de duzentas composições foram lançadas no carnaval de 35. Muitas entraram para a história, como "Cidade Maravilhosa" (André Filho), verdadeiro hino do Rio de Janeiro, foi também um ano muito rico em escândalos. A começar pelo samba "Foi ela" (Ary Barroso):

> Quem quebrou meu violão de estimação?
> Foi ela
> Quem fez do meu coração seu barracão?
> Foi ela
> E depois me abandonou
> Ôô
> Minha casa se despovoou
> Quem me fez tão infeliz
> Só por que quis?
> Foi ela!
>
> Foi um sonho que findou
> ôô
> Um romance que acabou
> ôô
> Quem fingiu gostar de mim até o fim?
> Foi ela!

No dia do concurso, Kid Pepe protestou contra a música de Ary Barroso. Segundo o italiano, "Foi ela" era um tango e, por isso, não podia concorrer na categoria dos sambas. Além do mais, o próprio Ary Barroso admitia ter se baseado na melodia do tango argentino "Muñequita" (Lomuto) ao compor a música. Para piorar ainda mais a situação de Ary, no dia do concurso, a parte de piano do tango argentino foi distribuída entre os jurados numa tentativa de mostrar o *plágio* do compositor. Mesmo assim, "Foi ela" não foi desclassificada e acabou em segundo lugar, superada apenas por "Implorar".

O episódio ocorrido no João Caetano levou Ary Barroso a questionar a autenticidade dos resultados do concurso. No dia seguinte à vitória de "Implorar", o compositor usou sua coluna "Falando a Todo Mundo", no *Correio da Noite*, para desbancar os adversários. Ary acusava os oponentes de pagar pessoas para vaiar as suas músicas:

> *(...) Sei como se deve fazer para tirar a primeira colocação. Sei, mas não emprego métodos que possam, mesmo de leve, ferir a minha consciência. Nunca aceitaria um prêmio que me servisse depois para ser apontado pela sociedade como um 'escolhido dos deuses', em detrimento dos verdadeiros valores (...)*
>
> *Mais vale uma derrota com dignidade do que uma vitória construída à custa do suborno e do dinheiro. O veredicto do público é para mim mais interessante do que o da 'comissão'. Mesmo assim, ganhei um segundo lugar! Foi a força da popularidade.*

Apesar de toda a virulência, as críticas de Ary Barroso não atingiram Moreira da Silva. Afinal, o compositor-jornalista não dava nomes aos bois em seu artigo. As reclamações do compositor não irritaram também Kid Pepe, que embolsou dois contos de réis pelo primeiro lugar no concurso.

A alegria do italiano durou pouco. No início de fevereiro, o presidente da escola de samba do Morro de São Roque, Mocidade Louca de São Cristóvão, Cid Azevedo, foi aos jornais denunciar a jogada de Kid Pepe. Segundo ele, a autoria de "Implorar" era de Seda, falecido compositor da escola. Antes de Moreira da Silva gravá-la, portanto, já havia sido lançada pela escola em 1932. "Em todo o bairro de São Cristóvão, especialmente no morro de

São Roque, ninguém desconhece a existência dessa música", declarou Cid Azevedo ao jornal *Correio da Noite*.

Irritado com as denúncias, Kid Pepe também procurou as redações disposto a se defender, levando consigo documentos "como prova de que o samba 'Implorar' era de sua autoria". Tentava explicar que a autoria da música estava corretamente registrada na etiqueta do 78 rpm lançado por Moreira da Silva. Ou seja, pertencia a Kid Pepe, Germano Augusto e João da Silva Gaspar. Este último, um compositor do Salgueiro, responsável pela primeira estrofe, que ele e Germano Augusto aprimoraram e deram versão definitiva. Em nenhum momento, Kid Pepe tocou no nome de Orestes Barbosa.

NO TEMPO DO RÁDIO

A vida de bom número de estrelas da música brasileira se confunde com a história do rádio, principal responsável, junto com o carnaval, pela popularização do samba. Gente como Almirante, Noel Rosa, Ademar Casé, César Ladeira, Ary Barroso, Sílvio Caldas, Carmen Miranda, Pixinguinha e Radamés Gnatalli fizeram das décadas de 30 e 40 os anos dourados do rádio brasileiro e revolucionaram um veículo que, até então, não costumava transmitir música popular.

Almirante tem uma imagem muito plástica e poética, que marca a introdução do rádio no país: o surgimento de uma floresta de antenas. Já Moreira da Silva, com vinte anos na época, pouco se recorda da primeira transmissão radiofônica oficial, que aconteceu em 7 de setembro de 1922, no dia da inauguração da exposição do Centenário da Independência do Brasil, na Esplanada do Castelo. A transmissão iniciou-se com as palavras do presidente da República, Epitácio Pessoa, e prosseguiu com a apresentação de óperas, diretamente do Teatro Municipal e do Teatro Lírico. Os primeiros ouvintes desfrutaram do inusitado prazer de ouvir palestras e conferências de especialistas em diversos assuntos. Ou seja, nada de samba ou de qualquer outra coisa próxima ao gosto popular.

A princípio, a programação radiofônica restringia-se à chamada música erudita e às já mencionadas participações de letrados, sempre muito maçantes. Era nítida a influência de Edgar Roquete-Pinto. Intelectual carioca com formação europeia e membro da Academia Brasileira de Letras, Roquete-Pinto tinha um amor todo especial pela radiofonia. Foi dele, por sinal, a iniciativa da fundação da primeira estação brasileira, em 20 de abril de 1923 — a Rádio Sociedade do Rio de Janeiro. "Nada de música popular. Em samba nem pensar", era a rima predileta do intelectual carioca. Rima pobre, na verdade. Em nome de uma pretensa cultura superior, as rádios tocavam apenas peças de Puccini, Verdi, Massenet e Bellini. O ideal de Roquete-Pinto não durou muito tempo. Já na segunda metade da década de 20, o popular começou a sobrepujar o erudito. O samba crescia.

Ao contrário do que muitos pensam, o surgimento do rádio brasileiro não caracterizou-se por nenhum *boom*. Três anos após a fundação da pioneira Rádio Sociedade do Rio de Janeiro, foram inauguradas apenas mais duas emissoras, a Sociedade e a Clube do Brasil. Por causa das dificuldades técnicas, havia pouquíssimos horários de audição. Uma estação transmitia o sinal às segundas, quartas e sextas; outra, às terças, quintas e aos sábados. Aos domingos, não havia programação. Só a partir de 1926, as dificuldades começaram a ser vencidas e o número de emissoras aumentou.

Com o desenvolvimento tecnológico, a radiodifusão ganhou fôlego. Nos anos 30, os aparelhos receptores de rádio e as vitrolas passaram a substituir os pianos nas salas de estar da classe média. Fatores como o surgimento da válvula Penthede, melhorando consideravelmente a radiorrecepção, contribuíram para o crescimento de uma indústria que começou tímida. No dia da primeira transmissão oficial, por exemplo, apenas oitenta personalidades da época tiveram o prazer de ouvir a irradiação no conforto do lar. O povão teve mesmo de se contentar com os aparelhos instalados nas praças públicas de São Paulo, Petrópolis e Niterói.

O avanço da técnica popularizava o novo fenômeno de comunicação de massa. Surgiam os primeiros campeões de audiência e os primeiros astros e estrelas do rádio. No início da década de 30, cinco emissoras do Rio de Janeiro disputavam a preferência dos ouvintes: Rádio Educadora, Philips do Brasil, Mayrink Veiga, Sociedade e Clube do Brasil. Duas em particular, a Philips e a Mayrink, mantinham os programas de maior sucesso da época. A primeira contava com o revolucionário Programa Casé, estreado em 14 de fevereiro de 1932, sob o comando do pernambucano Ademar Casé. A segunda contratara aquele que seria considerado o maior locutor de todos os tempos, o paulista César Ladeira.

Se, na Philips, Ademar Casé trouxe um ritmo mais dinâmico para o radialismo brasileiro e revolucionou a publicidade com a introdução do *jingle*, César Ladeira não ficou para trás e transformou a Mayrink Veiga na emissora mais popular da cidade. Diretor artístico da rádio, disputava com Casé os maiores artistas de então, estrelas do quilate de Noel Rosa, Almirante, Sílvio Caldas, Francisco Alves, Carmen Miranda e Patrício Teixeira.

Mesmo após ganhar três concursos carnavalescos, Moreira da Silva não era considerado uma estrela de primeira grandeza. Já havia se apresentado algumas vezes nos programas de Ademar Casé e de César Ladeira, mas nada muito significativo. Em 1936, a carreira do cantor dava sinais de estagnação. Durante todo o ano, Moreira conseguiu gravar apenas três discos e não havia emplacado nenhum sucesso. Começou o ano com duas valsas do amigo Heitor Catumbi. Depois partiu para uma marcha de Donga e Eduardo Almeida, gravando ainda sambas de sua autoria e em parceria com Djalma Esteves e Siqueira Filho.

O tricampeonato conseguido nos concursos de música para carnaval tinha tudo para abrir as portas das emissoras para Moreira da Silva. Mas não foi o que aconteceu. O repertório do cantor, na verdade, não se limitava às marchinhas e aos sambas carnavalescos. A cada nova composição, ficava mais evidente uma tendência humorística e escrachada no seu estilo. Aos poucos, ele começava a cantar a malandragem e a vida nos morros cariocas, realidade que conhecia de perto. Suas músicas faziam verdadeiras crônicas sociais bem-humoradas da época. Falavam do desemprego, dos jogos de azar, da repressão policial, da boemia, da malandragem e da vida nas favelas, com letras repletas de brigas, navalhadas, tiros e morte. Esses temas atemorizavam alguns radialistas, que receavam ter problemas com a censura ou desagradar aos ouvintes mais recatados. Músicas como "O trabalho me deu bolo" (Moreira da Silva e João Golô) fugiam por completo do espírito cultural que começava a ser idealizado pelo governo Vargas:

Enquanto eu viver na orgia
não quero mais trabalhar
trabalho não é para mim ora
deixa quem quiser falar

quando eu tenho pesadelos por sonhar com o trabalho
mas ontem eu vi ao longe alguém falar em trabalho
eu agora resolvi que não hei de ter mais dúvida
nenhuma
que quando for trabalho
trabalho me dá o bolo

fui trabalhar
o trabalho estava cruel
eu pedi ao patrão:
— senhor me dá meu chapéu
eu não quero trabalhar
trabalho vá pro inferno
se não fosse o meu amor
nunca que eu botava o terno

A ajuda do governo foi fundamental para a consolidação do carnaval carioca. Mas o apoio financeiro veio acompanhado de um controle mais rígido das músicas. Em 1933, surgia a Confederação Brasileira de Radiodifusão, que resolveu criar uma comissão de censura. Já em 10 de outubro, aparecia o primeiro veto. O samba "Lenço no pescoço" (Wilson Batista), gravado por Sílvio Caldas, inaugurava os serviços da comissão:

Meu chapéu de lado
tamanco arrastando
lenço no pescoço
navalha no bolso
eu passo gingando
provoco e desafio
eu tenho orgulho de ser vadio
sei que eles falam

deste meu proceder
eu vejo quem trabalha
andar no miserê
eu sou vadio
porque tive inclinação
eu me lembro era criança
tirava samba-canção
comigo não
eu quero ver quem tem razão

O veto ao samba de Wilson Batista acabou encontrando apoio na própria imprensa carioca. Grande compositor e historiador da música brasileira, Orestes Barbosa condenou a música em sua coluna de rádio publicada no jornal *A Hora*: "Causou má impressão o novo samba de Sílvio Caldas, 'lenço no pescoço, navalha no bolso'. O malandro, hoje, não usa mais lenço no pescoço, como no tempo dos Nagoas e Guaxami. Além disso, num momento em que se faz a higiene poética do samba, a nova produção de Sílvio Caldas, pregando o crime por música, não tem perdão." Orestes Barbosa perdia uma grande oportunidade de ficar calado. Quinze dias depois, a mesma comissão censurava "No morro de São Carlos" (Orestes Barbosa e Hervê Cordovil), lançada pela Victor na voz de Antônio Moreira da Silva:

No morro de São Carlos
tive um trono
morenas me velando o sono
numa corte imperial
deitei então sofri
muita falseta
e tu eras Maria Antonieta
me traindo no local

um gato, uma bananeira
um cigarro e um violão
chuva cantando no zinco
e sonhos no meu coração

> saíste para a vida
> num fricote
> e meu casebre de caixote
> hoje não tem esplendor
> e eu, o rei capeto
> abandonado,
> acabei infeliz guilhotinado
> na grandeza deste amor

Como pimenta só é refresco nos olhos dos outros, Orestes Barbosa ficou indignado com a comissão de censura quando foi sua vez de ser vetado. Enviou a letra da composição para o grande poeta Aldemar Tavares, um dos maiores trovadores de todos os tempos, pedindo a opinião sobre o ocorrido. Perplexo, Tavares respondeu — em carta datada de 11/11/33 — que também não entendia o motivo do veto:

> Da leitura francamente não lhe vejo imoralidade. Vejo expressões que são do povo e dessa musa cancioneira dos morros, das cuícas e dos tamborins. Mas, imoralidade? Não vejo.
> Teu velho amigo, Aldemar Tavares.

Se ninguém entendia a censura, o fato é que ela existia e era prejudicial para a carreira de Moreira da Silva. Mesmo assim, ele não desistiu do novo estilo. Continuou fazendo suas crônicas sociais. Cantar a malandragem parecia inevitável para o artista. Afinal, estava retratando personagens de sua infância — tinha grande intimidade com o assunto. Não só conhecia a vida dos malandros, as gírias, os crimes e as paixões, como suas canções tinham jeito autenticamente malandro.

Moreira adorava cantar as façanhas dos seus heróis de infância. E como só existiam malandros porque também existiam otários, o cantor não perdia a oportunidade de cantar histórias de espertos que aplicavam pequenos golpes e conseguiam levar vantagem em tudo. A vida do Rio no início da década de 30 era centrada nos cassinos. Havia o do Copacabana Palace, o da Urca, o Atlântico, para citar apenas alguns. Os jogos de azar faziam parte do cotidiano do carioca e, por isso, não escapavam da visão aguçada do cantor, sempre preocupado com temas atuais.

Os jogos de azar não eram privilégio dos luxuosos cassinos. Naquela época, a moda nas rodas de malandro era o jogo de chapinha, que usava tampinhas de garrafa, caroços de feijão ou pedaços de miolo de pão amassado num tabuleiro improvisado no meio da rua. O dono da banca armava tudo para enganar os trouxas. Usava três tampinhas e uma bolinha, escondida debaixo de uma delas. Ganhava a aposta o freguês que descobrisse em qual tampa parava a bola — o que quase nunca acontecia. Muito popular nas proximidades do Mangue, Estácio, Lapa e Central do Brasil, o jogo era proibido pela polícia. Os malandros, no entanto, não se intimidavam com a repressão e continuavam enganando os trouxas.

Geralmente, mais de uma pessoa tomava parte na trapaça. Enquanto o dono da banca mexia as chapinhas, um molecote, conhecido como farol, ficava na esquina mais próxima pronto para dar o sinal quando a polícia se aproximasse. Caso tudo estivesse tranquilo, o jogo transcorria sem problemas. O transeunte chegava curioso e via uma multidão se aglomerar perto da banca. Não sabia que muitos dos espectadores eram amigos do dono da banca e estavam lá para distrair a atenção do freguês, que, iludido pela possibilidade de dinheiro fácil, acabava voltando para casa sem um tostão. Tudo era feito com muita velocidade e, tampa virada, a bolinha nunca estava embaixo dela.

Muita gente boa se deu mal no jogo de chapinha. Conta a lenda que Noel Rosa, ainda rapazola, não resistiu à tentação e apostou cinco mil réis numa banca. Ganhou a primeira rodada mas o banqueiro veio com uma conversa de que o jogo ainda não estava valendo. Pegou as chapinhas e embaralhou novamente. Para seu espanto, aquele garoto franzino tinha os olhos atentos e descobriu que a bolinha não estava embaixo das tampinhas, e sim da unha dele. Irritado, o malandro desarmou a banca e não devolveu o dinheiro para o garoto, que, furioso, precipitou-se e deu um tapa em sua cara. O rompante de Noel Rosa acabou por prejudicá-lo ainda mais. Além de não conseguir reaver o dinheiro, o franzino compositor recebeu a agressão de volta, com juros e correção monetária.

Pegando carona na moda das chapinhas, o compositor Tancredo Silva compôs "Jogo proibido", samba-choro que caiu rapidamente no gosto popular. A composição tinha, no entanto, três estrofes desequilibradas. As duas primeiras muito extensas, a última muito curta. A letra original começava da seguinte maneira:

> Não quero outra vida
> navalha no bolso
> chapéu de palhinha
> ando melhor que jogador
> quem olha pra mim não diz que eu sou
> melhor do que doutor
> quem olha pra mim não diz que sou jogador

Conhecendo bem o gênero que Moreira da Silva gostava de cantar, Tancredo resolveu mostrar para ele a nova composição. O samba-choro atraiu de imediato a atenção de Moreira e passou a fazer parte do seu repertório. O cantor não sabia, porém, que a música ia modificar toda sua vida.

Mesmo sem penetração nas emissoras de rádio, e não estando mais em alta como nos anos do tricampeonato do carnaval Carioca, Moreira continuava fazendo pequenos espetáculos e tocando a vida na Assistência Municipal. Apesar de não emplacar nenhum sucesso no carnaval de 36, aquele ano produziu uma reviravolta em sua carreira. E a mudança, por incrível que pareça, estava ligada a "Jogo proibido", de Tancredo Silva.

***

No início de abril de 1936, Moreira teve um compromisso no Cine-Teatro Méier, que ficava na rua Arquias Cordeiro. Naquele final de tarde, o cartaz pendurado na entrada da casa de espetáculos informava que, além do filme, o público também teria o direito de assistir a um show musical. A atração do dia seria o tricampeão dos concursos carnavalescos, Antônio Moreira da Silva, que cantaria sucessos como "É batucada", "Arrasta a sandália" e "Implorar".

Como sempre fazia, Moreira começou o show com seus grandes sucessos e, aos poucos, foi introduzindo canções novas que falavam, com muito bom humor, da malandragem carioca. O Méier já estava completamente lotado naquela noite, quando ele pediu para o regional a introdução de "Jogo proibido". De última hora, o cantor resolveu melhorar a letra originalmente feita por Tancredo Silva. Aproveitou o sucesso das cervejas Cascatinha e, no improviso, mudou completamente o samba-choro. O público já aplaudia de pé as inovações feitas por Moreira que, empolgado pela reação dos espectadores, ousou ainda mais. Para espanto dos músicos, sem ter combinado nada, o cantor levantou o braço e interrompeu o acompanhamento bruscamente. Sem entender nada, os membros do regional se entreolhavam espantados. Não sabiam que, naquele momento, nascia um novo estilo musical. Com ginga e malandragem, Moreira brecou a música e declamou cheio de ironias:

> *Eu meto ácido no nariz do otário. O homem cai e diz: "Moreira, eu vou morrer."*

O sucesso foi imediato e o teatro veio abaixo. Terminada a apresentação, Moreira da Silva não perdeu tempo. Procurou os amigos Davi Silva e Ribeiro Cunha e pediu para que melhorassem a letra de "Jogo proibido". A forma definitiva ficou assim:

> Não quero outra vida
> se não jogar chapinha, de cerveja Cascatinha
> dinheiro no bolso, lenço no pescoço
> chapéu de palhinha, eu fico mesmo almofadinha
> eu ando melhor do que doutor
> com meu terno de tussor
> quem olha para mim não diz
> que eu sou jogador, no samba eu sou doutor
> eu fico na esquina de fininho e de mansinho
> esperando os parceiros e sempre tenho um farol
> um malandrinho inteligente que é meu companheiro
> e gosta muito de dinheiro
>
> E vem chegando o otário e de bigode grande
> e o farol me aponta quanto é que tem
> tem cinquenta mil réis, tem mais cinco e mais dez
> na chapinha da ponta
> "Eu vou fazer de brincadeira pro senhor
> essa ganha, essa perde na voltinha que dou"
> já o palhaço bobeou e o otário não sabe
> nem pode calcular onda a bolinha ficou
> ficou na unha, sim senhor

> Mas se o otário não paga, aí eu me aborreço,
> é claro, e lhe chamo de canalha
> e dou-lhe um rabo de arraia
> e sou logo obrigado a puxar
> da Leonora que é a minha navalha
> (breque) — meto a soligem na laringe do otário e ele
> geme, ai, ai, meu Deus do céu. Não posso mais, vou
> me acabar. É pra já.

Apesar das modificações, a composição acabou registrada só no nome de Tancredo Silva. Mesmo com o sucesso, "Jogo proibido" não conseguiu agradar a todos. Muitos malandros detestaram o samba, que explicava, nos mínimos detalhes, como se fazia a trapaça das chapinhas.

Outro que também teve problemas com o novo gênero musical foi o violonista Frazão. A partir de "Jogo proibido", em algumas músicas de Moreira da Silva, os breques chegavam a durar até um minuto. As paradas mais longas, por sinal, custavam para ser assimiladas por alguns músicos. Certa vez, em um festival realizado no Cine Olímpia, mais tarde estúdio da CBS, Moreira notou que Frazão estava embaraçado. Ao final do show, resolveu perguntar qual era o problema:

— Frazão, o que é que há? O que houve contigo? Tá esquecido da música? — perguntou Moreira.

— E que estou acostumado a acompanhar música. Conversa é a primeira vez — explicou o violonista.

A paradinha lançada em "Jogo proibido" passou a ser a marca registrada dos sambas de Moreira da Silva. Muitas são, no entanto, as divergências sobre quem realmente é o autor do primeiro samba de breque. Para alguns estudiosos, o estilo já existia desde 1929, quando o compositor Sinhô intercalou no samba "Cansei" três redondilhas menores, formando um longo verso de quinze sílabas, obrigando o cantor Mário Reis a se desdobrar para conseguir manter o fôlego durante a sucessão de compassos sem pausa:

> pois lá ouvi Deus
> a sua voz vou dizer

> que não vim ao mundo somente
> com o fito de eterno sofrer

Este argumento, no entanto, não convence. O trecho da música de Sinhô não é um breque, mas sim um recurso que permite a modulação para o retorno da melodia. Os sambas inventados por Moreira da Silva eram, na verdade, sambas-choro nascidos na mais profunda tradição melódica e chorística brasileira, só que sambados. O cantor, além de ralentar o samba, um pouquinho menos puxado, inseriu paradinhas para introduzir comentários bem humorados.

Outra versão que nega o pioneirismo de Moreira da Silva localiza em 1933 a origem do samba de breque. Aponta "Minha palhoça" (J. Cascata) como marco do novo estilo. Segundo alguns autores, nessa música a linha melódica é interrompida, de dois em dois versos, com situações que quebram a estrutura das estrofes com verdadeiros comentários paralelos ao discurso do poema:

> Mas se você quisesse morar
> na minha palhoça (*interrompe*) lá tem
> troça e se faz bossa
>
> ficar lá na roça
> à beira de um riachão
> (*interrompe*) e à noite tem violão

Essa teoria incorre em dois erros. O primeiro, de informação, já que antes de J. Cascata, a dupla Luís Barbosa e Sílvio Caldas fazia breques cantados. O segundo equívoco é conceitual, pois "Minha palhoça" não tem a principal característica do samba brecado: o humor carregado de gírias, sempre com uma anedota, um caso, uma história.

O notável Luís Barbosa foi, por sinal, o verdadeiro introdutor do breque musical. O primeiro a dividir a música de maneira a criar um intervalo, um buraco na composição. Com a morte dele, aos vinte anos, em 1938, vítima de tuberculose, esse tipo de breque havia desaparecido por falta de sucessores.

Carioca, irmão do compositor Paulo Barbosa, do humorista e cantor Barbosa Júnior e do radialista Henrique Barbosa, o jovem cantor começou na Rádio Mayrink Veiga, em 1931, no programa de Valdo Abreu. Logo se destacou pela forte personalidade demonstrada na interpretação de sambas, reforçada pela utilização de breques. Foi também o introdutor do chapéu de palha como acompanhamento rítmico nos programas de rádio e gravações. Os grandes sucessos do cantor foram "Caixa Econômica" (Nássara e Orestes Barbosa) e "Seu Libório" (João de Barro e Alberto Ribeiro). Com o parceiro Sílvio Caldas, também gravou canções que alcançaram enorme repercussão, como por exemplo "Tenho saudades" (Mário Travassos de Araújo). Entre os anos de 35 e 37, Luís Barbosa lançou uma série de sambas de breque de Antônio Almeida e Ciro Souza, acompanhado pelo piano de Mário Travassos de Araújo. Sobre o cantor, o jornalista Sérgio Cabral, na biografia de Almirante, escreveu:

> Figura curiosa a de Luís Barbosa. Os seus contemporâneos são unânimes na afirmação de que se trata de um cantor genial, pelo controle que tinha sobre o ritmo do samba, chegando a introduzir o breque nesse gênero musical. Ao contrário do que muitos imaginam, não foi Moreira da Silva o inventor do breque do samba. Aquela frase improvisada nos intervalos da música foi criada por Luís Barbosa. Moreira, não. O que ele fez foi parar o samba para falar.

Muito antes de Sérgio Cabral fazer esta revelação, Antônio Moreira da Silva já admitira ter se inspirado nos breques de Luís Barbosa:

> Em 1936, num cinema no Méier, descobri o mapa da mina. Cantando um samba de Tancredo Silva, chamado "Jogo proibido", prolonguei os breques que o Luís Barbosa já fazia, meti umas frases na linguagem popular pitoresca dos malandros que eu conhecia e aí a "palmatória" comeu do lado de lá. O sucesso é assim: você sente o eco dele no termômetro da plateia. Era ali que estava o meu petróleo! Aí eu cavei e hoje sou um texano vivendo de meus rendimentos no terreno fértil do samba de breque![1]

Moreira da Silva pode não ter sido o inventor do samba de breque, mas foi quem levou o breque às últimas consequências. Se Luís Barbosa criou o

---
1. Jornal *Última Hora*, 02/04/82.

breque cantado, Moreira inventou o breque falado. A partir de "Jogo proibido", a paradinha deixou de ser utilizada apenas como um recurso musical e virou parte da composição, vinda geralmente em destaque. A música de Tancredo Silva foi, portanto, a primeira a se adequar ao samba de breque, em todos os sentidos. Possuía interrupções na melodia, onde foram encaixadas frases engraçadas, repletas de gírias e até com diálogos.

Apesar do sucesso de "Jogo proibido", o estilo de Moreira da Silva continuava atemorizando alguns radialistas. O locutor César Ladeira, por exemplo, costumava afirmar que a música de Moreira não ia ser bem aceita pela sociedade, por isso não poderia ser tocada no rádio. O diretor artístico da Mayrink Veiga estava redondamente enganado. Pouco tempo depois acabaria dando o braço a torcer.

O samba de breque recolocou Moreira da Silva nas paradas. Menos de um ano depois do show no Cineteatro Méier, o malandro voltou a fazer apresentações em casas noturnas mais chiques. Em 1937, o cantor partia para uma temporada de quatro dias no luxuoso Cassino Atlântico. O convite para o show foi feito por Duque Bocabi, dançarino que levou o maxixe para a França. Localizado no final da avenida Copacabana (onde hoje funciona um shopping center), o cassino era uma das casas de espetáculos mais conceituadas do Rio e sempre apresentava as melhores atrações da noite. Antes de virar cassino, o Atlântico tinha abrigado um restaurante, o Mére Louise, recanto de boêmios e reduto de namorados, transformado em 1907 em cabaré e, por fim, em cassino.

O cachê do Cassino Atlântico empolgou Moreira da Silva. Para os quatro dias de apresentação ficaram combinados três contos de réis. Um bom dinheiro, já que um médico da Assistência tirava na época 2,6 contos mensais. O cantor fez jus ao luxo do Cassino Atlântico e ao gordo cachê. O show estreou com um sucesso incrível. No dia da primeira apresentação, Sílvio Caldas e César Ladeira engrossavam os pedidos de bis e as palmas do público. Terminado o espetáculo, o diretor artístico da Mayrink Veiga foi procurá-lo pessoalmente nos camarins. Já não achava que a música de Moreira desagradaria tanto aos ouvintes mais recatados. Após parabenizar o cantor pela apresentação, César Ladeira se despediu fazendo um convite:

— Apareça lá na Mayrink pra gente conversar a respeito de um contrato.

Mesmo com toda empolgação a que tinha direito, Moreira da Silva tentou manter serenidade. No dia seguinte, chegou na Mayrink para conversar com César Ladeira como quem não queria nada. Entrou na sala do diretor da rádio tentando mostrar segurança. Sem rodeios, César Ladeira foi direto ao assunto:

— É, Moreira, gostei de ver. Vi que você foi bem aceito pela sociedade. Desse modo não há problema, queremos contratar você.

Moreira, que já esperava o convite, agradeceu, e foi logo perguntando quanto ganharia.

— Pra começar, quinhentos mil réis — informou Ladeira.

O cantor argumentou que era pouco, mas o locutor foi definitivo:

— É o rádio que promove o artista e solidifica o seu nome junto aos fãs.

O jeito foi aceitar o salário, o que, na pior das hipóteses, já podia ser considerado um bom negócio. Afinal, a Mayrink Veiga era o prefixo mais escutado na época. Quanto a César Ladeira, considerado por muitos um dos maiores locutores de todos os tempos, era um grande descobridor de talentos. Não foi sem motivo que assumiu a direção artística da emissora ganhando a fortuna de dois contos de réis e 5% de cada anúncio que lesse. No seu programa — o mais ouvido da época — o locutor costumava batizar os artistas. Carmen Miranda, por exemplo, passou a ser chamada de "Pequena Notável". Os apelidos criados por Ladeira acabavam virando marcas registradas. Com Moreira não foi diferente. No dia da estreia, o locutor anunciou em alto e bom som:

— Agora, Moreira da Silva, O Taaalllll!

A contratação de Moreira da Silva pela emissora mostrava que César Ladeira acertara novamente. Os sambas, até então considerados ofensivos, conquistaram definitivamente o público. Muita gente corria para casa às seis da noite para ouvir o cantor. Ficavam com o ouvido colado no rádio, escutando aquelas histórias musicais que só o malandro sabia contar. Ou melhor, cantar.

O sucesso trouxe também um grande retorno financeiro. As apresentações do cantor subiram de preço e o salário na rádio foi aumentado para oitocentos mil réis. Os rendimentos da prefeitura, somados ao dinheiro ganho na Mayrink Veiga e nas apresentações do artista, formavam uma boa bolada no final do mês. Moreira da Silva enterrava definitivamente o passado pobre.

NA VARANDA DOS ROUXINÓIS

Depois do sucesso de "Jogo proibido", Moreira da Silva continuou trabalhando como motorista de ambulância. Sabia que a vida de artista não era nenhuma maravilha, por isso, não queria arriscar sua estabilidade. Tinha medo de voltar à miséria da infância nos morros cariocas. O problema era conciliar a vida de cantor com o funcionalismo público.

A cada novo sucesso, era um deus nos acuda. Não era nada fácil sair de um show de madrugada e pegar no volante de uma ambulância ao amanhecer. Além do mais, aumentavam os convites para shows fora do Rio. Frequentemente, viajava para São Paulo a convite de emissoras de rádio e casas de espetáculos.

Como cantor, faturava bem mais do que dirigindo ambulância. Mesmo assim não facilitava no serviço público. Escapulia para pequenas turnês, mas sempre arranjava alguém para substituí-lo. Aproveitava-se da fama para pedir pequenos favores aos colegas. Quando a viagem se prolongava, pagava outro motorista para ficar em seu lugar. Não se importava em deixar boa parte do cachê dos shows na cobertura das faltas. Fazia tudo para preservar o emprego.

Apesar de tanto esforço, sempre ocorriam problemas. Na ausência do cantor, não faltavam bilhetes anônimos endereçados à chefia da Assistência denunciando a conduta irregular do motorista. De nada adiantavam. Boa-praça, Moreira da Silva não esquecia de trazer das viagens presentes para todos. Agradava um com um queijo, outro com uma garrafa de cachaça, e assim se defendia dos invejosos.

O cantor e motorista vivia fazendo ginástica para preservar ambas as profissões. Não era fácil um homem de quase quarenta anos manter aquele ritmo. Teria de optar por uma delas, cedo ou tarde. Já pensava em abandonar a carreira de artista, quando a solução acabou aparecendo. Depois de doze anos no volante de uma ambulância, estava na hora de mudar de função. Precisava ser promovido para um serviço menos puxado. Mexeu seus pauzinhos na prefeitura e acabou virando chefe de núcleo.

O chefe de núcleo era na verdade um apontador. Controlava a entrada dos carros e o ponto dos funcionários. Apesar de burocrático e monótono, o cargo dava maior liberdade ao cantor. Já não precisava se poupar durante a noite, pois havia se livrado da rotina estressante das sirenes de ambulância. Outra vantagem da nova função era o poder de que agora dispunha. Antônio Moreira da Silva aproveitava a peculiaridade do cargo para fazer amizades e quebrar muitos galhos. Aceitava qualquer desculpa para os atrasos:

— Desculpe, seu Moreira. O trânsito estava um horror, o pneu furou, o motor quebrou. — E assim ia.

A popularidade do novo chefe de núcleo crescia entre os colegas, enquanto os bilhetinhos diminuíam. Viajava para fazer shows cada vez mais tranquilo. Chegou ao ponto de abonar 28 dias de um funcionário faltoso. O rapaz passou quase um mês sem dar as caras. Com mais dois dias, seria demitido por justa causa, prevendo encrencas, o moço voltou ao emprego. Antes, dirigiu-se ao Moreira:

— Seu Moreira, faltei esse tempo todo, pois minha irmã esteve doente — explicou.

Mesmo sem acreditar muito na história, Moreira foi procurar seu chefe para saber o que fazer. Pediu para abonar as faltas do camarada, que esteve ausente um longo período, tratando de uma irmã tuberculosa. Mais uma vez contornou o problema. O cantor ganhava um novo aliado.

Pouco tempo depois, Antônio Moreira foi novamente promovido. Passava a ser encarregado da garagem. Além das atribuições do cargo anterior, era responsável também pelo pagamento do pessoal do setor. Naquela época, os vencimentos ainda não eram depositados no banco. Ficava a cargo de Moreira, portanto, pegar o dinheiro na tesouraria e distribuir entre os funcionários.

Na nova função, Moreira aproveitou para faturar mais algum. Graças à música, gozava de uma situação financeira bem melhor que a dos colegas. Por isso, choviam pedidos de empréstimos. Mas o cantor tinha medo de calote. Quando foi promovido a chefe de garagem, percebeu que podia tirar vantagem da situação. Passou a emprestar dinheiro a quem precisasse. Como era o responsável pelo pagamento, não corria o risco de ser passado para trás. Não fazia caridade, longe disso. Emprestava a juros de 10%. No final do mês, os funcionários formavam uma fila para receber das mãos de Moreira os envelopes com o pagamento da prefeitura. Antes de entregar os vencimentos aos colegas, abria o envelope e abatia o empréstimo na fonte.

Além de quebrar o galho dos colegas e emprestar dinheiro, Moreira tinha também amigos influentes no poder. Um dos mais chegados era o chefe do Departamento de Limpeza Urbana, Orlando de Barros. Parente distante e fã do cantor, Orlando de Barros abriu as portas da prefeitura para o artista. Levava Moreira para acontecimentos sociais e o apresentava a figurões da administração pública. Numa dessas festas, Moreira conheceu Jorge Dodsworth, irmão e secretário do prefeito do Distrito Federal, Henrique Dodsworth. Durante o encontro, Moreira da Silva se esforçou ao máximo para agradar ao secretário. Sabia que estaria feito se caísse nas graças do irmão do prefeito.

Algum tempo depois foi chamado à prefeitura. O secretário queria que Moreira organizasse um espetáculo no antigo Pavilhão da Feira de Amostras. Ciente da responsabilidade, o cantor se empenhou como nunca na organização do evento. Chamou amigos do meio musical e encantou o alto escalão do poder municipal com um grande espetáculo. Participaram do show Pixinguinha, Orlando Silva, Carlos Galhardo, Batista Teixeira e Silvino Neto. Com o sucesso do espetáculo, Moreira da Silva passou a ser considerado, pelo próprio Jorge Dodsworth, "um funcionário de utilidade pública", o que lhe assegurou privilégios em matéria de horário e assiduidade.

Não chegava a ser um funcionário fantasma, mas faltava ao emprego sempre que precisava. No final dos anos 30, a carreira do cantor ia de vento em popa, principalmente depois do sucesso na Mayrink Veiga. Não precisava mais nem pagar colegas para substituí-lo. Mesmo assim, tomava o cuidado de não se ausentar do emprego por mais de uma semana. Quanto a Jorge Dodsworth, o cantor não perdia uma oportunidade de agradá-lo. Organizava festas, eventos e não esquecia dos aniversários do figurão, aos quais comparecia munido de discursos que leria em homenagem a Dodsworth — o redator dos discursos era sempre seu amigo, Armando Louzada. Continuava sendo, portanto, "um funcionário de utilidade pública".

Paralelamente à vida de funcionário público, Moreira da Silva consolidava a carreira como cantor de sambas de breque. Já não era mais um sambista comum, mas o inventor de um estilo próprio e peculiar. Interpretava o tipo malandro em suas músicas. Além de *O Tal*, passou também a ser chamado de *Personalíssimo*. Apesar do sucesso, o cantor resolveu sair da Mayrink Veiga, para desespero de César Ladeira, que começou a procurar um substituto. Queria alguém que imitasse Moreira da Silva, o que não era fácil. Já tinha testado um cantor em início de carreira chamado Jorge Veiga, mas não gostara. Queria alguém que realmente imitasse *O Tal*. Foi quando apareceu José Gonçalves, o Zé Com Fome.

Compositor de mão-cheia, Zé Com Fome era autor de grande parte dos sambas de breque cantados por Moreira. Como andava sempre sem dinheiro, também costumava vender muitos sambas para o amigo, a preço de banana. Sabendo disso, César Ladeira resolveu beber diretamente na fonte. Contratou o compositor por três meses. Manteve, assim, a malandragem por um tempo na programação da Mayrink Veiga.

A saída de Moreira da Mayrink Veiga foi um mau negócio para o cantor. Apesar de se transferir para a todo-poderosa Rádio Nacional, já não ocupava um lugar de destaque, como acontecia na rádio dirigida por César Ladeira. Na Nacional, assinava contratos renovados a cada três meses. Já Zé Com Fome fazia misérias no microfone da Mayrink. Lançava sambas inéditos, compunha sambas inspirados no programa e ainda ajudava a acrescentar algumas linhas ao anedotário radiofônico, com historinhas sempre muito interessante. Como na vez em que teria chegado à Mayrink Veiga muito rouco, sem condições ideais para levar o programa daquela noite adiante. Como não havia nenhum chefe na emissora, o contrarregra mandou o cantor procurar um diretor que morava nas redondezas para explicar a situação:

— Vai lá e se explica com ele — disse.

Zé Com Fome foi, bateu na porta da casa do cidadão e, do outro lado, uma voz feminina perguntou:

— Quem é?

Completamente rouco, quase sussurrando, o cantor respondeu:

— O Zé Com Fome. O diretor está?

E a mulher, baixando a voz para o mesmo tom dele, respondeu:

— Não. Pode entrar.

Já Moreira não tinha a mesma sorte do amigo. Mesmo trabalhando numa emissora de ponta, o cantor já não tinha o fôlego de anos anteriores. Em 1938, por exemplo, lançou apenas cinco discos pela Columbia. No ano seguinte, passou pela Odeon — onde gravou só duas batucadas — e, de volta à Columbia, lançou mais um 78 rotações. A quantidade de gravações não significaria pouco, se o cantor tivesse emplacado algum sucesso, o que não aconteceu.

Moreira da Silva tinha quase dez anos de carreira e 37 de idade. Sabia muito bem distinguir uma composição fadada ao sucesso de uma com a marca do fracasso. Foi justamente a certeza do sucesso que ele vislumbrou ao receber das mãos do compositor Wilson Batista a letra de "Acertei no milhar!":

> Etelvina (minha nega)
> acertei no milhar
> ganhei 500 contos, não vou mais trabalhar
> você dê toda roupa velha aos pobres
> e a mobília podemos quebrar
> Etelvina vai ter outra lua de mel
> você vai ser madame
> vai morar num grande hotel
> eu vou comprar um nome não sei onde
> vou ser Barão Moreira de Visconde
> um professor de francês *mon amour*
> eu vou mudar seu nome pra Madame Pompadour
>
> Até que enfim agora sou feliz
> vou percorrer a Europa toda até Paris

> e nossos filhos, oh, que inferno
> eu vou pô-los num colégio interno
> me telefone pro Mané do armazém
> porque não quero ficar devendo nada a ninguém
> e vou comprar um avião azul
> para percorrer a América do Sul
> mas de repente, derrepenguente
> Etelvina me acordou está na hora do batente
> mas de repente, derrepenguente
> Etelvina me acordou, foi um sonho minha gente

Feito sob encomenda para o estilo de Moreira da Silva, o samba de Wilson Batista nasceu predestinado. Mesmo assim, antes de incluir a música no repertório, Moreira resolveu colocar outro compositor na parada. Com carta branca de Wilson Batista, chamou um mulato alto, forte, de olhos claros, chamado Geraldo Pereira, para entrar como parceiro da música. Novo no ramo e cheio de gás, Geraldo ajudaria na divulgação do samba. Antes mesmo de gravada, "Acertei no milhar!" deveria ser trabalhada nos programas de rádio, festas carnavalescas e bailes.

Após acertar todos os detalhes com os compositores, Moreira da Silva resolveu testar a popularidade da nova composição nos microfones da Rádio Nacional. Como não podia deixar de ser, juntou seu estilo "personalíssimo" ao lado engraçado da composição. Acrescentou breques, gritos e deu um tom malandro na interpretação. O público carioca se identificou de imediato com o samba.

O estilo engraçado do cantor acabou chamando a atenção do fadista português Manoel Monteiro. Radicado no Brasil há dezessete anos, Monteiro preparava uma viagem a Portugal, onde pretendia voltar para pagar seu débito com o serviço militar, já que, na Terrinha, podia-se escolher entre servir ou pagar para ser dispensado.

Moreira já conhecia o português de longa data. Desde os tempos da Mayrink Veiga. Sabia, inclusive, da má fama de Monteiro, relacionada ao que se costumava chamar, na época, de pederastia. Mas considerava o fadista um bom cantor e um homem de respeito. Além do mais, o convite era tentador... O fadista propôs a Moreira da Silva despesas pagas e 25% da renda dos espetáculos. O cachê não era lá uma grande fortuna. O tentador mesmo era a oportunidade de conhecer outro país, outro continente.

Sem ter muito no que pensar, Moreira aceitou de imediato o convite do português. Existiam, entretanto, dois probleminhas: a viagem seria longa e sem direito a acompanhantes. Além dos dois cantores, apenas Valdemar Silva, marido da fadista Esmeraldina da Silva, seguiria viagem, como secretário do grupo e responsável pela contabilidade da excursão. Moreira não poderia levar a mulher. Mariazinha ficaria sozinha, enquanto ele estivesse fora. A ideia não o agradava, mas não tinha outro jeito.

Acostumada com a vida do marido, Mariazinha não se opôs à viagem. Não reclamou, nem fez cara feia. Pelo contrário, incentivou a excursão. Moreira agradeceu o apoio e disse à esposa que, quando voltasse, na primeira oportunidade a levaria para conhecer outros lugares.

Com o consentimento da mulher, as coisas ficavam mais fáceis. Bastava apenas conseguir três meses de dispensa da prefeitura. O que também não seria difícil para "um funcionário de utilidade pública".

Mesmo ciente do prestígio que gozava na prefeitura, Moreira da Silva decidiu não arriscar. Em vez de pedir permissão ao chefe da Assistência, resolveu ir diretamente a Jorge Dodsworth. Sabia dos locais frequentados pelo secretário, simularia um encontro casual e, como quem não quer nada, tocaria no assunto.

Dodsworth despachava todo dia pela manhã com o prefeito. Moreira, então, ficou de espreita nas imediações da prefeitura e, quando o secretário apareceu, abriu-se em sorriso, deu uns tapinhas em suas costas e disse:

— Excelência, como vai? Estava mesmo querendo falar com o senhor.

— Qual o seu problema, meu artista? — interrompeu Dodsworth, com a simpatia de sempre.

— É o seguinte, doutor... Estou de viagem marcada para Portugal, onde vou defender a canção brasileira em terras d'além-mar. Só que a viagem é um pouquinho demorada, e eu teria de pedir demissão da Assistência para fazê-la — blefou Moreira.

Ciente das artimanhas do amigo, Jorge Dodsworth fingiu espanto com o pedido de demissão e depois repetiu as palavras mágicas que o malandro esperava ouvir:

— Que é isso, meu cantor? Sabes que és para mim um funcionário de utilidade pública. Viaja tranquilo e representa com maestria nosso país nas terras lusitanas.

Antes de partir, Moreira deixou tudo organizado para Mariazinha. Abasteceu a casa, providenciou dinheiro e pediu a alguns amigos que olhassem por ela. Se precisasse de qualquer coisa não ficaria desamparada. Sabia a quem procurar.

Resolvidos todos os problemas, o cantor se concentrou na seleção do repertório. Conhecia o bom humor dos portugueses e caprichou em músicas engraçadas, que fariam os irmãos do Tejo cair na gargalhada. O samba-choro "Acertei no milhar!" não ficaria de fora. Já vinha fazendo algum sucesso no Brasil e agora seria testado em Portugal. Grande parte do repertório seria formado por sambas de breque. De forma nenhuma cantaria fados, estilo já manjado em Portugal. Tentaria ganhar o público justamente por ser diferente, exótico.

A viagem para Portugal foi feita no navio *Manto Rosa* e durou quinze dias. Manoel Monteiro, Moreira da Silva e Valdemar Silva embarcaram em meados de abril de 1939 e passaram duas semanas de sufoco. A embarcação não era das melhores.

— Esse barco joga mais que viciado em corrida de cavalo — brincava Moreira com os companheiros.

A rotina da viagem era bastante enfadonha. Moreira da Silva e Manoel Monteiro, que dividiam um camarote, só levantavam da cama para fazer as refeições ou tomar banho.

Dono de uma belíssima voz, Manoel Monteiro era o tipo que não precisava fazer esforço para agradar às mulheres. Elegante e refinado, andava impecavelmente vestido. Os cabelos negros pareciam nunca assanhar. Era um homem extremamente vaidoso. A má fama do fadista no Brasil não incomodava Moreira. Sabia que Manoel gostava de homens, mas não o discriminava por isso. Dividiam o mesmo camarote e trocavam de roupa juntos. Tudo na maior naturalidade. Moreira nunca tinha notado um olhar diferente do português. Afinal, o fadista sabia que ele era casado e conhecia sua fama de mulherengo.

Não se sabe se foi o balanço do mar ou a solidão do navio. O fato é que, faltando poucos dias para chegar a Lisboa, Moreira começou a notar um comportamento estranho no português. Intrigado, resolveu ficar quieto no seu canto e observar o amigo. Certo dia, logo após o almoço, os dois foram para o quarto descansar um pouco. Como sempre fazia, Moreira tirou a roupa, ficou só de cuecas e deitou-se na cama. Manoel seguiu os gestos do cantor e foi tirando a roupa, peça por peça. Primeiro tirou o sapato, depois as meias, o paletó, a camisa, a calça e por fim a cueca. Espera aí! A cueca? Para quê?!, assustou-se Moreira. Mas a resposta veio logo em seguida. Completamente nu, o fadista se abaixou, botou as duas mãos na beirada da cama, arrebitou a bunda e disse num português carregado:

— Ó Moreira, vem cá ao pé de mim e me bota pelo cu adentro.

Fora esse pequeno mal-entendido, a viagem transcorreu na maior normalidade e no início de maio o navio desembarcava em Lisboa.

Logo na chegada, uma comitiva formada por poetas, cantores, atores e o diretor de cinema Leitão de Barros foi dar as boas-vindas aos viajantes. Poucos dias depois, as homenagens prosseguiam, com o fadista sendo agraciado com "A Guitarra de Portugal".

Apesar das pompas da chegada, a turnê foi bastante modesta. A começar pela hospedagem. Com pouco dinheiro, os artistas dispensaram hotel e ficaram em uma pensão na rua Conceição da Glória. A falta de conforto foi compensada pelo ambiente familiar do estabelecimento. Moreira, particularmente, encantou-se com a dona da pensão. Uma espanholona vultosa e muito bonita. Logo na chegada, o cantor levantou a ficha da rapariga e descobriu que ela era uma viúva solitária. Muito recatada, contudo, não costumava dar ouvidos aos galanteios dos inquilinos.

Deixando um pouco as conquistas de lado, Manoel Monteiro e Moreira da Silva começaram a preparar a primeira apresentação. Para ajudar na divulgação dos shows, foram distribuídos panfletos com a foto do fadista, o artista português que, no Brasil, segundo os cartazes, mais vinha exaltando o nome de Portugal, através do seu "incomparável repertório".

O local escolhido para a estreia não poderia ser melhor. A primeira apresentação da dupla aconteceu no Teatro Coliseu de Lisboa, um dos melhores de Portugal. O público selecionado e a casa lotada deixaram Moreira um pouco apreensivo. Havia caprichado no visual, alugado um terno para a ocasião, mas não conseguia ficar à vontade. Afinal, caberia a ele abrir o espetáculo para Manoel Monteiro, a verdadeira atração da noite.

O nervosismo do cantor brasileiro foi aumentando à medida que se aproximava a hora da apresentação. Para piorar, Moreira notou que sua roupa não condizia com o ambiente. O terno alugado com tanto esmero não chegava aos pés do *smoking* usado pelo apresentador do evento. Seria um vexame, receou.

Antes de entrar no palco, com a plateia silenciosa, o elegante apresentador anunciou o desconhecido, que entrou de terninho barato e com ares de quem estava prestes a sofrer um tropeço. Moreira não era nenhum iniciante, mas sentiu um friozinho na barriga. Olhou para aquele mundo de gente, respirou fundo e, com uma voz de locutor de rádio em falsete, destilou um discurso, no mínimo, inusitado:

— Boa noite, senhoras e senhores, em presença de vossas excelências, Antônio Moreira da Silva, entre *parentes* Moreira da Silva, que há muito tinha vontade de vir a esta santa terra. Terra de meus avós. Mas quis Deus, em sua vontade divina, que um modesto português, cujo nome é Manoel Monteiro e que é o expoente máximo da canção portuguesa no Brasil, me convidasse para vir. E aqui estou como se estivesse em minha casa.

A reação do público foi imediata e as palmas pareciam não parar. Ciente de que aquela era sua chance, o cantor carioca não perdeu tempo. Já se sentindo à vontade, deixou a cerimônia de lado e gritou com um ar debochado para o português que o acompanhava no piano:

— Ó meu irmão, mete um dó maior.

Aproveitando a empolgação dos portugueses, Moreira resolveu abrir o espetáculo com uma surpresa. A música escolhida foi "Acertei no milhar!", só que com a letra modificada. Dias antes da apresentação, o malandro carioca fizera umas pesquisas pela cidade e havia se habituado com algumas gírias locais. Assim, para melhor compreensão dos lusitanos, trocou "milhar", por "cautela", que é como os portugueses chamam bilhete de loteria, e atualizou o padrão monetário:

> Etelvina (minha nega)
> acertei na cautela
> ganhei 500 escudos, não vou mais trabalhar

O teatro veio abaixo. Depois de Moreira, a apresentação de Manoel Monteiro mais parecia um velório de tanto silêncio. O fadista radicado no

Brasil tinha um repertório pouco original. Os portugueses já não queriam mais escutar seus fadinhos. O repertório do cantor, que incluía bonitas composições como "Minha bandeira", "Santa Cruz", "Marcha de rosas" e "A igrejinha de minha aldeia" não seduziu seus conterrâneos. Os portugueses foram fisgados pelos sambas de breque do malandro carioca.

O sucesso no Coliseu incentivou a dupla a partir para temporadas mais prolongadas em outras casas de espetáculo. Encomendaram também mais alguns folhetos de divulgação. Moreira já aparecia em foto e tinha um pouco mais de destaque. A pequena notoriedade motivou o malandro carioca a tentar mais uma vez conquistar a espanhola da pensão. A oportunidade surgiu em uma das apresentações do Coliseu. Antes de entrar no palco, ele viu, da coxia do teatro, a galega na plateia. Sem perder tempo, modificou um pouco o repertório e acrescentou algumas músicas românticas, entre elas "Vejo lágrimas" (Ventura e Baiaco):

> Vejo lágrimas e eu não sei se é
> sentimento ou fingimento seu
> tens os olhos rasos d'água
> eu não sei se isso é mágoa
> ou alguém que te enganou
>   [confessa ó flor
> e choras por alguém que te enganou
> se conforma que Jesus também se conformou
> mas se o teu pranto é falsidade
> hás de chorar toda vida
> não terás felicidade
>
> Vejo lágrimas e eu não sei se é
> sentimento ou fingimento seu
> tens os olhos rasos d'água
> eu não sei se isso é mágoa
> ou alguém que te enganou
>   [confessa ó flor
> e choras por alguém que te enganou
> se conforma que Jesus também se conformou
> muito mais sofreu Jesus pra nos salvar e não chorou

Quando acabou de cantar "Vejo lágrimas", Moreira começou a olhar fixamente para a espanhola e jogou uma cartada decisiva. Improvisou um discurso que acabou conquistando não só a dona da pensão, como toda a plateia:

— Meus irmãos portugueses, a união entre os povos deve ser completa. Eu sou uma voz morena em busca de um corpo amigo e irmão, em busca de almas gêmeas — falou, olhando para a espanhola já enrubescida e continuou:

— A solidão d'além-mar eu não sinto, porque esta terra amiga sei que me dá guarida.

A partir daquela noite, Moreira da Silva não dormiu mais sozinho. Saiu do quarto no segundo andar da pensão e se mudou para os aposentos da espanhola.

Durante os meses que passou em Portugal, o cantor carioca não despertou apenas o interesse do público feminino. Chamou também a atenção do diretor de cinema Leitão de Barros, que convidou o malandro para fazer uma pequena participação em *A varanda dos rouxinóis*. Produzido em 35 mm, o filme contava a história de um casal de namorados que vivia feliz na pequena Alcobaça. Eduardo (o ator Oliveira Martins) trabalhava como carteiro e Madalena (a atriz Madalena Sotto) era funcionária de uma fábrica de conservas de fruta. Ciclista admirável, Eduardo ganha a oportunidade de morar em Lisboa. Deslumbrado com a possibilidade do sucesso, o rapaz abandona a namorada e parte para a capital portuguesa, onde se torna um grande campeão.

Abandonada pelo namorado, Madalena resolve tentar a sorte na capital. Viaja para Lisboa, onde, graças à belíssima voz, vira uma vedete (ou vedeta, como preferem os portugueses) famosa. Recheado de corridas de bicicleta e muita música, o filme de Leitão de Barros vai mostrando a ascensão de Madalena e a queda de Eduardo. Lógico que, depois de muitos encontros e desencontros, a fita termina com um *happy end*.

Leitão de Barros já tinha, na verdade, terminado as filmagens de *A varanda dos rouxinóis*, quando Moreira da Silva chegou em Portugal. Mas resolveu aproveitar o artista brasileiro na fita. No filme, Moreira aparece representando ele mesmo. Canta "Acertei no milhar!", numa festa brasileira realizada no elegante Clube Royal. O evento serve de pano de fundo para o primeiro encontro entre Eduardo e Madalena depois que deixaram Alcobaça.

Ao ser convidado para participar da produção de Leitão de Barros, Moreira da Silva não imaginava que o filme se transformaria em um clássico da filmografia portuguesa. Não conhecia o diretor, que antes havia feito *Bocage* (1936), e não ganhou quase nada para fazer o papel. O próprio Leitão de Barros tratou de explicar ao cantor que se tratava de um cachê simbólico. A presença de Moreira, segundo o diretor português, era uma forma de homenagear o Brasil.

Lançado em 19 de dezembro de 1939, *A varanda dos rouxinóis* fez um enorme sucesso. Além de Moreira da Silva, participou do filme a cantora e violonista Olga Praguer Coelho. Ambos aparecem identificados na ficha técnica do longa-metragem como artistas brasileiros.

Mesmo sem ganhar dinheiro, a passagem de Moreira da Silva pelas telas portuguesas acabou aumentando seu prestígio no exterior. O convite do diretor português atraiu muita publicidade para o malandro: "Moreira da Silva conseguiu tanto êxito e conquistou tanta popularidade em Portugal que Leitão de Barros não hesitou em convidá-lo a tomar parte no seu próximo filme — *A varanda dos rouxinóis*", exagerava o texto num dos cartazes de divulgação.

Exageros publicitários à parte, o fato é que, se as coisas já iam bem com as apresentações no Coliseu de Lisboa, ficaram ainda melhores depois do filme de Leitão de Barros. E o sucesso não parava. Por mais sete dias a dupla lotou o Teatro Politeama. Enquanto Manoel Monteiro teimava em divulgar seu fado com sotaque brasileiro, Moreira da Silva ganhava o público com seu bom humor. "Moreira da Silva é tão comunicativo no seu trabalho que consegue apaixonar o público com suas anedotas 'caipiras' e 'modinhas' ligeiras" divulgavam os cartazes do show.

A temporada no Politeama consagrou definitivamente o cantor carioca. Os panfletos de divulgação dos espetáculos passaram, a partir daquele momento, a usar também os elogios da crítica portuguesa a respeito do trabalho dos artistas vindos do Brasil:

> *O Politeama apresentou ontem um excelente espectáculo que deve ter constituído, por certo, um dos maiores êxitos da temporada. Isto diz-se em favor e sem nenhum aspecto de réclamo. É assim mesmo. Sobretudo, a apresentação de Manoel Monteiro e Moreira da Silva deu motivo a manifestações de agrado da plateia, que são realmente raras.*

Manoel Monteiro regressava do Brasil, onde esteve durante 17 anos e atingiu uma celebridade invejável, através das suas canções e fados divulgados pela Rádio e algumas das quais o público português já conhecia.

Manoel Monteiro manifestou, de início, certa timidez; mas quando viu que o público de sua terra o admirava e aplaudia como as plateias cariocas, no Rio, não teve mais receio e exibiu-se magnificamente no seu admirável repertório, em que, quase sempre, palpita o amor e a saudade de Portugal. A sua voz excelente cativou e o sentimento que imprimiu às suas canções comoveu. Mas quando cantou "Marchinha" e "Vale a pena, morena", foi um delírio. Viu-se que a Rádio não iludiu e que estamos, de facto, perante um excelente artista.

Mas Moreira da Silva, sem desprimor para nosso compatriota, conseguiu ser o "elou" do espetáculo, metendo verdadeiramente a plateia no bolso... Os seus "sambas", "modinhas" e outras canções populares brasileiras deliciaram.

E Moreira da Silva quis meter de permeio anedotas, que contou com imenso espírito e à vontade extraordinária. Não havia vontade de sair do Politeama, e o artista brasileiro não se furtou a comentar o facto com bom humor:

— Saíamos daqui às seis da manhã...

Não foi às seis da madrugada, mas o certo é que o público não se fatigava de ver Moreira da Silva e Manoel Monteiro no palco. O público e o crítico...

Encerrada a temporada nas grandes casas de espetáculo de Lisboa, Manoel Monteiro e Moreira da Silva partiram para pequenas apresentações no Porto e Coimbra. Retornaram à capital portuguesa no final de junho, onde, no dia 23, se apresentaram numa sala do Paris Cinema, que foi "propositadamente apetrechada com uma moderna instalação de microfones e alto-falantes, de modo a serem absolutamente nítidas as vozes em qualquer lugar, por mais distante que seja, quere na plateia quere no balcão". Uma semana depois, no Palatino Cinema, a dupla encerrava a temporada nas terras lusitanas. No dia 5 de julho, embarcavam de volta para o Brasil.

Depois de mais de três meses fora de casa, Moreira da Silva reencontrou o Rio de Janeiro em 20 de julho de 1939. Apesar de todo sucesso nas terras d'além-mar, o dinheiro ganho em Portugal deu apenas para comprar um anel de lembrança para Mariazinha. A esposa, por sinal, aproveitou a chegada do marido para fazer uma grande feijoada e convidar os amigos do casal para matar as saudades.

De volta ao Brasil, Moreira não perdeu a chance de transformar sua estada em samba de breque. Para isso, contou com a ajuda do mulato Geraldo Pereira, que, anos mais tarde, viria a ser um dos maiores sambistas de todos os tempos. A partir dos relatos de Moreira, Geraldo Pereira compôs "Lembranças de Portugal":

> Eu vou contar a viagem que fiz
> Fui bem feliz
> Em minha excursão
> Em Portugal quando chegou o tal
> Foi muito brilhante a manifestação da multidão
> E convidaram-me a filmar com eles
> E no filme foi vibrante minha exibição
>
> Em toda parte se ouvia a voz de pato
> Dizer "seu" Moreira
> É mesmo o "tal" de fato!
>
> E num retrato deslumbrante
> Muito elegante
> Em boas condições
> Me apresentei, desacatei
> Depois arranjei boas lusitanas
> Cachoupas bacanas
> Nos cabarés que frequentei
> Quando lembrei-me desta terra
> Tão longe me achava
> Não pude a saudade suportar
> Meti os peitos em um vapor
> De qualquer jeito
> Nem que fosse a nado

Tinha que voltar
(Breque) Não vá, não vá, eu vou, eu vou.
Não vim para ficar.

Terminada a euforia da viagem, chegou a hora de retomar a carreira no Brasil. Infelizmente, o sucesso obtido em Portugal não continuaria no Rio de Janeiro. Ao chegar, Moreira da Silva resolveu procurar a direção artística da Rádio Nacional para renovar por mais três meses o antigo contrato. Foi a primeira grande desilusão na carreira do cantor. Além de recusar-se a renovar o contrato, a direção da rádio tratou o artista como um principiante. Se quisesse, receberia cachê pelos seus serviços. Bastante magoado e sentindo-se menosprezado, Moreira da Silva resolveu abandonar a emissora e trabalhar por conta própria. Achava que podia ir adiante sem o auxílio do rádio, apenas com um bom repertório. Infelizmente, estava enganado. Nem a gravação de "Acertei no militar!", em abril de 40, pela Odeon, foi capaz de reerguer sua carreira. O cantor começava a década com o pé esquerdo, conseguindo lançar apenas dois discos durante todo o ano. Finalmente, entendeu o que lhe dissera o locutor César Ladeira, em 1937, ao convidá-lo para trabalhar na Mayrink Veiga: "É o rádio que promove o artista".

UM CERTO GERALDO PEREIRA

Ao visitar Portugal, em 1939, Moreira da Silva garantiu à esposa que a levaria na viagem seguinte. O cantor, no entanto, protelou a promessa por quase três anos. Só no início de 1942, Mariazinha acompanhou o marido, pela primeira vez, em uma das suas excursões. A convite da Rádio Sociedade da Bahia passaram pouco mais de um mês em Salvador. Durante esse período, além de se apresentar na rádio, o cantor aproveitou para fazer uma série de espetáculos em casas noturnas da cidade. Na Bahia, Moreira se sentiu novamente valorizado, já que, no Rio de Janeiro, andava um pouco esquecido pelo público.

Assim como a esposa, Moreira também não conhecia a Bahia, embora já tivesse ouvido muitas histórias da Boa Terra. A maioria contada por gente do meio musical carioca, formado por muitos bons baianos como Getúlio Marinho e Assis Valente. Acompanhado de Mariazinha, o cantor aproveitou para percorrer todos os pontos turísticos, fazendo da viagem uma segunda lua de mel.

Apresentado na Rádio Sociedade da Bahia como um dos maiores cantores do Distrito Federal, Moreira da Silva era todo sorrisos. Não cansava de receber visitas de fãs no hotel onde ficou hospedado. Todos queriam conhecê-lo de perto. Vários conjuntos locais procuravam o cantor para mostrar suas músicas. Mesmo quando não lhe agradavam, Moreira era sempre simpático. Sabia quanto valia um elogio para um músico em início de carreira:

— Que tal nosso conjunto? — perguntava um músico sofrível.

— Vocês são formidáveis, precisam seguir em frente! — e todos saíam alegres e satisfeitos.

Retornando ao Rio de Janeiro, Moreira e Mariazinha encontraram uma realidade bem diferente. A carreira do cantor andava parada desde a saída da Rádio Nacional. Não emplacava um grande sucesso há alguns anos. Motivado pela visita à Bahia, resolveu lançar uma música em homenagem ao lugar. Encomendou o trabalho a vários compositores. O mais rápido foi Geraldo Pereira, que levou para Moreira o samba-choro "Lembranças da Bahia":

> Quando eu desembarquei na Bahia
> linda baianinha, de sandália no pé
> já me esperava cheia de alegria
> com uma figa no pescoço, feita de guiné
> e me disse: "temos uma igreja
> que hoje festeja a Festa do Bonfim"
> e perguntei onde era e fomos lá
> ver Ioiô e Iaiá sambando para mim

> Vi tudo que encontrei lá
> tive convites para bons almoços
> comi efó e também vatapá
> acarajé, xinxim apimentado
> boas peixadas com arroz e caruru
> e ainda sinto sabor nos lábios
> do jenipapo, da canjica e do angu

Moreira adorou a música, mas pediu parceria para gravá-la. Geraldo Pereira achou justa a proposta do cantor, já que a ideia do samba fora dele. Após acertarem os detalhes, em agosto de 1942, "Lembranças da Bahia" foi lançado pela Odeon.

Mesmo sem fazer muito sucesso, Moreira da Silva era bastante procurado por compositores em início de carreira, que ofereciam a ele trabalhos inéditos. Caso a música agradasse, podia ser incluída em seu repertório e, dependendo da reação do público, virava disco. Esperto, o cantor fingia não gostar da música para não dar bandeira.

— Vou ver o que posso fazer com o seu sambinha — dizia, depois de ouvir um compositor estreante. Logo depois dava o bote: — Se eu chegar a gravar seu samba vou querer parceria. Tem algum problema? — perguntava.

A maioria aceitava a proposta do malandro e assim Moreira ia conquistando pontos na União Brasileira de Compositores.

Comprar, vender e trocar composições constituía negócio corrente na época. Existiam até locais específicos para esse tipo de transação. Moreira da Silva, por exemplo, andava muito pelas bandas da praça Tiradentes quando queria renovar o repertório. O cantor era conhecido pela "química" a que geralmente submetia suas músicas. Não se limitava à compra e venda das composições; também intermediava as transações. Comprava um samba e depois repassava para outro, pelo dobro do preço. Uma música que, inicialmente, tinha apenas um autor, podia ser lançada no nome de diversos compositores, sem o verdadeiro compositor estar incluído na lista.

Moreira da Silva estava longe de ser um grande compositor. Mas nem todas as músicas que aparecem como de sua autoria foram compradas. O cantor começou a compor no início da carreira, em 1935, quando lançou pela Columbia uma marchinha carnavalesca, feita em parceria com Heitor Catumbi, chamada "Sá Miquilina":

> Sá Miquilina, Sá Miquilina
> a sua filha se enroscou na serpentina
> Sá Miquilina, Sá Miquilina
> a sua filha se enroscou na serpentina
>
> Sá Miquilina atenção com sua filha
> ela é uma maravilha
> nesse mundo de ilusão
> tão bonitinha não deixe ela à toa
> essa terra é muito boa
> mas tem muito gavião

> Sá Miquilina, Sá Miquilina
> a sua filha se enroscou na serpentina
> Sá Miquilina, Sá Miquilina
> a sua filha se enroscou na serpentina
>
> Sá Miquilina gosta muito de folia
> se bem que nesses três dias
> acho muito natural
> mas a menina se enroscando em serpentina
> não queremos sabatina para depois do carnaval

Depois de "Sá Miquilina", Moreira começou a gravar com mais frequência músicas de sua própria autoria. Nada muito significativo, porém. Continuava se destacando como intérprete. Por isso, quando tinha uma ideia, procurava algum compositor de plantão para colocá-la no papel. O cantor participava também do acabamento de todas as músicas que gravava. Repetidas vezes modificava a letra de determinada composição ou então corrigia o português, como no caso do samba de breque "Amigo urso". A música foi entregue a Moreira por Henrique Gonçalez, um dos seus principais colaboradores. Mas logo que passou os olhos na letra do samba, Moreira percebeu que tinha alguma coisa errada nos dois primeiros versos: "Amigo urso saudações polares/ ao leres esta hás de lembrares".

Após elogiar a composição, Moreira alertou Gonçalez para os erros gramaticais. O correto seria "saudação polar" para rimar com "hás de te lembrar". O compositor alegou, porém, que os erros eram propositais. Tratava-se de uma brincadeira com o grande Ary Barroso, que tinha lançado a música "Como vaes você" na voz de Carmen Miranda.

Apesar de achar a desculpa de Gonçalez furada, Moreira entrou no estúdio e, acompanhado por Garoto e seu regional, gravou "Amigo urso". Dois meses depois, a música era lançada pela Victor com a letra original:

> Amigo urso saudações polares
> ao leres esta hás de lembrares
> daquela grana que te emprestei
> quando estavas mal de vida e nunca te cobrei

hoje estás bem e eu me encontro em apuros
espero receber e pode ser sem juros
este é o motivo pelo qual te escrevi
agora quero que saibas como me lembrei de ti

conjecturando sobre a minha sorte
transportei-me em pensamentos ao Polo Norte
e lá chegando sobre aquelas regiões
vai vendo só quais as minhas condições
morto de fome, de frio e sem abrigo
som encontrar em meu caminho um só amigo
eis que de repente vi surgir na minha frente
um grande urso apavorado me senti
e ao vê-lo caminhando sobre o gelo
por que não dizê-lo foi que me lembrei de ti
quero que mandes pelo portador o que não é nenhum favor
estou cobrando o que é meu
sem mais, queira aceitar um forte abraço
deste que muito te favoreceu
(breque) — o meu garoto já cresceu dá cá o meu. Dá cá o meu, vai.

Para a infelicidade do cantor, tão logo a música saiu, começaram as primeiras críticas. Ninguém acreditou que os erros de concordância haviam sido propositais. Principalmente depois que Henrique Gonçalez tirou o corpo fora e atribuiu os deslizes gramaticais ao próprio Moreira da Silva. A solução foi regravar a música, só que, dessa vez, acompanhado pelo regional de Benedito Lacerda. Apesar de tudo, o samba de breque de Henrique Gonçalez acabou se transformando num dos maiores êxitos da carreira de Moreira.

Depois dos problemas com "Amigo urso", o cantor tornou-se ainda mais rigoroso. No caso dos sambas de breque, o perfeccionismo ia ao extremo. As paradinhas tinham de ser elaboradas por ele. Raramente recebia um samba que já viesse com os breques prontos. Mesmo com todo zelo, nem sempre se conseguia o resultado desejado. Quando pensava que a música ia estourar no carnaval, nada acontecia.

Com a carreira em baixa, a solução foi continuar trabalhando na Assistência Municipal. Quando a situação ficava mais difícil, pedia ajuda aos amigos. Um dos que não deixavam o malandro na mão era Ribeiro Cunha, proprietário de uma chapelaria no largo da Carioca. Amigo de Moreira de longa data, estava sempre disposto a socorrer o cantor, emprestando-lhe dinheiro nas horas difíceis. Agradecido, Moreira bajulava o amigo, dando-lhe parceria em algumas de suas músicas. Dessa forma, mesmo sem compor uma linha, Ribeiro Cunha acabou coautor de alguns sambas de sucesso, entre eles "Fui a Paris", lançado em 1942.

Geraldo Pereira, no início dos anos 40, foi grande parceiro de Moreira da Silva. Diferente de Ribeiro Cunha, o mulato era um compositor de mão-cheia, embora, de vez em quando, também entrasse numa parceria sem compor, como no caso de "Olha a cara dela" — marchinha gravada em novembro de 1940 e lançada no carnaval do ano seguinte —, composta exclusivamente por Moreira, mas registrada no nome dos dois:

> Olha a cara dela, mamãe
> olha a cara dela, papai
> essa mulher de babador e de touca
> é uma coisa louca
> é uma coisa louca
>
> Sai daqui feiona
> não te quero ouvir esta
> tua cara teu nariz é
> que me faz fugir

Mineiro de nascimento, Geraldo Theodoro Pereira veio para o Rio de Janeiro ainda adolescente, aos doze anos. Saiu de Juiz de Fora diretamente para o morro do Santo Antônio, na Mangueira. Morava na casa do irmão mais velho, Manoel Araújo, dono de uma tendinha na localidade do Buraco Quente. Lá, o mulato forte e de olhos claros passava o dia no balcão da venda.

Influenciado pelos bambas da Mangueira, interessou-se desde cedo pela música. Aprendeu a tocar violão com Aloísio Dias e Cartola e não parou mais. Passava as noites improvisando sambas e batucadas na casa do simpático Alfredo Português, um dos fundadores da Escola de Samba

Unidos de Mangueira e pai adotivo do futuro compositor Nelson Sargento. Disposto a ganhar a vida sozinho, deixou a venda do irmão e foi trabalhar como "soprador de vidro" na Fábrica de Vidro José Scarroni. Logo mudou de ofício novamente e virou auxiliar de apontador na Central Brasil. Por pouco tempo, porém. Finalmente, em 1936, quando completou a maioridade, conseguiu um emprego de motorista do Departamento de Limpeza Urbana do Distrito Federal. Foi nessa época que conheceu o também motorista Moreira da Silva.

Assim como Moreira, Geraldo Pereira não passava muito tempo no volante. Apadrinhado do major Couto, policial amigo e protetor de vários sambistas, o mulato faltava constantemente ao trabalho. A princípio, por causa de batucadas e rodas de samba no morro da Mangueira. Depois, para se dedicar à carreira de compositor. Quando conheceu Moreira da Silva, Geraldo Pereira começava a despontar como compositor talentoso. Com apenas dezoito anos, já pertencia à ala de compositores da Unidos de Mangueira. Mas não tinha gravado ainda nenhuma de suas composições.

Mesmo com temperamentos diferentes, Moreira da Silva e Geraldo Pereira se tornaram bons amigos. Em comum, tinham apenas o sucesso com as mulheres. No mais, divergiam em quase tudo. Alto e forte, Geraldo Pereira era dado a arruaças. Gostava também de encher a cara até altas horas da madrugada. Já Moreira, não abusava da bebida e não se metia em confusões. Mas, por incrível que pareça, davam-se excepcionalmente bem.

Moreira da Silva, então, vivia um período de glória. Foi a época do tricampeonato no concurso oficial do carnaval carioca. Além disso, havia lançado o primeiro samba de breque e, desde 1937, fazia sucesso nos microfones da Mayrink Veiga. Mesmo assim, o talento do motorista da Limpeza Pública não passou despercebido para o cantor. O garoto, dezessete anos mais jovem que ele, tinha realmente jeito para a música. Além de fazer sambas de qualidade, organizava peças e teatrinhos no Santo Antônio. No final da década de 30, com apenas vinte anos, Geraldo Pereira levava uma novidade para o morro do Santo Antônio ao lançar na sede da Escola de Samba Unidos de Mangueira uma peça teatral. Ele mesmo, diretor e criador do espetáculo, representava o papel principal. O sucesso estrondoso confirmava o talento do rapazola.

Dividida em quatro partes, a peça contava uma história bastante conhecida dos moradores do Santo Antônio. Começa com um malandro (representado pelo próprio Geraldo) dormindo preguiçosamente em uma esteira. Em seguida entra em cena a mulher do dorminhoco que tenta, sem êxito, mandá-lo para o trabalho. Sem conseguir acordar o marido, a mulher sai de cena. No segundo ato, o malandro recebe a visita de um amigo com a notícia de que bateram na nega dele. A terceira parte do espetáculo mostra o malandro descendo o morro para tirar satisfações do concorrente. Depois de muita discussão, o personagem representado por Geraldo Pereira acaba dando uma surra no agressor de sua esposa. A peça termina com todos os atores de volta ao palco cantando "Na subida do morro", samba-choro feito por Geraldo Pereira especialmente para o espetáculo:

  Na subida do morro me contaram
  que você bateu na minha nega
  isso não é direito
  bater numa mulher que não é sua
  deixou a nega quase nua
  no meio da rua
  a nega quase que virou presunto
  eu não gostei daquele assunto
  hoje venho resolvido
  vou lhe mandar para a cidade de pé junto
  vou lhe tornar em um defunto.

  Você mesmo sabe
  que eu já fui um malandro malvado
  somente estou regenerado
  cheio de malícia
  dei trabalho à polícia
  pra cachorro
  dei até no dono do morro
  mas nunca abusei
  de uma mulher que fosse de um amigo
  agora me zanguei consigo
  hoje venho animado
  a lhe deixar todo cortado
  vou dar-lhe um castigo
  meto-lhe o aço no abdômen e tiro fora o seu umbigo.

> Vocês não se afobem
> que o homem dessa vez não vai morrer
> se ele voltar dou pra valer
> vocês botem terra nesse sangue
> não é guerra
> é brincadeira
> vou desguiando na carreira
> a justa já vem
> e vocês dizem que estou me aprontando
> enquanto eu vou me desguiando
> vocês vão ao distrito
> ao delegado, se desculpando
> foi um malandro apaixonado
> que acabou se suicidando.

Moreira da Silva não assistiu à peça de Geraldo Pereira. O espetáculo foi feito para consumo interno. Representado no barracão da Unidos de Mangueira, não tinha sequer cadeiras para o público sentar. Quem quisesse, levava o banquinho debaixo do braço, pois o ambiente ficara lotado. O palco foi improvisado em um pequeno palanque com cortinas e lençóis de pano de fundo. Não existia sequer cenário. Apesar de todo o amadorismo, a peça precisou passar pela censura do Estado Novo para ser liberada. Tudo por causa do verso "deixou a nega quase nua". O censor não queria que a mulata ficasse despida. Mas Geraldo argumentou que a palavra estava ali por uma questão de rima. Ficava entre dois versos que terminavam em "ua". Se tirasse a nudez da mulata, a música ia ficar capenga. Depois de muita conversa a peça foi liberada. Antes Geraldo teve de se comprometer a não tirar a roupa de ninguém no palco.

Mesmo sem assistir à peça, Moreira começou a reparar em Geraldo Pereira e, em 1939, ao voltar de Portugal, encomendou o primeiro trabalho ao jovem compositor. O resultado, como vimos, foi o samba de breque "Lembranças de Portugal", que, apesar de utilizado no repertório do cantor, não chegou a ser gravado.

A parceria entre Geraldo e Moreira aos poucos foi crescendo. Em 1940, saía pela Victor a marcha "Olha a cara dela" (Moreira da Silva e Geraldo Pereira). No ano seguinte, chegava a vez de "Acertei no milhar!" (Geraldo Pereira e Wilson Batista). A música já fazia parte do repertório de Moreira desde a época da viagem a Portugal, mas só foi lançada em 1941. Pouco tempo depois, Moreira encomendou "Lembranças da Bahia" para o amigo, que no mesmo ano, 1942, compôs em parceria com o cantor o samba "A voz do morro". Geraldo Pereira começava a crescer no meio musical e chamar a atenção de outros cantores. Intérpretes como Cyro Monteiro, Patrício Teixeira, Aracy de Almeida e Dircinha Batista lançaram sambas do compositor. Aos poucos, o mulato ia se afastando de Moreira e partindo para novas parcerias.

Nessa época, o compositor já não pertencia à União de Mangueira. Há alguns anos, convidado por Carlos Cachaça, transferiu-se para a Estação Primeira de Mangueira. Mas um pequeno incidente acabou afastando o compositor da nova escola. Após lançar "A voz do morro" com Moreira da Silva, Geraldo Pereira levou o samba para a quadra da Mangueira. Criada em cima de um tema da moda — a destruição da praça Onze, considerada o templo do samba — a música acabou agradando. De acordo com as normas da escola, no entanto, só sambas inéditos podiam ser tocados na quadra. No caso de "A voz do morro", além de ter sido gravado por Moreira, o samba já havia aparecido nas rádios. Ao descobrir isso, o presidente da escola, Angenor de Castro, proibiu que as pastoras da Mangueira cantassem a música. Aborrecido, Geraldo Pereira desligou-se quase que totalmente da Estação Primeira.

Mesmo afastado da escola, Geraldo Pereira prestou mais uma homenagem à Estação Primeira com "Samba pro concurso":

>
> Mangueira este ano está infernal
> no ensaio geral
> eu fui lá e vi, meu bem
> lindas pastoras
> lindos sambas de harmonia
> e uma forte bateria
> que não respeita ninguém
>
> Foi ensaiado
> o samba pro concurso
> depois o mestre-sala
> dançou com a porta-bandeira

> tive a recordação da Praça
> na sede da Estação Primeira

A música marcou a derradeira parceria entre o compositor e Moreira da Silva. Quando foi lançada pela Odeon, no final de 1943, os dois já não andavam mais juntos. A carreira de Geraldo crescia vertiginosamente, enquanto a de Moreira, aos poucos, perdia fôlego.

Se, na primeira metade dos anos 40, Moreira da Silva nem de longe lembrava o cantor que foi na década anterior, a partir de 1945 a situação ficou ainda pior. O último grande sucesso do cantor foi "Cigano" (Lupicínio Rodrigues), lançado pela Odeon em setembro de 1943. Um ano depois, tentava repetir a fórmula, sem êxito, com "Meu pecado" (Lupicínio Rodrigues e Felisberto Martins).

As portas foram se fechando. Moreira já não se apresentava em grandes casas de espetáculos. Procurava se agarrar ao volante da ambulância do Pronto-Socorro e fazia shows com microfones fanhosos de circos mambembes e churrascarias. Gravava cada vez menos, chegando à média de três 78 rotações por ano. Parecia que havia chegado ao fundo do poço... Mas, ainda não. No final da década de 40, o cantor foi obrigado a trocar de gravadora. Saiu da Odeon para integrar o *cast* da pequena Santa Rita. O resultado foi desastroso e, em 1951, acabou ficando sem gravar disco algum.

Foi nessa época difícil que os destinos de Moreira da Silva e Geraldo Pereira se cruzaram novamente. O compositor vinha de um momento de muita evidência. Tinha emplacado sucessos como "Falsa baiana", "Bolinha de papel" e "Pedro Pedregulho". Mas, como sempre, andava sem dinheiro. Morava num quartinho na vila do Engenho de Dentro. Resolveu procurar Moreira para lhe mostrar um samba, que casava perfeitamente com o estilo do cantor. Tratava-se de "Na subida do morro", que ainda permanecia inédito. Fascinado com aquela obra de arte, Moreira se propôs a gravar a composição sem pestanejar. Mas Geraldo esclareceu que não queria a autoria. Precisava de dinheiro e estava disposto a se desfazer do samba. Pediu um dinheirão para entregar a composição. O cantor tinha algumas economias e estava decidido a aplicá-las na música. Pouco tempo depois, "Na subida do morro" se transformava numa das marcas registradas de Moreira da Silva.

1.296 MULHERES

Esquecido no meio artístico, Moreira da Silva passava boa parte do seu tempo livre na praça Tiradentes. Lá se reuniam os mais variados tipos: músicos, artistas e, principalmente à noite, compositores. Este último grupo, aliás, interessava particularmente ao cantor, que andava atrás de boas músicas. Foi quando conheceu um compositor em início de carreira chamado Bento Ferreira Gomes. Advogado e jornalista, Bento tinha feito "Cavaleiro de Deus", um samba em exaltação a São Jorge, santo muito cultivado pelos cariocas e sempre homenageado no mês de abril.

Moreira da Silva gostou muito da música, mas avisou ao jovem compositor que não tinha como lançá-la. As gravadoras não estavam lhe dando muitas chances. Havia, inclusive, comprado um samba de breque na mão de Geraldo Pereira e, até aquele dia, não conseguira lançá-lo por nenhum selo. Para felicidade do cantor, Bento Ferreira Gomes trabalhava como divulgador da Continental. Falaria com Braguinha, diretor artístico da gravadora, e resolveria o problema.

Repórter do *Correio da Manhã*, Bento havia sido levado à Continental pelo próprio Braguinha para ajudar o compositor na caitituagem das músicas. Em atenção ao jornalista, o diretor artístico resolveu lançar o disco do cantor pela gravadora. E ainda fez melhor. Escalou ninguém menos que Severino Araújo e sua orquestra para acompanhar o velho Moreira no disco.

Lançado em maio de 1952, o novo 78 rotações alcançou grande êxito. Numa das faces, Moreira gravou "Cavaleiro de Deus" e, na outra, "Na subida do morro". As duas músicas acabaram agradando ao público, o que não era comum. Geralmente, só uma das faixas do disco emplacava. A maioria dos cantores, por isso mesmo, preferia gravar uma música de qualidade por vez. Se tinham duas boas composições, soltavam-nas em bolachas diferentes.

Como era costume da época, o samba de Bento Ferreira Gomes acabou ganhando um parceiro de ocasião. Por ajudar a trabalhar a música, outro divulgador da Continental, Aírton Amorim, entrou como coautor de "Cavaleiro de Deus". Já no caso de "Na subida do morro", Moreira revendeu parte da composição para Ribeiro Cunha e a música acabou registrada no nome dos dois. Conforme ficara combinado, Geraldo Pereira não foi citado nos créditos. Mas o cantor manteve a letra original e fez apenas pequenas modificações. Trocou "deixou a nega quase nua" por "deixou a nega quase crua" e improvisou vários breques, tornando o samba ainda mais engraçado. Chegava a parar a música por mais de um minuto para fazer comentários satíricos.

O êxito na Continental fortaleceu a parceria de Moreira da Silva e Bento Ferreira Gomes. No embalo de "Cavaleiro de Deus", o compositor criou mais dois sambas falando de santos: "Três-Três" (sobre Cosme e Damião) e "São Sebastião". Este último, em parceria com seu irmão Bruno Ferreira Gomes. Mais conhecidos como os irmãos Ferreira Gomes, Bento e Bruno decidiram mudar um pouco de estilo. Deixaram os sambas "sacros" de lado e partiram para temas mais profanos. E o assunto escolhido para a nova composição não podia ser melhor: o delegado Deraldo Padilha.

Cruel perseguidor de malandros, o delegado já tinha entrado para o anedotário da época e vivia nas páginas dos jornais. Violento e moralizador, não podia encontrar um malandro de cabelo grande. Parava o sujeito e o mandava raspar a cabeça. Não gostava também de ver homem vestindo calça de boquinha estreita. Quando encontrava um, pegava um limão, jogava dentro da calça do sujeito e aguardava. Se a fruta ficasse presa na bainha, ele rapidamente pegava uma tesoura e cortava a barra da calça. Picotava a bainha até o limão passar.

De olho no folclore que crescia em torno do delegado, os irmãos Ferreira Gomes fizeram "Olha o Padilha". A música contava de maneira bem-humorada as peripécias do delegado, sem deixar de fora nenhum detalhe. Até os inseparáveis óculos Ray-Ban do policial acabaram dando samba. Moreira da Silva adorou a composição. Mas resolveu fazer algumas alterações na letra para melhorar ainda mais o resultado final. Acrescentou-lhe um pouco mais da ginga do samba de breque na música e algumas gírias, deixando a composição ainda mais engraçada. Acabou também entrando como parceiro.

Cronista parlamentar do *Diário da Noite*, Bento Ferreira Gomes teve uma ideia para ajudar na divulgação do disco. Chamou Bruno e Moreira e juntos foram pedir permissão ao delegado para lançar o samba. Ele acompanharia os dois como repórter do *Diário da Noite* e faria uma matéria sobre o acontecimento. Juntamente com um fotógrafo, seguiram para a Delegacia de Costumes e Diversões, no Campo de Santana, próxima à Central do Brasil. Chegando lá, trataram de amaciar o ego do delegado:

— Doutor Padilha, nós viemos aqui para pedir permissão ao senhor para lançar uma música em sua homenagem.

Apesar de advogados, tanto Bruno quanto Bento só conheciam o delegado de jornal. Não sabiam qual seria a reação dele. Felizmente, doutor Padilha ficou bastante envaidecido com a "homenagem". Sério, usando os inseparáveis óculos Ray-Ban, não conseguiu esconder a satisfação quando Moreira da Silva começou a cantar a música:

> Pra se topar uma encrenca basta andar distraído
> que ela um dia aparece
> não adianta fazer prece
> eu vinha anteontem lá da gafieira
> com minha nega Cecília
> quando gritaram: "Olha o Padilha!"
> Antes que eu me desguiasse
> um tira forte aborrecido me abotoou
> e disse: "Tu és o Nonô, hein?"
> "Mas eu me chamo Francisco
> trabalho como mouro, eu sou estivador
> (breque) posso provar ao senhor".

Nisso o moço de óculos Ray-Ban
me deu um pescoção,
bati com a cara no chão.
E foi dizendo:
"Eu só queria saber quem disse que és trabalhador
tu és salafra, achacador.
Esta macaca a teu lado
é uma mina mais forte que o Banco do Brasil,
eu manjo de longe este tiziu".
E jogou uma melancia pela minha calça adentro
que engasgou no funil
(breque) eu bambeei, ele sorriu.

Apanhou uma tesoura
e o resultado dessa operação
é que a calça virou calção,
Na chefatura um barbeiro sorridente
estava à minha espera.
Ele ordenou: "Raspa o cabelo desta fera".
Não está direito, seu Padilha
me deixar com o coco raspado
eu já apanhei um resfriado
isso não é brincadeira
pois meu apelido era Chico Cabeleira
(breque) não volto mais à gafieira ele quer ver minha
caveira. Eu, hein? Se eu não me desguio a tempo ele me
raspa até as axilas. O homem é de morte!

No dia seguinte, o assunto ia parar nas páginas do *Diário da Noite*. Com direito a foto e tudo do delegado com os autores da "homenagem".

A música foi lançada em julho de 1952. Padilha era presença assídua nas primeiras páginas dos jornais — pilhas de denúncias eram levantadas contra o delegado, principalmente pelo jornal *O Dia*, desde maio daquele ano. As manchetes mostravam que o "homem era mesmo uma fera": "Padilha espanca mulheres indefesas" (31/05/52), "Depois da sova na delegacia de costumes o comissário Padilha despeja a safra de infelizes no distrito"

(01/06/52), "Padilha espanca e persegue sob os olhares complacentes do chefe de polícia" (18/06/52), "Indignação na Câmara dos Vereadores provocada pelas violências de Padilha" (19/06/52). Finalmente, em 21 de junho, o delegado foi obrigado a se demitir da Delegacia de Costumes e Diversões.

Depois de tanta publicidade gratuita, o samba de breque em "homenagem" ao delegado estourou rapidamente. O sucesso foi tanto que, a exemplo de "Na subida do morro", não saiu mais do repertório de Moreira. Quatro décadas depois, "Olha o Padilha" seria reconhecido como um dos clássicos da música carioca. Ao lado de músicas antológicas como "Conversa de botequim" (Noel Rosa e Vadico), "Garota de Ipanema" (Tom e Vinícius), "Noites cariocas" (Jacó do Bandolim) e "Copacabana" (João de Barro e Alberto Ribeiro), "Olha o Padilha" foi lançado no CD *Rio By Night*, com 21 clássicos da música carioca. Produzido para ajudar a divulgar a imagem do Rio no exterior, o disco saiu com explicações em inglês. Traduzido para "*Look At The Padilha*", o samba de breque ganhou até um trechinho em inglês e o "Chico Cabeleira" acabou virando "*Hairy Chico*":

> It's not to leave me like this
> I've already caught cold
> This is no joke
> Because my nickname was Hairy Chico
> I won't return anymore to this dancehall

Após um período obscuro, Moreira julgou ter redescoberto a fórmula do sucesso. Achava que o segredo estava em explorar temas atuais e, por isso, lançou "Bamba de Caxias" (Moreira da Silva e Ribeiro Cunha). O novo samba de breque, que seguia a linha dos anteriores, falava sobre o polêmico Tenório Cavalcanti, "o homem da capa preta". Acontece que fórmula do sucesso não passa de uma das lendas do mundo da música. A composição não conseguiu o êxito esperado e Moreira acabou entrando bem.

O declínio da carreira de Moreira da Silva coincide com a ascensão de um cantor oito anos mais jovem do que ele. Carioca do subúrbio do Engenho de Dentro, Jorge de Oliveira Veiga seguia de perto os passos do velho Moreira. Também vinha de uma infância pobre e sofrida. Trabalhou numa fábrica de fumo, foi vendedor de pirulitos e biscateiro. Algum tempo depois, aprendeu o ofício de pintor e melhorou um pouco de vida. Foi nessa época, nos primeiros anos da década de 30, que conheceu o motorista de ambulância Antônio Moreira da Silva, cantor que começava a despontar no carnaval do Rio de Janeiro. Contratado para pintar o Pronto-Socorro da praça da República, Jorge Veiga foi apresentado ao cantor, que não deu muita importância a ele. Dez anos mais tarde, Moreira da Silva se lembraria daquele pintorzinho.

Enquanto Moreira estourava no carnaval carioca, Jorge Veiga ganhava a vida pintando paredes, embora também tivesse uma inclinação toda especial pela música. Não perdia uma seresta ou um baile no subúrbio carioca. Nessas ocasiões, deixava o pincel de lado e virava dublê de cantor. Fã de Sílvio Caldas, o maior cartaz da época, Jorge Veiga adotava estilo semelhante ao do Caboclinho. Influenciado por ninguém menos que Heitor Catumbi, amigo e parceiro de Moreira da Silva, resolveu mudar de repertório.

Além de parceiro, Catumbi foi um dos maiores incentivadores da carreira de Moreira da Silva. Começaram juntos, apresentando-se em casas de família e festinhas de aniversário. Moreira cantava e ele tocava violão. Quando conheceu Jorge Veiga, Heitor Catumbi se lembrou imediatamente de Moreira. Achou o estilo dos dois bastante parecido. Embora Veiga teimasse em imitar Sílvio Caldas, Catumbi resolveu aconselhá-lo a tentar outro caminho:

— Você tem uma voz de peixe. Passe lá em casa pra gente conversar — convidou Heitor Catumbi.

— Voz de peixe?! E peixe tem voz? — indagou Jorge Veiga.

— Por isso mesmo! Você tem uma voz esquisita. Seu gênero é outro — explicou.

Influenciado por Heitor Catumbi, Jorge Veiga resolveu mesmo mudar de estilo. E passou a cantar sambas de breque bem ao modo de Moreira, apesar de não gostar de ser comparado a ele. Começava a surgir um clima competitivo entre os dois.

Finalmente, em 1944, no primeiro carnaval após a Segunda Grande Guerra, Jorge Veiga estourou com "Sambar em Madureira" (Haroldo Lobo e Milton de Oliveira). No ano seguinte, lançou uma música da mesma dupla de compositores e obteve êxito ainda maior. A marchinha de duplo sentido "Eu quero é rosetar" foi a mais cantada e executada do carnaval de 1947:

> Por um carinho seu, minha cabrocha
> eu vou a pé a Irajá

> que me importa que a mula manque
> eu quero é rosetar
>
> faço qualquer negócio com você, cabrocha
> tanto faz ser lá no Rocha
> ou Jacarepaguá
> pode até a mula mancar
> que eu vou a pé pra lá
>
> que me importa que a mula manque
> eu quero é rosetar

No ano seguinte, o cantor continuou insistindo em músicas maliciosas para o carnaval. Lançou pela Odeon a engraçada "O que é que há (A baratinha)". A marchinha era de autoria de um tal Furnarius Rufus, na verdade, ninguém menos que o compositor João de Barro, o Braguinha.

> O que é que há com a tua baratinha
> que não quer funcionar
> bota esse motor em movimento, filhinha
> e vamos passear
>
> visitaremos primeiro a Tijuca
> visitaremos depois o Leblon
> vais ver que coisa maluca
> vais ver que passeio tão bom

O cartaz do cantor crescia e ele acabou ganhando do ator Paulo Gracindo o apelido de "O Caricaturista do Samba". Integrante do elenco da Rádio Tupi, Jorge Veiga foi convidado, no início dos anos 50, pela Rádio Nacional, que já dominava o meio radiofônico há muitos anos. Na nova emissora, o cantor ficou famoso pela mensagem que antecedia suas apresentações:

> *Alô, alô aviadores do Brasil! Aqui fala Jorge Veiga, pela Rádio Nacional. Estações do interior, queiram dar os seus prefixos para guiar nossas aeronaves.*

Não se pode avaliar se o sucesso de Jorge Veiga atrapalhou de alguma forma a carreira de Moreira da Silva. Mas o fato é que a imprensa começou a falar de uma rixa entre os dois cantores. Corriam boatos, inclusive, de que Jorge Veiga era macumbeiro e costumava fazer despachos contra o rival. Verdade ou não, os dois alimentaram a polêmica e, assim, conseguiram se promover. Em 1950, com a saída de Veiga, Moreira passou a integrar o *cast* da Tupi. O contrato deu novo ânimo à carreira do velho malandro e, dois anos depois, ele voltava com força total. Além de "Na subida do morro" e "Olha o Padilha", o cantor emplacou a marcha carnavalesca "Papai dos coroas" (Bruno Gomes e Ivo Santos):

> Há quem diga que o brotinho é o tal
> que uma balzaquiana é pra lá de boa
> mas eu que entendo do mister,
> eu prefiro uma coroa...
> em matéria de mulher
>
> mulher de 40 anos,
> sabe amar 40 vezes mais...
> por isso uma coroa eu não rejeito
> que é do coco velho que se tira o bom azeite

A música, que entregava a preferência do cantor por mulheres mais velhas, foi condecorada pela Primeira Região do Samba. Com a interpretação, Moreira voltou a ganhar destaque nas páginas dos jornais. O sucesso da marchinha foi descrito pelo repórter César Cruz, do jornal *O Radical*, na coluna do Carnaval de 52:

> *"Papai dos coroas" começou a tomar todos os clubes de assalto, pois sábado passado foi a música que abriu o desfile da monumental passeata feita pela Embaixada do Sossego. Aliás vários críticos da Cidade Folia, quando ouviram a gravação deste melódico levado à cera por Moreira da Silva, afirmaram que Bruno Gomes e Ivo Santos estavam com uma poderosa granada musical para o carnaval de 52.*

A alegria de Moreira durou pouco. No ano seguinte, conseguiu gravar apenas quatro discos pela Continental. Jorge Veiga seguia a todo vapor e, no carnaval de 1954, emplacou mais um sucesso, dessa vez com "História da maçã", outra marchinha maliciosa da dupla Haroldo Lobo e Milton Oliveira.

Com a carreira novamente em baixa, Moreira da Silva resolveu tentar a sorte em outro setor. Seus discos podiam não estar vendendo, mas ele ainda era uma figura muito popular. Resolveu então entrar para a política. Procurou a executiva do Partido Republicano Trabalhista e expôs seus planos. No dia 14 de julho de 1954, o presidente do diretório regional do PRT homologou a candidatura do cidadão Antônio Moreira da Silva à Câmara dos Vereadores do Distrito Federal. A eleição estava marcada para 3 de outubro e o cantor tinha pouco mais de três meses de campanha.

Por sinal, o candidato do PRT não foi o único artista a tentar a vereança em 1954. Ary Barroso, que já tinha sido eleito em 1947, lançou-se pelo PSD. Mas o autor de "Aquarela do Brasil" não parecia muito motivado para a nova empreitada e descuidou-se da campanha, ao contrário de Moreira, que chegou a encomendar aos irmãos Bruno e Ferreira Gomes o *jingle* "Vote em mim". Para azar do cantor, mesmo sendo gravado em julho, o samba só pôde ser lançado pelo selo Todamerica no mês da eleição.

Realizada pouco tempo após o suicídio de Getúlio Vargas, em 24 de agosto, a eleição de 1954 ficou marcada por um forte clima emocional. Apenas duas legendas capitalizavam a atenção do eleitorado: PTB e UDN. A primeira reunia os getulistas, a segunda, os antigetulistas. Os demais partidos ficaram sem discurso de campanha. No caso de Moreira da Silva, a situação era ainda mais desanimadora, pois, além de tudo, o PRT era um partido cujos "fiscais, coitados, até passaram fome, pois nenhuma assistência tiveram da sua agremiação". Mesmo considerando todos os problemas, o resultado da eleição foi pior do que o esperado. Terminada a apuração, apenas míngua-dos 400 votos foram registrados para o cantor, superado até por Ary Barroso que, sem fazer campanha, recebeu 1.047 votos e mesmo assim não foi eleito.

O pior para Moreira não foi o resultado desfavorável, mas aguentar as gozações. Antes mesmo de terminar a apuração, o cantor teve de ir à redação do jornal *Última Hora*, no dia 20 de outubro, reclamar de uma nota publicada na coluna Ronda. A nota informava aos leitores a descoberta de uma urna onde Moreira da Silva recebeu dois votos e Jorge Veiga, que não havia se candidatado, três. Irritado, o cantor foi reclamar da publicação, "pois seus amigos, e mesmo certos programas radiofônicos, estavam gozando com seu insucesso nas últimas eleições". De quebra, aproveitou a oportunidade para espinafrar o rival:

> *Jorge Veiga veio na minha sombra. O samba de breque foi criado por mim. Sem pretensões, aliás, porque isto foi uma dádiva do céu. E mais: o Jorge Veiga está no rádio porque tem amigos e sabe puxar. Foi para o microfone pelos braços de Manoel Barcelos e do Paulo Gracindo. O Barcelos, ao que parece, tem uma igrisia comigo e o Paulo Gracindo, que tem o seu valor, indiscutivelmente, andou penando também depois que deixou a Tupi. E quanto a este negócio de prestígio perante o público, tenho a dizer que vendo mais discos que o Jorge Veiga. Eu ainda sou o tal...*

No ano seguinte, porém, Jorge Veiga mostrou quem realmente vendia mais discos. Pegando carona no sucesso do seu programa na Rádio Nacional, fez o samba "Aviadores do Brasil", em parceria com José Francisco, o Zé do Violão. E, para se consagrar de uma vez por todas, lançou "Café soçaite", samba do polivalente Miguel Gustavo. Jornalista, radialista, publicitário e compositor, o letrado Miguel Gustavo escolhera o cantor para interpretar suas sátiras ao grã-finismo.

> Doutor de anedota e de champanhota
> estou acontecendo no café soçaite
> só digo anchantê muito *merci all right*
> troquei a luz do dia pela luz da Light
> agora estou somente com uma dama de preto
> nos dez mais elegantes eu estou também
> adoro Riverside, só pesco em Cabo Frio
> decididamente eu sou gente bem
>
> Enquanto a plebe rude na cidade dorme
> eu janto com o Jacinto que é também de Thormes
> Terezas e Dolores falam bem de mim
> já fui até citado na coluna do Ibrahim

> E quando me perguntam como é que pode
> papai de *black-tie* dançando com Didu
> eu peço mais uísque,
> embora esteja pronto
> > como é que pode?
> > depois eu conto

Antes de se tornar um compositor de renome, Miguel Gustavo ganhava a vida como decorador. A pessoa ilustre da família era sua esposa, a vereadora Sagramor de Scuvero. Eleita três vezes seguidas para a Câmara Municipal do Rio de Janeiro, Sagramor possuía bastante popularidade. Além de política, era também radioatriz, produtora, redatora e apresentadora de programas femininos, como *Marcha nupcial, Para você, mãezinha, Um mundo não vale o seu lar e Cozinhando pelo rádio*. Já Miguel Gustavo começava, ainda timidamente, a produzir programas e fazer seus primeiros *jingles* para a rádio Vera Cruz.

Jorge Veiga e Sagramor de Scuvero já se conheciam há algum tempo, desde a Segunda Guerra Mundial, quando as rádios Nacional, Mayrink Veiga, Globo e Tupi costumavam fazer programas em conjunto. Mas não sabia que a colega era casada. Anos mais tarde, encontraria ela, o marido e a filha numa praia. Nunca tinha visto, nem ouvido falar em Miguel Gustavo, que, para ele, não passava do marido de Sagramor. Mas não demoraria a mudar de opinião.

Convidado a se apresentar em Jequié, interior baiano, Jorge Veiga organizou uma excursão em companhia de Zé Com Fome e Risadinha. No dia do show, os alto-falantes do parque de diversões onde se apresentariam não paravam de tocar um baião, que despertou a atenção dele. Para a surpresa do cantor, a música era de autoria de Miguel Gustavo, o marido da vereadora. De volta ao Rio de Janeiro, Jorge Veiga tratou de entrar em contato com o compositor. Pouco tempo depois gravava "É sempre o papai" (Miguel Gustavo) pelo selo Copacabana.

Não demorou muito para Miguel Gustavo deixar de ser apenas o marido de Sagramor e se tornar parceiro efetivo de Jorge Veiga. Viraram grandes amigos e passaram a se visitar sempre. Celina, mulher de Jorge, e Sagramor davam-se muito bem. Miguel Gustavo era um sujeito fácil de se relacionar. Não tocava nenhum instrumento e, quando queria compor, usava uma caixinha de fósforos para tirar a melodia. Era um verdadeiro autodidata. Aprendia com tal facilidade que, após uma viagem de quatro meses à Europa, acompanhado da esposa, voltou ao Brasil falando fluentemente francês e italiano.

Já Jorge Veiga era um homem de farras. Mulherengo e beberrão, abusava da paciência da esposa. A sério, levava apenas a religião. Ligado aos cultos afros, o cantor aproveitava as viagens de Sagramor para encomendar santos e imagens. Numa dessas ocasiões, pediu que ela trouxesse de Salvador um Ogum Ferreiro, e foi prontamente atendido pela amiga. A vereadora, que também gostava de imagens, aproveitou a oportunidade para adquirir um *souvenir*. Comprou na capital baiana uma galinha muito bonita, espetada com vários alfinetes. Quando foi visitar a amiga, Jorge Veiga tomou um grande susto.

— Como é que vocês colocam uma pomba-gira dentro de casa!? — repreendeu o cantor, que foi embora com a imagem debaixo do braço.

Enquanto o casamento entre Miguel Gustavo e Jorge Veiga ia de vento em popa, Moreira da Silva retomava a carreira depois do fracasso das últimas eleições. A situação era preocupante, ao ponto de, em 1956, o cantor não conseguir gravar um único 78 rotações. O declínio parecia inevitável.

Se profissionalmente a vida de Moreira não ia bem, em casa acontecia o mesmo. Para começar, o casamento de Rosália, a irmã mais velha, desabava, e seus filhos tiveram de ir morar com dona Pauladina no Irajá. Felizmente, o cantor conseguiu resolver esse problema. Como a casa era ampla, com dois quartos, os três netos acabaram se arranjando com a avó. A mesma facilidade, contudo, o cantor não teve com um problema mais delicado. Casado com Mariazinha desde 1929, ele há muito tentava ter um filho. A esposa reclamava da solidão e uma criança viria em boa hora. Depois de muitas tentativas, o cantor acabou descobrindo sua esterilidade.

Apesar da decepção, Moreira encarou o fato com muito bom humor. Resolveu ir ao médico e confirmou o problema. Mesmo assim, nunca deixou de brincar com o assunto. Contava aos amigos que tinha ficado estéril por ser muito mulherengo e atribuía a culpa da esterilidade a tal cearense com quem tivera um caso:

— Fiquei estéril, na verdade, por causa de uma "mula". Peguei a doença de uma cearense gostosa. Pelo menos era gostosa a desgraçada. Pior se fosse feia. Seria demais para mim.

Se a cearense era gostosa ou não, não se sabe. Mas o fato é que as doenças sexualmente transmissíveis eram bastante comuns naquele tempo. Principalmente para Moreira, frequentador assíduo das zonas de baixo meretrício. Depois de casado, o cantor não deixou de fazer suas visitinhas ao Mangue, embora tomasse cuidado para não levar doença para casa. Não podia engravidar a esposa, mas, em compensação, não corria o risco de ver uma das suas amantes de barriga. Não precisava se preocupar com métodos anticoncepcionais. Nesse aspecto, a esterilidade parecia uma dádiva a quem não dispensava uma vidinha extraconjugal.

Diferente do marido, Mariazinha não encarava o problema com tanta naturalidade. Moreira estava sempre fora — ora dirigindo ambulância, ora fazendo shows — e ela ficava em casa sozinha. Vez ou outra o marido a levava em uma de suas viagens. Na maior parte do tempo, porém, ela ficava no Rio. Ia se acostumando com aquela vidinha. Além de estéril, Moreira também não cogitava a hipótese de adotar uma criança. O destino reservaria uma surpresa para o casal.

No início da década de 40, pouco depois de chegarem da Bahia, Moreira e Mariazinha perderam um amigo chamado Basílio Silva. Vitimado pelo tétano, morreu tragicamente, deixando a mulher grávida de seis meses. Solidário com o sofrimento da viúva, o casal acompanhou o nascimento da criança, que recebeu o nome de Marli. Pouco depois, batizaram a menina e assumiram o compromisso de zelar por ela, caso necessário, o que não tardou a acontecer. Abalada pela morte de Basílio, a viúva começou a abusar da bebida. Passava pouco tempo sóbria e não era mais capaz de cuidar da filha. Para piorar, acabou ficando tuberculosa e definhou rapidamente. Antes de morrer, contudo, mandou chamar os compadres e lhes entregou o registro da filha. Com pouco mais de um ano de idade, Marli foi morar com os novos pais.

A criança trouxe mais alegria ao casal. No entanto, durante a ausência de Mariazinha, quando ela acompanhava o marido nas viagens, Marli ficava com Aurora, cunhada de Moreira. Isso acontecia com alguma frequência, de forma que só depois, mais crescidinha, aos dez anos, Marli se mudou definitivamente para a casa dos pais adotivos. Mariazinha já não seguia com Moreira nas excursões e podia cuidar da menina em tempo integral.

Moreira da Silva podia até passar grande parte do tempo distante de casa. No entanto, nunca foi um pai ausente. Preocupava-se com a filha, principalmente em matéria de estudo. Apesar de mal ter se alfabetizado, o cantor dava importância à educação. Obrigava a garota a se dedicar aos livros e sonhava vê-la formada. Mas Marli não parecia compartilhar dos planos do pai e fazia bico para os livros. Completou a quarta série do primário a contragosto. Mesmo assim, pressionada por Moreira, inscreveu-se no teste de admissão para o ginásio. Foi reprovada. Pela vontade do pai, tentaria quantas vezes fosse preciso até passar. Só que essa não era a intenção da garota. Pouco depois, para tristeza de Moreira, a filha abandonou os estudos. O cantor tentou em vão dissuadir a menina. Disse-lhe que sempre teve vontade de estudar, mas não encontrou a mesma sorte que ela. Afinal, precisou trabalhar muito cedo e foi obrigado a largar a escola. Não adiantou nada contar em detalhes sua infância pobre. Mas não se deu por vencido e matriculou a filha num curso de corte e costura.

Como pai, Moreira fazia o tipo conservador. Em nada se parecia com o malandro que agitava os cassinos do Rio de Janeiro com sambas cheios de picardia. Passava a maior parte do tempo deitado. Trabalhava à noite e dormia de dia. Dificilmente levantava antes do meio-dia. Quase nunca conversava com a filha e até as surras ficavam por conta de Mariazinha. Na verdade, o cantor nunca precisou bater na garota para ser respeitado. Marli sabia que o pai detestava barulho e fazia o máximo para não desagradá-lo. Pegava seu radinho e levava para o quarto. Nunca entendeu como um sujeito tão pacato acabou virando cantor.

Marli não sabia que, longe do santo lar, o cantor era outra pessoa. Farrista, boêmio e cheio de mulheres, não tinha nada a ver com aquele homem que só a deixava sair nos finais de semana, com hora marcada para voltar e sempre acompanhada de uma prima. Pelo gosto de Moreira, a filha jamais conheceria seu lado boêmio. Para ele, família era família. Poucos tinham a liberdade de frequentar sua casa. Os colegas de profissão ficavam da porta para fora. Lá só entravam conhecidos do serviço público, como o advogado Orlando de Barros. Para a mulher e a filha, Moreira era o exemplar pai de família. Achavam que o malandro não passava de um personagem que o artista interpretava de mentirinha. Para elas, aquele homem sisudo nada tinha em comum com o personagem do samba "1.296 mulheres", lançado por ele em meados de 1953. Feito em parceria com o humorista Zé Trindade, a música gabava as façanhas de um conquistador. Na verdade, do próprio Moreira.

Eu consigo conquistar
três mulheres todo mês
três mulheres todo, todo mês
num ano são 36
36 é a minha idade
vamos multiplicar
36 vezes 36
1.296
Tive 200 baianas
300 pernambucas
95 paulistas
mineiras perdi a lista
tive umas 20 gaúchas
e uma paraibana — eu hein!
cariocas umas 700
só no bairro de Copacabana

Moreira da Silva fazia de tudo para a esposa não descobrir seu lado mulherengo. Sempre se referia a ela como a Santa Mariazinha. A canonização, por sinal, tinha lá suas razões. Poucas aguentariam a metade do que ela aguentou. Mesmo com todos os cuidados do cantor, sempre chegava aos ouvidos da mulher alguma história. Afinal, as línguas dos vizinhos se mantinham sempre dispostas a relatar as aventuras do malandro. Mas Mariazinha não era de tirar satisfações. Fingia que não sabia de nada. Nas poucas vezes em que se queixou ao marido, ele respondeu com frases feitas:

— Vida de artista é assim. Elas não significam nada para mim. Você sabe que sempre volto para casa — defendia-se o malandro.

E, de fato, Moreira sempre dormia em casa. Podia varar a madrugada fora, mas não costumava amanhecer com as namoradas. O cantor não mentia também quando afirmava que as amantes eram apenas divertimento. Não passava pela sua cabeça largar a família por um rabo de saia. Mas ia aprontando das suas e não se emendava. Mesmo depois de completar quarenta anos, o cantor continuou frequentando o Mangue. Tinha predileção por um estabelecimento bem simples, comandado por uma judia russa chamada Estela Gladkowicer. Dona de outra casa na região, a judia era um pouco mais velha que o cantor. Possuía cabelos pretos e dois olhos escuros sempre muito melancólicos, além de ser bastante religiosa.

Como quase toda prostituta, Estela tinha uma história triste para contar. Chegou ao Brasil ainda muito jovem, vinda de uma Rússia conservadora. Expulsa da casa dos pais por não ser mais virgem, acabou engrossando o caldo das muitas judias que chegaram ao Brasil no final do século XIX e início do XX. A maioria enganada por promessas de casamento e depois vendida como escravas brancas para a prostituição. Era comum, naquela época, cafetões judeus saírem do Brasil e Argentina para buscar mulheres em pequenas cidades da Rússia ou de países da Europa. Casavam-se com as moças e traziam-nas para a América, onde acabavam colocando-as na vida. Existiam especialistas nesta espécie de tráfico. Homens que já haviam se casado inúmeras vezes nos mais variados países.

Os olhos sofridos de Estela tinham razão de ser. Logo depois de os pais a terem enxotado de casa, fugiu com o amante para o Brasil, onde pretendia recomeçar a vida. Acabou, no entanto, virando prostituta, e aquele que até então era seu amor se tornou seu cafetão. Foram muitos anos de luta até conseguir montar o próprio negócio e se transformar numa cafetina de posses. Quando conheceu Moreira da Silva, Estela já não precisava vender o corpo para viver. Também não era mais jovem, nem tão bonita quanto no passado. Mas acabou despertando a atenção do cantor. Juntos, viveram um romance intenso, com quase duas décadas de duração.

Moreira se afeiçoou de verdade à russa. Aos poucos, ele já não se contentava apenas em visitá-la no trabalho e começou também a frequentar sua residência. Quase todos os dias ia visitar a amante no apartamento quarto e sala que ela mantinha na rua do Senado, no centro do Rio. Costumava inventar shows imaginários e viagens para passar alguns dias com a namorada. Achava que não precisava mais se preocupar com a solidão da esposa. Além da filha, que já era uma mocinha de dezesseis anos, a mãe, Dona Pauladina, tinha se mudado recentemente para sua casa, e dava-se muito bem com Mariazinha e Marli.

Apesar de gostar de Estela, Moreira estava longe de manter-se fiel a ela. Não se contentava em trair apenas a esposa, traía também a amante. Em casa, porém, continuava o mesmo pai de sempre. À medida que a filha crescia, ficava ainda mais zeloso. Artista não entrava no seu lar. Por lá só apareciam amigos da prefeitura. O único companheiro de farras que tinha liberdade para frequentar a casa do cantor era o presidente do Centro de Agentes Fiscais da Prefeitura, Francisco Carvalho Júnior. A amizade dos dois vinha de longa data, desde os tempos da Mayrink Veiga. Naquela época, a pedido do amigo, Moreira costumava levar profissionais do rádio para participar das festas do Centro de Agentes Fiscais. Chiquito, como era mais conhecido, gostava de visitar o cantor nos finais de semana. De preferência, quando Mariazinha preparava suas famosas feijoadas. Levava com ele o filho Aidran de Carvalho, que também era muito ligado a Moreira e, aos poucos, foi substituindo o pai nas farras. Cheio de disposição, o jovem de vinte anos não desgrudava do cantor. Acompanhava Moreira a todo lugar que ele ia. Apesar de ser 33 anos mais velho que Carvalhinho, como era conhecido Aidran, Moreira apreciava sua companhia. Em 1957, quando foi convidado a fazer uma temporada em Salvador, não pensou duas vezes e resolveu carregar o garoto consigo.

Moreira guardava boas lembranças da Bahia. Principalmente do povo hospitaleiro de Salvador. Foi com muita alegria que aceitou o convite para se apresentar na Boa Terra. Conhecera a capital baiana no início dos anos 40, quando viajou para lá acompanhado de Mariazinha. Voltaria em 1947, acompanhado de grandes figuras do rádio brasileiro como Orlando Silva, Cyro Monteiro, Sílvio Caldas, Carlos Galhardo e Nelson Gonçalves, todos a convite da direção da tradicional Festa da Mocidade, que acontecia anualmente no Campo da Pólvora.

Além de Moreira da Silva, outro cantor carioca também foi convidado para se apresentar em Salvador. Claudir Torres, contratado da rádio Tupi, especialista em músicas de Geraldo Pereira, acompanharia o velho malandro. Como tinha compromisso, o cantor não pôde se juntar a Moreira e Aidran. Os dois partiram na frente e Claudir ficou de seguir viagem mais tarde. Chegaria um pouco depois, a tempo de uma apresentação que já estava programada. Só que o avião teve problemas de última hora e ele não conseguiu embarcar. Também não teve tempo de avisar aos amigos. Em Salvador, o show já estava montado e nada de o cantor aparecer. O espetáculo estava atrasado em mais de uma hora. O público já ia ficando impaciente. Preocupado, Moreira resolveu cancelar a apresentação. Não tinha jeito. Foi quando teve uma ideia — um pouco arriscada, é verdade, mas salvadora. Lembrou-se de que o cantor nunca tinha vindo à Bahia antes. Bastava arranjar alguém que conhecesse o repertório de Geraldo Pereira para resolver o problema. Mas quem?

A resposta estava bem debaixo do nariz de Moreira. O jovem Aidran conhecia os sucessos de Geraldo Pereira e, de quebra, tinha uma bela voz. Ninguém iria desconfiar. O problema é que dificilmente Aidran concordaria com a ideia. Por isso, o malandro resolveu agir na surdina e não contar nada para o amigo. Chamou Aidran no palco e disse em seu ouvido:

— Vem comigo que vou resolver esse problema.

Inocente, o garoto atendeu ao amigo. Subiu ao palco e esperou o pedido de desculpas do cantor. Pensava que Moreira se preparava para cancelar a apresentação. Para sua surpresa, o malandro fez justamente o contrário. Pegou o microfone e anunciou em alto e bom som:

— Com vocês, Claudir Torres!

Aidran arregalou os olhos, mas não teve tempo de fazer nada. Antes de qualquer reação, Moreira tratou de empurrá-lo para a frente do palco. Sem desconfiar de nada, o público caprichou nos aplausos. Suando frio, teve de deixar a timidez de lado e soltar a voz. Com sorte, não seria apedrejado. O que se viu, porém, foi justamente o contrário. O improvisado Claudir Torres cantou "Falsa baiana", "Escurinha, Escurinho", "Ministério da Economia", entre outros sucessos, e o apedrejamento acabou não acontecendo. O público, apesar de estranhar um Claudir Torres tão jovem, não poupou os aplausos. Animado, Moreira assistia ao espetáculo da plateia. Dava altas gargalhadas e ainda puxava o bis. No final, teve ele mesmo de encerrar a apresentação, pois o garoto, todo empolgado, parecia não querer mais parar. Terminado o show, quis ainda levar Carvalhinho para dar algumas entrevistas nas rádios. Mas o garoto dessa vez recusou-se. Já tinham abusado da sorte.

Moreira e Aidran ficaram em Salvador por vinte dias. Hospedados num hotel da rua Chile, aproveitaram para conhecer a cidade. Não faltavam cicerones dispostos a lhes mostrar os pontos turísticos. Embora o garoto estivesse mais interessado em outros lugares. Na flor da idade, com 22 anos, Carvalhinho preferia acompanhar o cantor noitadas adentro. Começavam nos cassinos e boates, terminavam a madrugada nos luxuosos randevus do Maciel. Juntos, aproveitaram o último grande momento da prostituição baiana. Época dos famosos "castelos", palacetes que desapareceriam na década de 70, e das raparigas imortalizadas nos livros de Jorge Amado. Carvalhinho não perdia tempo: chegava, escolhia a parceira e levava para o quarto. Mais experiente, Moreira preferia ficar batendo papo com a dona do estabelecimento, aproveitando a sofisticação do local.

Perto de voltarem ao Rio, Moreira e Aidran foram levados para conhecer um randevus de primeira. O agente do cantor em Salvador providenciou tudo para aquela ser uma noite inesquecível. Chegaram ao local e foram recebidos na porta pela proprietária. Era um casarão de dois andares muito luxuoso. Na parte de baixo, funcionavam o salão de festas e o bar. Na de cima, ficavam os quartos, para onde os clientes recolhiam-se com suas escolhidas.

Como de costume, Moreira foi logo reconhecido e passou boa parte do tempo de bate-papo. Já Aidran apressou-se a escolher uma garota de seu agrado. Aproveitou que as atenções estavam voltadas para Moreira e levou a menina para o andar de cima. Mal subiu, começou a notar um barulho estranho vindo de baixo. Perguntou à companheira se estava acontecendo alguma coisa de anormal naquele dia, mas ela não soube informar. Resolveu então ignorar o burburinho e se concentrar novamente nos seus afazeres. Só que o barulho foi ficando mais forte. Parecia misturar choro e palmas. Perplexo, Aidran largou a garota no quarto e foi ver o que se passava. Quando chegou na sala, encontrou Moreira acompanhado de umas vinte prostitutas, algumas chorando e outras batendo palmas, enquanto ele cantava. Era o segundo domingo de maio, Dia das Mães e, sem cerimônias, Moreira soltou a voz para a data não passar em branco:

> Mãe,
> minha homenagem
> eu venho te render
> emocionado neste natal em que Jesus
> por toda humanidade é venerado

Não teve uma pessoa que não se comovesse. Até a dona do prostíbulo ficou emocionada e não conteve o choro. Ao se deparar com aquela cena, no mínimo inusitada, o primeiro ímpeto de Aidran foi cair na gargalhada. Depois pensou um pouco e concluiu: "Puta também tem mãe".

De volta ao Rio de Janeiro, Moreira continuava aprontando das suas. Beirava os sessenta anos e tinha se livrado de alguns vícios. Entre eles, o fumo e o álcool. Mas, quando o assunto era mulher, o cantor parecia incorrigível.

Não se contentava com uma ou duas. Precisava de várias amantes. Só não se sabe como um senhor daquela idade conseguia forças para suas aventuras. Muitas, dignas de garotões de vinte e poucos anos. Frequentemente, o malandro precisava do auxílio dos amigos para se livrar de encrencas.

Certa vez, envolveu-se com a filha do jornalista João Falcão de Deus. Grande fã de Moreira, João de Deus não cansava de convidá-lo a sua casa. O cantor sempre arranjava uma desculpa e adiava a visita. Insistente, o jornalista acabou carregando o artista para conhecer sua família. Foi quando Moreira, pela primeira vez, bateu os olhos na filha do camarada e se arrependeu de não ter ido visitá-lo mais cedo. Daquele dia em diante, o malandro não saía mais da casa do jornalista, que, satisfeito, não percebia o que se passava debaixo do seu teto.

Sem o fã desconfiar, Moreira acabou se envolvendo com a menina. Até aí tudo bem. Só que o cantor não se contentou com pouco e desvirginou a filha do amigo. Esperava escapar impune, pois a garota prometera guardar tudo em segredo. Só que, para azar do cantor, o defloramento foi um pouco traumático e acabou ferindo a mocinha. Ela, por sua vez, não cuidou direito do machucado e a ferida acabou infeccionando. Desesperada, queixou-se ao pai, que perguntou quem tinha feito aquilo.

— Moreira da Silva — entregou ela.

Maior o choque não podia ter sido. Obrigar o cantor a reparar o erro casando com a filha seria impossível, pois Moreira já era casado. Só restava uma saída: defender a honra da menina à moda antiga. Armado de uma faca, o jornalista saiu ao encalço do malandro. Moreira ainda não sabia de nada e estranhou a seriedade do amigo ao encontrá-lo. Percebeu o que estava acontecendo quando o pai enfurecido puxou a faca e partiu para cima dele. A confusão só não terminou em tragédia porque alguns amigos interferiram e seguraram o jornalista. Argumentaram que a filha dele era maior de idade e respondia por seus atos.

Moreira escapou do pai furioso, mas não se emendou. Numa época em que "fazer mal a uma moça" era caso de cadeia, o cantor se arriscava ao extremo. Aidran, responsável por propagar os feitos do amigo, chegou a catalogar quatorze defloramentos. Mas o malandro escapou ileso de todos.

KID MORENGUEIRA

Nos anos 50, ocorreram importantíssimas inovações na indústria fonográfica. Em destaque, o surgimento dos *long-plays* e o desaparecimento gradativo das velhas bolachas de 78 rotações. Mas ocorreu também a proliferação de gravadoras de pequena expressão, que se agarravam aos últimos suspiros dos 78 rpm. Justamente nessa época, a carreira de Moreira da Silva voltou a tomar impulso. Depois de amargar um longo período de ostracismo, perambulando de selo em selo, o cantor retornou à Odeon. Finalmente, gravaria seu primeiro LP.

Esquecido pela imprensa por quase cinco anos, Moreira da Silva lutava por uma nova oportunidade. Apresentava-se em circos mambembes, cineminhas de quinta categoria e restaurantes. Em 1958, depois de 32 anos de funcionalismo público, aposentou-se como encarregado de garagem. Ganhara todo o tempo do mundo para se dedicar à carreira, mas isso de nada adiantava. Os convites para shows e apresentações eram cada vez mais raros. No entanto, após um telefonema do diretor artístico da Odeon, Ismael Correia, a situação começou a mudar. A gravadora queria que o cantor reunisse antigos sucessos num LP.

Lançado em fins de 1958, o LP *O último malandro* apostava na veia humorística de Moreira da Silva. As doze músicas selecionadas eram sambas de breque de sucesso, tais como "Na subida do morro", "Acertei no milhar!", "Chang Lang", "Amigo urso" e "Olha o Padilha". A concepção do disco não abria espaço para os sambas e valsas tristes gravados por Moreira no início da carreira. Os arranjos ficaram por conta do clarinetista Astor que, mais uma vez, levou a ginga do *bebop* para os sambas do cantor.

O surgimento das bolachas grandes, como também eram conhecidos os LPs, ajudou ainda mais a difundir o lado malandro de Moreira da Silva, que apareceu em foto na capa do disco vestido de terno branco, chapéu-panamá e até anel de doutor. Para a contracapa, o jornalista Lúcio Rangel escreveu um breve resumo da carreira do cantor, relatando com maestria a trajetória dele até então.

Depois de lançado, o disco alcançou grande repercussão. Ganhou lugar nas paradas das rádios por mais de um mês. O êxito foi tanto, que fez de 1959 um ano especial para o cantor. Além de ter várias músicas tocando nas rádios, Moreira voltou a ser um artista premiado. Recebeu um Disco de Ouro, pelo reerguimento de carreira, e foi condecorado com a Medalha Tenório Cavalcanti. Ganhou também o título de melhor sambista do ano e acabou agraciado com o prêmio Cidade de São Sebastião do Rio de Janeiro. Mas a homenagem que mais emocionou o cantor foi o troféu Noel Rosa, oferecido pelo Sindicato dos Compositores.

Beirando os sessenta anos, Moreira da Silva se orgulhava de estar novamente no mercado. Aproveitou a maré de sorte e lançou mais dois sambas pela Odeon: "Dona Justina" (Kiabo e Moreira da Silva) e "O conto do pintor" (Miguel Gustavo). Gravado em 78 rotações, o disco acabou estourando nas paradas. Já tinha mais de 35 mil cópias vendidas, quando o chefe do Serviço de Censura e Diversões do Rio de Janeiro, Pedro José Chediak, resolveu implicar com "Dona Justina". A zanga do investigador não deu em nada e só serviu para promover ainda mais o disco. O sucesso foi tão grande que o diretor artístico da Odeon, Ismael Correia, chamou o cantor na gravadora para parabenizá-lo pessoalmente.

Apesar da polêmica em torno de "Dona Justina", o maior feito do cantor naquele ano foi gravar, pela primeira vez, uma música de Miguel Gustavo. Até então, o compositor era quase uma exclusividade de Jorge Veiga, desafeto de Moreira. O Caricaturista do Samba tinha até gravado, em 1957, um *long-play* só com músicas do autor de "Café soçaite". Certo dia, porém, Moreira andava distraído pelas ruas do Rio de Janeiro, quando foi parado por um sujeito de óculos. Tratava-se de Miguel Gustavo, que cumprimentou o malandro e lhe disse:

— Sempre gostei de você e do seu gênero. Fiz até algumas músicas no seu estilo e gostaria de ver uma delas gravada por você.

Em 5 de abril de 1960, quatro dias após completar 58 anos, Moreira da Silva gravava "O conto do pintor", no estúdio da Odeon. A imprensa identificou a música como uma crítica bem-humorada ao pintor francês Mathieu:

> Desembarquei fantasiado de pintor
> no aeroporto já encontrei o Ibrahim
> fez um discurso e apresentou-me ao Santos Vahlis
> que deu de cara um apartamento para mim.
> (breque) "Morengueira vai levar um duplex".
> "É o seguinte eu não mereço tanto
> é muita gentileza da sua parte".
>
> Fomos direto ao Museu de Arte Moderna
> a grande obra de madame Guiomar
> condecorando-me com a ordem do vaqueiro
> Chateaubriand quase chegou a me estranhar.
> (breque) "Seu embaixador, deixa isso pra lá,
> vossa excelência que o admirador é o protetor das artes do Brasil. Ora!..."
>
> Mas ali mesmo demonstrei o meu talento
> pintei triângulos redondos e um quadrado todo oval
> eles olhavam perturbados e diziam:
> "Este Moreira é um artista genial!"
> Mais que depressa vendi
> noventa quadros
>
> depois de dar uns dois ou três em benefício
> entrevistado pelo Rubens do Amaral
> eu respondi: "Ora, qual nada, é meu ofício".
>
> Pintei vassouras com feitio de espadas
> pintei espadas qual vassouras, retirei-me do local

mas a ilustríssima plateia delirava:
"Este Moreira é um artista genial!"

Pintei um quadro só por fora das molduras,
joguei tinta nas paredes
todo mundo achou legal
dei cambalhotas e as madames
exclamaram:
"Este Moreira é um artista genial!"
(breque) E eu que não pintava nem nos muros da Central

Mais que depressa vendi
noventa quadros
depois de dar dois ou três em benefício
entrevistado pelo Rubens Amaral
eu respondi: "Ora, qual nada, é meu ofício".

Pintei vassouras com feitio de espadas
pintei espadas qual vassouras, retirei-me do local
mas a ilustríssima plateia delirava:
"Este Moreira é um artista genial!"
(breque) Fui a Brasília dei um quadro ao maioral
era um triângulo redondo
mas seu Nonô achou legal.

Na realidade, não foi bem Mathieu quem influenciou a nova sátira de Miguel Gustavo. A música era uma crítica genérica ao estilo moderno. A ideia surgiu durante vernissage de um pintor amigo do casal. Aborrecidos com a exposição, Miguel e Sagramor saíram sem entender nada. Olhavam as telas e achavam tudo uma maluquice sem tamanho. Na porta, deram de cara com o pintor, que pediu a opinião dos dois:

— Formidável, ótimo! — respondeu Miguel.

— Nunca vi nada igual! — completou Sagramor.

Depois de se despedirem do artista, o compositor virou para a esposa com ar irônico e disparou:

— Isso aqui merece um Sérgio Porto.

Assim que chegou em casa, Miguel Gustavo começou a compor "O conto do pintor".

Dois meses depois de gravar a canção, Moreira voltava aos estúdios da Odeon para gravar mais dois excelentes sambas de breque: "Antigamente" (Moreira da Silva e Heitor Catumbi) e "Cinderela em negativo" (Nelson Barros e Frazão). A crise parecia ter sido espantada de vez. Mas não foi. Para desassossego do cantor, uma tempestade chamada Bossa Nova chegou tomando conta de tudo. A partir daí, a turma da Zona Sul, comandada por João Gilberto, Tom Jobim e Vinícius de Moraes, começou a monopolizar as atenções do público. Irritado, Moreira tratou de desmerecer o novo movimento musical:

— As letras são até bonitinhas, mas o acompanhamento eu não admito. Nem goteira tem essa batida — espalhava o cantor com um rancor evidente.

De nada adiantou Moreira da Silva espernear. A Bossa Nova tinha chegado de vez. Algum tempo depois, o velho malandro se renderia à nova geração. Mesmo porque artistas como João Gilberto não cansavam de reverenciar a velha guarda. Independentemente disso, Moreira ia tocando sua vida normalmente. Agora, graças à aposentadoria, respirava música o dia inteiro. Gostava de ficar em casa, deitado, correndo o *dial* do rádio displicentemente. Parava quando encontrava uma música de seu agrado e tentava identificar o intérprete — raramente errava um nome e, praticamente, conhecia todos os cantores em evidência. Mas, certo dia...

***

O *dial* do rádio passeava ligeiro por várias estações. Até que uma voz feminina chamou a atenção do cantor. Moreira parou a agulha e sintonizou na Rádio Mauá. Pelo horário, só podia ser o programa de Hélio Ricardo. Tentou identificar a cantora, mas não conseguiu. Não se lembrava de já ter escutado aquela voz bem suingada. Curioso, esperou a música acabar e descobriu que se tratava de uma cantora em início de carreira chamada Elza Soares.

Muito impressionado, correu no dia seguinte para a Rádio Mauá. Queria encontrar-se com a dona daquela belíssima voz. Mas chegou cedo e a garota ainda não estava no estúdio. Resolveu então deixar um recado. Voltaria mais tarde, depois do encerramento do programa de Hélio Ricardo.

Elza Soares não conhecia Moreira pessoalmente. E recebeu com surpresa o seu recado. Não acreditou que ele desejava conhecê-la. Terminado o programa, ficou esperando o cantor numa das salas da emissora. Moreira não demorou a chegar. E tomou um tremendo susto. O velho malandro jamais adivinharia que a dona daquela belíssima voz era uma garota magrinha, toda acanhada, vestida com uma roupa quase esfarrapada. Mais surpreso ainda ficou ao saber que a tal menina já tinha parido sete filhos, o primeiro aos doze anos de idade. Custou a acreditar que se tratava realmente da Elza Soares do programa de Hélio Ricardo. Depois de se convencer, disparou:

— Minha filha, você canta muito! Você é maravilhosa!

Cabeça baixa, bastante encabulada, Elza Soares não se convencia do que estava acontecendo. Chamava o cantor respeitosamente de "Seu Moreira" e se limitava a agradecer os elogios. Era ainda uma garota, com pouco mais de vinte anos. Como Moreira insistia em saber tudo sobre ela, deu de contar sua vida. Morava num barraco na favela da Água Santa, tivera sete filhos, mas apenas quatro sobreviveram. Viúva, vivia sem dinheiro e enfrentava o preconceito da família por querer ser cantora. Mesmo assim, recentemente, viajara para a Argentina acompanhando a peça *Jou-jou e Frou-frou*, estrelada por Mercedes Batista.

Após escutar aquela história triste, Moreira incentivou a garota a continuar cantando. Só assim ela conseguiria ser alguém na vida. Ajudaria no que fosse preciso. Daquele dia em diante, resolveu apadrinhar a mulatinha. Para começar, levou a garota à Mesbla e lhe comprou um vestido decente. Depois foi até Água Santa conhecer sua mãe e filhos. Acompanhado de Aidran de Carvalho, o Carvalhinho, foi apresentado a dona Rosália. Muito simpático, contou que sua irmã mais velha também se chamava Rosália e, aos poucos, foi conquistando a confiança da senhora. Disse então que a menina tinha uma voz muito bonita e, com um pouquinho de sorte, iria se tornar uma cantora de sucesso. No caminho de volta para casa, Moreira revelou a Carvalhinho que os filhos de Elza estavam muito adoentados. Todos os quatro haviam contraído sarampo.

— Pode deixar que eu resolvo esse problema. Amanhã mesmo vou procurar uns médicos amigos meus — garantiu Carvalhinho.

No dia seguinte, enquanto Moreira arranjava algum meio de ajudar Elza profissionalmente, Carvalhinho foi procurar um médico para as crianças. Na época existia um pediatra muito conceituado chamado José de Athayde. Carvalhinho não tinha acesso ao famoso médico, mas conhecia seu assistente, doutor Fernando de Araújo. Alguns dias depois, a pedido dele, o médico examinou os quatro filhos da cantora.

Como Elza Soares precisava de dinheiro, Moreira resolveu tirá-la da Rádio Mauá. Não tinha cabimento ela continuar trabalhando de graça no programa de Hélio Ricardo. Por isso, pediu ao seu grande amigo, Aérton Perlingeiro, que desse uma chance para ela em seu programa na Rádio Tupi:

— Aérton, tem uma escurinha aí que canta muito bem. Vou levá-la para você conhecer — avisou o cantor.

Amigo e grande fã de Moreira, Aérton não se negou a ajudá-lo. A garota podia fazer um teste no Maracanã dos Auditórios da Rádio Tupi. Se ela se saísse bem, veria o que poderia fazer por ela.

O teste foi marcado para um domingo à tarde. Antes mesmo de terminar a apresentação, as palmas pareciam não querer parar. A garota pobre de Água Santa agradara a todos, embora também despertasse ciúmes em alguns membros do elenco da Tupi. Mas o principal interessado era Aérton, que adorou imensamente a cantora.

Ao final do teste, Moreira cumprimentou a amiga e foi embora. Contente, Elza pegou um ônibus para casa. No meio do caminho, começou a sentir algo quente escorrendo em suas costas. Passou a mão dentro do vestido e descobriu um objeto estranho. Com as mãos cobertas de sangue, Elza tirou o pedaço de gilete que alguém atirara dentro do seu vestido. Passou mal e acabou indo parar num hospital.

Moreira da Silva não ficou sabendo do ocorrido. A cantora não quis preocupar o cantor. Satisfeito com o sucesso de Elza, Aérton Perlingeiro resolveu levá-la para a Tupi. Algum tempo depois, convidou a mulata para trabalhar na boate Texas Bar, no Leme.

Com os dois novos empregos, Elza Soares obteve uma sensível melhoria de vida. Passou a ganhar um salário decente e começou a pensar em se mudar da favela na Água Santa. O barracão em que morava era muito pequeno para ela, a mãe e os quatro filhos. Sem falar que não tinha água encanada, nem banheiro. Encontrou uma casa com dois quartos, sala, cozinha, banheiro e água encanada. Lá mesmo em Água Santa, mas na parte baixa do morro, na rua Borja Reis. O problema é que o proprietário exigiu um fiador para garantir o aluguel. A quem ela poderia pedir aquele favor?

Moreira da Silva e Carvalhinho iam sempre assistir às apresentações de Elza Soares no Texas Bar. Foi numa dessas vezes que a cantora chamou o amigo no canto e lhe pediu um grande favor:

— Seu Moreira, o senhor desculpe o abuso, mas preciso de sua ajuda.

— Pode falar, minha filha — cortou Moreira.

— E que estou com uma casa em vista lá em Água Santa e preciso de um fiador. Será que posso contar com o senhor? — indagou.

No dia seguinte, Moreira da Silva foi procurar o proprietário da casa para acertar os detalhes. Pouco depois, a família se mudava para a nova residência. Elza Soares não precisava mais subir o morro de madrugada depois de passar a noite toda cantando no Texas Bar.

De casa nova, só faltava gravar o primeiro disco, o que não demorou a acontecer. Mais uma vez, Moreira arranjou as coisas para a protegida. Aproveitou a disposição de Carvalhinho, que se iniciava como compositor, e decidiu matar dois coelhos com uma cajadada só. O garoto tinha preparado a música "Pra que pobre quer dinheiro", para o carnaval de 1960, e procurava um intérprete disposto a gravar o samba. Nada mais apropriado do que lançá-lo na voz de Elza Soares.

Apesar de ser de autoria exclusiva do Carvalhinho, "Pra que pobre quer dinheiro" foi também registrado no nome de Moreira e de um coronel chamado Getúlio Martin. O malandro entrou na parceria por ter arranjado o negócio. Já o coronel era, na verdade, o autor de "Brotinho de Copacabana", marchinha gravada por Elza na outra face do 78 rotações. Moreira achou melhor registrar as duas músicas no nome dos três.

Antes mesmo do disco ser lançado pela etiqueta Rony, Elza Soares começou a se relacionar com artistas ligados à Bossa Nova. Gente como Silvinha Telles, Roberto Menescal e Luizinho Eça gostavam de vê-la cantar no Texas Bar. Não demorou, e surgiu o convite para um teste na Odeon. Era a grande oportunidade da cantora. Aflita, no dia do teste, Elza Soares decidiu não voltar para casa. Depois do show na boate, ficou por lá mesmo até o dia seguinte. Tinha medo de ir para casa e sua mãe não deixá-la mais sair. Logo que o dia amanheceu, deixou o Texas Bar e foi matar o tempo na praia. Faltando pouco mais de uma hora para o teste, resolveu partir para a Odeon. Era melhor chegar adiantada que atrasada. Na entrada, foi barrada pelo porteiro:

— Para onde a senhora pensa que vai? — indagou o homem.

— Tenho hora marcada. Estão me esperando aí dentro, eu vou gravar um disco — disse, cheia de orgulho.

— Mas não tem ninguém aqui, minha filha — advertiu o porteiro.

— Como é que não tem, moço!? Não é aí que é a gravadora Odeon? — perguntou, aflita. O rapaz deu risada e desfez o engano:

— Que gravadora, que nada! Aqui é o Cine Odeon.

Decepcionada, Elza Soares custou a acreditar no que estava acontecendo. Depois de insistir repetidas vezes com o porteiro, resolveu sair à procura da gravadora. Já tinha passado do horário combinado para o teste e ela ficava cada vez mais desanimada. Quando estava prestes a desistir, encontrou Moreira da Silva na praça Mahatma Gandhi e foi logo recebendo uma bronca do padrinho:

— Poxa, minha filha! Já de cara você faz isso! O pessoal todo lhe esperando e você aqui passeando.

— Seu Moreira, eu não estou passeando, não. Estou com os pés inchados de tanto andar. Já fui lá falar com aquele homem da Odeon e ele não me deixa entrar. Fica dizendo que lá é um cinema — explicou a cantora.

— Mas, minha filha, lá é o Cine Odeon mesmo. Vem comigo que não temos tempo a perder — ordenou Moreira.

Partiram em disparada para a Odeon. Quando chegaram na gravadora, não encontraram mais ninguém. O teste tinha ido para o espaço, pensou Elza Soares. Para sua sorte, Bené Nunes ainda estava lá e acabou facilitando as coisas. Pegou um *playback* com a orquestração de "Se acaso você chegasse" de Lupicínio Rodrigues e chamou a cantora. A música estava preparada para a voz de Lúcio Alves, mas a gravação de Elza ficou tão boa, que a Odeon resolveu colocar o disco nas ruas.

"Se acaso você chegasse" fez um sucesso estrondoso no início dos anos 60. Moreira era todo sorrisos por causa da pupila. Afinal, se não fosse ele, a mulata ainda estaria dando murro em ponta de faca. E olha que, antes dela ter seu talento reconhecido, teve de ouvir muitos comentários maldosos de alguns colegas. Conheciam a fama de mulherengo do cantor e desconfiavam de todo aquele zelo com a moça.

Moreira ficou ainda mais satisfeito quando "Pra que pobre quer dinheiro" também começou a firmar-se no gosto do público. A gratidão da família da cantora para com ele era tanta, que a mãe de Elza, dona Rosália, mandou rezar uma missa campal para o cantor. Enquanto isso, Moreira terminava de lapidar aquela pedra bruta. Corrigia o português da mulata e dava-lhe aulas de etiqueta. Ensinou-a, por exemplo, a comer macarrão:

— Não é com faca que se come, minha filha. É com colher e garfo — ensinava o malandro.

A lua de mel dos dois tinha dias contados, porém. Não se sabe se por exigência da Odeon ou por receio de começar a carreira já marcada como cantora de carnaval, o fato é que Elza Soares começou a negar a interpretação de "Pra que pobre quer dinheiro". Numa entrevista, declarou que a música tinha sido gravada por alguém que imitava a sua voz. Quando ficou sabendo do ocorrido, Moreira não conseguiu perdoar a amiga. Era um final de tarde de domingo e a mulata passava apressada pela frente do Bola Preta. Estava atrasada para um show em São Paulo, mas, ao avistar Moreira e Carvalhinho, resolveu parar para falar com os dois. Ao se aproximar, viu que ambos não estavam muito satisfeitos com ela:

— Como é que você faz isso com a gente? Não trabalha nossa música e ainda tem a coragem de dizer que não foi você que gravou? Depois de tudo que fizemos por você? — reclamou Moreira.

Desconcertada, Elza Soares ainda tentou se explicar. Negou a entrevista e pediu perdão pelo mal-entendido. Mas Moreira não quis ouvi-la. Nunca mais se reconciliaram.

Chateado, o velho malandro continuou tocando sua carreira logo lançou seu segundo disco pela Odeon. Seguindo a estratégia adotada pela gravadora no projeto anterior, relançou grandes sucessos em 78 rotações no LP *A volta do malandro*. Mas não deixou de fora novas composições, como a divertida "Filmando na América" (Waldemar Pujol e Moreira da Silva). A música acabou agradando bastante e, em 1961, ele foi convidado a cantá-la no filme *Briga, mulher e samba*, dirigido por Sanin Cherques.

Carvalhinho continuava acompanhando Moreira da Silva, principalmente depois de 1960, quando fez sua estreia como compositor. O velho malandro gostava do estilo gozador do garoto e o incentivava a continuar criando seus sambinhas. Não tardaria a gravar uma música do amigo.

O carnaval de 60 foi marcado por uma grande quantidade de músicas com letras bem-humoradas. Muitas inspiradas em programas humorísticos da televisão. Não faltaram, também, sátiras políticas feitas ao presidente da República, como "Carnaval de JK" (Miguel Gustavo e Altamiro Carrilho). Gravada pelo palhaço Carequinha, a marchinha ironizava as constantes viagens aéreas do presidente. O humor dava o tom do carnaval daquele início de década e, como já era de se esperar, não ficaram de fora da festa momesca marchinhas um pouco picantes para a época, como "A Maria tá" (Jair Noronha, Haroldo Lobo e Milton Oliveira):

> A Maria tá
> tá, sim senhor
> quem disse que tá
> foi o doutor
> que bom que eu vou ser pai
> e o papai vai ser vovô
> se for homem vou botar meu nome
> se for mulher
> é Brigite Bardot

Lançada na voz do cantor Walter Levita, a música chamou a atenção de Carvalhinho, que teve a ideia de fazer uma resposta para aproveitar o sucesso da marchinha. Seguindo o espírito de "A Maria tá", o garoto fez "A Maria não teve":

> A Maria não teve, não senhor
> era barriga d'água
> foi mancada do doutor
> disseram tanto que a Maria tava
> e que o papai seria vovô
> a Maria continua só
> A Brigite era H2O

A letra da música era um pouco audaciosa para a época, mas Moreira da Silva adorou e decidiu ele mesmo gravá-la. Antes, resolveu testá-la no programa de auditório de Alziro Zarur, na Rádio Mundial. Sem avisar nada ao radialista, é claro. Ao terminar de cantar a música, Moreira olhou para a cara de Zarur e notou que ele estava vermelho de raiva.

— Moreira, você, com essa idade, me faz uma coisa destas — estourou o radialista. Mas já era tarde, pois o programa era ao vivo. Para evitar maiores problemas, Moreira acabou desistindo de gravar a marchinha.

Carvalhinho decididamente estava sem sorte. Era a segunda tentativa frustrada de iniciar a carreira de compositor. Mesmo assim, não desistiu e, algum tempo depois, mostrou uma nova marcha carnavalesca para o amigo. Tratava-se de uma sátira à adutora do Guandu, construída pelo governo Carlos Lacerda. A marchinha brincava com o *slogan* do governo que garantia água para o Rio de Janeiro até o ano 2000.

> Arrebentou o Guandu
> a água anda escassa pra chuchu
> no chuveiro não tem nenhum pingo
> há mais de um mês que o papai não fica nu
>
> Lalá tem dó
> vou tomar banho lá em Brocoió

Batizada de "Arrebentou o Guandu", a nova composição de Carvalhinho ironizava os hábitos do governador da Guanabara. Lalá era Carlos Lacerda e Brocoió, a ilha frequentada por ele nos finais de semana. Moreira adorou a marchinha e chegou a gravá-la, mas o disco acabou censurado e não foi distribuído.

Se a parceria entre Moreira e Carvalhinho não dava certo, o mesmo não acontecia em relação a Miguel Gustavo. Embalado pelo sucesso de "O conto do pintor", o grande *jinglista* decidiu lançar outras músicas na voz do velho malandro. Diferentes dos sambas do compositor cantados por Jorge Veiga, as novas músicas eram feitas sob medida para Moreira da Silva. Não se limitavam, portanto, a uma crítica bem-humorada à grã-finagem.

Arguto, Miguel Gustavo decidiu explorar ao máximo o lado teatral do cantor. A partir daquele momento, Moreira saiu de cena e deu lugar a Kid

Morengueira, herói imaginário criado por Miguel Gustavo, que passava a habitar os sambas de breque. Mais do que nunca, Moreira voltava a ser *O Tal, o Personalíssimo*.

Apesar da admiração mútua, Moreira e Miguel Gustavo não se tornaram tão amigos assim. Tinham uma relação basicamente profissional. Se muito, somente por duas vezes o velho malandro foi à casa do compositor em Laranjeiras. Já no caso de Jorge Veiga, a situação era completamente diferente. Além de sempre visitar o amigo, gostava de levar presentes para o casal. Como da vez em que deu um fila brasileiro para Sagramor. Nessa época, as músicas de Miguel Gustavo começavam a fazer sucesso na voz de Moreira e o cachorro foi batizado de Kid Morengueira. Mas o animal era uma fera e não deixava viva uma galinha da dona da casa. Pulava o galinheiro e atacava a criação. Miguel Gustavo resolveu, então, aumentar o cercado do galinheiro para três metros de altura. Não adiantou. Kid Morengueira pulou a cerca novamente e comeu quatro perus que engordavam para o Natal.

Como o cachorro havia sido um presente de Jorge Veiga, Miguel Gustavo resolveu perdoá-lo por mais essa. Não demorou a arrepender-se. Incontrolável, Kid Morengueira matou uma cadelinha muito querida por Sagramor, que tentou em vão evitar a tragédia. Além de não ter conseguido deter a fera, foi derrubada e precisou ser levada ao hospital, onde recebeu dezoito pontos. No dia seguinte, chamaram Jorge Veiga para carregar Kid Morengueira de volta para seu sítio. Para espanto de todos, ele chegou, alisou o bicho e o levou igual a um cordeirinho.

***

Além de compor, Miguel Gustavo realizava também a direção artística dos discos de Moreira. Suas músicas não dependiam apenas do cantor, mas de todo um trabalho cênico. Não faltavam sonoplastia, narrador e até atores. Tudo com uma linguagem muito parecida com a utilizada nas peças radiofônicas da década de 40. Dentro do novo estilo, surgiu "O rei do gatilho", a expressão máxima dessa fase. Gravado por Moreira em 1962, o samba de breque contava a saga de um *cowboy* fuleiro em meio a um super bangue-bangue italiano surrealista:

> Eu atirei
> ele atirou
> e nós trocamos tantos tiros
> que até hoje ninguém sabe quem morreu
> (breque) eu garanto que foi ele
> ele garante que fui eu

A música era na verdade uma divertida sátira ao faroeste-espaguete e a Hollywood. A história começava com Miguel Gustavo narrando a saga do famoso Kid Morengueira, herói que só atirava em nome da lei. O próprio compositor acabava entrando no "filme", como Michael Gustaf, diretor da fita.

Publicitário experiente, Miguel Gustavo trouxe prestígio à carreira de Moreira da Silva. Seu grande mérito foi adaptar a obra do velho malandro à nova realidade cultural do país, ajustando seu talento para ser consumido pela classe média. Intelectual de renome, colocou o trabalho de Moreira bem ao gosto da inteligência brasileira. Suas músicas não tinham nada a ver com navalhadas ou contos do vigário. Eram verdadeiros espetáculos teatrais, onde Morengueira contracenava com grande elenco, como Claudia Cardinale, James Bond, Pelé, Al Capone e Marcello Mastroianni. O êxito de "O rei do gatilho" tinha sido enorme e Kid Morengueira voltou a atacar em mais um "filme" de Michael Gustaf. A nova "película" se chamava "O último dos moicanos" e, como de praxe, tinha todo um lado cênico:

> *O último dos moicanos. Novo super bangue-bangue de Michael Gustaf com Kid Morengueira. Apavorados com a decisão do famoso cowboy de retirar-se definitivamente de Hollywood, os big-shots do cinema, tendo à frente Harry Stone, apelaram para seus sentimentos cristãos, inventaram uma série de fofocas e, finalmente, deram sociedade ao mais famoso galã do faroeste. Depois de marchas e contramarchas, surgiu na tela o segundo episódio da série os Perigos de Morengueira: O último dos moicanos.*

Esta pequena introdução era feita pelo próprio Miguel Gustavo, acompanhado por um daqueles pianos de cabaré (presente em qualquer faroeste que se preze). Quando o locutor termina de narrar, começam sons de caixa e, finalmente, Moreira da Silva entra em cena:

Tinha jurado à minha mãe por toda vida
não me meter mais em nenhuma trapalhada
depois daquela do bandido em que o índio me salvara
eu resolvi levar a vida sossegada

Comprei um sítio e já ia criar galinhas
quando uma notícia num jornal me encheu de ódio
um bandoleiro aprisionara aquele índio
que me salvara no primeiro episódio
(breque) "Cuidado, Moreira!"

E a tal viúva do bandido que eu matara
com quem casei perante o padre do local
vendeu meu rancho e fugiu para Nevada
apaixonada por um velho marginal.
A minha noiva por quem tanto andei lutando
estava dançando num salão fora da linha
como é que pode um pistoleiro aposentar-se
comprar um rancho e querer criar galinhas
(breque) có, cococó, cococó, có, có.

Montei de novo num cavalo mais ligeiro
em Hollywood o H. Stone me esperava
o John Ford chamava os extras para cena
enquanto a câmera já me focalizava.
A luta agora era com os índios moicanos
que pelos canos nos empurram devagar
me disfarcei, pintei a cara e apanhei a machadinha
e com a princesa comecei a namorar
(breque)
"índio cara-pálida chamar Morengueira", fala um índio.
"Morengueira que não é seu Loca vai dar no pé", responde Moreira.

Voltei à vila e arrasei os inimigos
salvei o índio
minha dívida paguei

> dei uma surra na viúva e em minha noiva
> naquele mesmo cabaré a desposei.
> E ao terminar mais este filme americano
> como Hollywood tá meio desmilinguida
> vou me passar para o cinema italiano
> pra descansar eu vou filmar *A doce vida*.
> (breque) Não filmo agora que a censura não quer cena proibida. Perto de mim o Mastroianni não vai dar nem pra saída. Sofia Loren vai chegando, mas eu já estou de partida. *Arrevederci Roma*.

Apesar do sucesso da música, a parceria entre Moreira da Silva e Miguel Gustavo não estourou de imediato. Gravados em 78 rotações, os novos sambas de breque demoraram um pouco para entrar em *long-play*. A Odeon continuava apostando nos antigos sucessos do cantor. Depois dos LPs *Malandro em sinuca* e *Malandro diferente*, finalmente a gravadora resolveu lançar *O último dos moicanos*. Além da faixa-título ser de autoria de Miguel Gustavo, o disco trazia também outra novidade. Finalmente, uma música de Carvalhinho saía na voz de Moreira da Silva. Dessa vez, a romântica "Hilda" (Aidran de Carvalho e Barros Filho) não correu nenhum risco de desagradar a censura:

> Hilda, eu quereria saber
> se você gosta mesmo de mim
> se é verdade você diga logo
> não brinque com o amor
> não me maltrate assim
>
> confiante no seu coração
> eu espero uma resolução
> e lhe digo com toda franqueza
> que muito admiro a sua beleza
> e lhe afirmo com plena certeza
> que você é mais linda que a natureza
>
> você é a única mulher que eu adoro
> por sua causa é que eu muito choro

> você nem liga para a minha aflição
> porque é uma mulher sem coração
>
> embora você não me ame, meu bem
> eu continuo a lhe amar com fervor
> meu destino é sofrer por alguém
> eu sou muito infeliz meu amor

O samba-canção de Carvalhinho e Barros da Silva iniciou uma nova fase do cantor. Apesar do humor continuar sendo a marca principal do estilo Moreira da Silva, aos poucos ele foi se voltando para uma linha romântica. O velho malandro acabara de completar sessenta anos de idade em abril de 1962 e continuava em atividade. Não só artística, como também sentimental. O romance com Estela já durava mais de uma década e parecia longe de chegar ao fim.

Romântico, Moreira saiu à procura de composições inéditas para seu novo disco. Pretendia mesclar antigos sucessos, como "Cigana" (Lupicínio Rodrigues e Felisberto Martins), com algumas novidades. Foi quando cruzou o caminho do poeta Jorge Faraj, que andava muito adoentado. Gostava das letras do compositor e perguntou se ele tinha alguma novidade para colocar no seu novo LP. Faraj mostrou então um poema inédito, muito bonito, feito para uma espanhola que ele conhecera. O cantor adorou a letra, mas pediu permissão para fazer algumas mudanças. Contou ao amigo que tinha uma amante russa e queria homenageá-la. O problema é que era casado e não podia dar bandeira. Como a moça era judia, nada mais prático que alterar o poema para "Judia rara". O poeta concordou com o amigo e a espanhola acabou saindo de cena.

> A rosa não se compara
> a essa judia rara
> criada no meu país
>
> rosa de amor sem espinhos
> diz que são meus seus carinhos
> e eu sou um homem feliz

nos olhos dessa judia
cheio de amor e poesia
dorme o mistério da noite
canta o milagre do dia

a sua boca vermelha
é uma flor singular
no meu desejo uma abelha
em torno dela bailar

Moreira não teve dificuldades para musicar o poema de Faraj. Estela iria adorar aquela homenagem. Para incrementar ainda mais a música, ele teve a ideia de começar com uma frase em ídiche: "Ich bin michique fur dir". Ou seja, "sou louco por você".

O arranjo feito para a nova música ficou muito bom e Moreira decidiu gravá-la no seu novo disco. Como se tratava originalmente de um poema, o cantor encasquetou com a ideia de fazer uma declamação. Ninguém melhor do que Osvaldo Sargentelli para recitar os versos de Faraj na gravação. Aquele vozeirão cairia como uma luva, pensou Moreira.

Amigo e vizinho de Moreira, Sargentelli se sentiu honrado com o convite do cantor. Mas a gravação havia sido marcada para uma segunda-feira. Torcedor fanático do Botafogo, o radialista fora ao Maracanã no dia anterior e acabou ficando rouco. Não poderia participar da gravação daquele jeito. Mandou então um mensageiro ao estúdio da Odeon para avisar Moreira e, se possível, mudar a gravação para outro dia, pois não queria ficar de fora. Para o azar de Sargentelli, o mensageiro chegou um pouco tarde. Sem poder esperar pelo amigo, Moreira havia convencido Carvalhinho, que acompanhava a gravação, a fazer a declamação. Sargentelli acabou perdendo a voz e a vez, e o disco foi lançado em 1964, no mesmo ano da morte de Jorge Faraj.

"Pau-pra-toda-obra", Carvalhinho continuava entrando em fria por causa de Moreira. Embora, de vez em quando, também arranjasse alguma confusão para o velho malandro. Em meados dos anos 60, o rapaz teve a ideia de organizar um baile pré-carnavalesco e chamou o cantor para se associar à embaixada. Organizados cerca de um mês antes da festa de Momo, os bailes eram muito populares naquela época. Aconteciam geralmente em dia de semana, em expediente de trabalho. O horário era disfarçado para quem fosse casado poder frequentar sem levantar suspeitas. Começava às duas da tarde e terminava às seis, mas sempre se esticava até às sete.

Moreira topou de imediato a proposta do amigo e arranjou logo um nome para batizar a festa. Chamar-se-ia Baile do Jiló, pois, segundo ele, seria de amargar. A festa aconteceria na boate Hi-Fi, em Copacabana, na avenida Prado Júnior. A casa e os músicos foram conseguidos com o radialista Oliveira Filho. A boate saiu de graça, ficando a receita do bar para a casa. Restava apenas vender os convites. O que não foi difícil.

Como o grosso do público dos bailes pré-carnavalescos era masculino, Moreira e Carvalhinho resolveram vender os convites no Jockey Club. Contaram com a ajuda do compositor Luís Reis que, além de jornalista e músico, era também comentarista de turfe da Rádio Jornal do Brasil. Graças a ele, o Baile do Jiló foi bastante divulgado. Os amantes do turfe acabaram com os convites rapidamente. Sobraram apenas alguns ingressos, que foram vendidos, pelo triplo do preço, na porta da boate.

O Baile do Jiló foi um estouro. Ao todo quase quinhentas pessoas participaram da festa. A organização do evento estava impecável. Carvalhinho havia pensado em tudo. Até segurança tinha providenciado. É verdade que não contrataram nenhum leão-de-chácara famoso para cuidar da festa. O único que conheciam era Miguel Pimenta, sujeito respeitado em todo o Rio de Janeiro, mas que andava meio adoentado. O jeito foi confiar a segurança da festa ao terceiro-sargento Ferreira, vizinho de Carvalhinho. Apesar de não ter nenhuma experiência como leão-de-chácara, Ferreira era um homem parrudo e de poucas palavras.

Para evitar problemas, o próprio Carvalhinho resolveu ficar na portaria da boate. Como tudo parecia tranquilo, entrou para ver o movimento e pediu ao sargento Ferreira para substituí-lo:

— O negócio é o seguinte: não entra ninguém sem convite. Pode ser o presidente da República, mas, sem convite, não entra — orientou Carvalhinho.

Ferreira seguiu as ordens ao pé da letra. Só mulher entrava sem pagar. Penetra não tinha vez. Lá dentro a orquestra arranjada por Oliveira Filho tocava o pau. A festa seguia na maior normalidade, até que veio o primeiro intervalo. Como a boate não oferecia água mineral, os músicos saíram para se refrescar num bar logo adiante. Quando voltaram para a Hi-Fi, foram barrados pelo sargento. Vestidos a rigor, com calça preta, camisa branca e gravata-borboleta, foram confundidos, pelo dublê de porteiro e segurança, com turistas.

— Não entra, não. Eu tenho ordem para não deixar ninguém entrar.

— Mas nós somos os músicos — tentaram argumentar.

— Vai ter de pagar, negão. Não tem jeito.

Dentro da boate, as pessoas começavam a chiar, pois o intervalo estava muito longo. Desconfiado, Carvalhinho foi ver o que acontecia e, ao chegar na porta, viu aquela confusão. Após contornar o transtorno, ouviu ainda as desculpas do amigo:

— Mas, negão, você disse para não entrar ninguém. Eu estou por fora disso, vim aqui para prestigiar seu baile. Não conheço esse negócio de músico.

Perto do final da festa, o clima ficou tenso. Uma garota tinha bebido demais e começou a arrumar confusão. Completamente bêbada, foi arranjar encrenca logo com Seu Chiquito, pai de Carvalhinho. Agarrou o velho no meio do salão e começou a gritar:

— Eu quero esse gordo! Eu quero esse gordo!

Para evitar maior tumulto, Seu Chiquito resolveu sair da boate. Mas a garota foi atrás, agarrada à sua cintura. Já tinha rasgado toda sua roupa. Passava das dezessete horas e nada da menina soltar o homem. Um compadre de Seu Chiquito, que ia passando pela porta da boate, viu aquilo e resolveu ajudar o amigo. Como a menina insistia em agarrá-lo, o único jeito foi enxotá-la a pontapés. Como ela era da área, seus amigos rapidamente partiram para cima dos dois.

O Baile do Jiló acabou em pancadaria. A porta da boate virou um pandemônio. No meio da confusão, Carvalhinho viu Moreira em disparada em direção à praia. Levava uma pasta debaixo do braço e corria como um louco. Preocupado, Carvalhinho abandonou a briga e foi atrás do amigo. Mesmo mais jovem, só alcançou Moreira quando ele já tinha atravessado a Nossa Senhora de Copacabana. Esbaforido, Carvalhinho olhou para os lados e não viu ninguém perseguindo o cantor. Qual, então, o motivo daquela correria?

— Ninguém se lembrou de uma coisa. Tô fugindo com a arrecadação. Estou salvando a arrecadação — explicou o velho malandro.

Graças a Moreira, a renda do baile foi salva e o dinheiro, dividido entre os dois e Oliveira Filho. A parte de Luís Reis ficou por conta da orquestra que não parou de tocar, durante o baile, "Se correr o bicho pega", música composta por ele naquele ano.

A década de 60 foi um período de grandes mudanças na vida pessoal do cantor. Muito doente, dona Pauladina teve de ir morar com o filho. A velha se dava bem com a nora, mas costumava se desentender com Moreira, que não tinha muita paciência com aquela senhora de mais de noventa anos. Mariazinha fazia tudo para agradar a sogra e atendia a todos os seus caprichos.

Dona Pauladina fora uma mulher de temperamento explosivo durante a juventude e, na velhice, não se modificou. Pelo contrário, ficou ainda mais difícil. Gostava de comer doces e não havia cristão que a demovesse. Não adiantava querer impedi-la. A velha era cabeça-dura e o pior aconteceu. Diabética, acabou entrando em coma. Os médicos queriam interná-la, mas Moreira preferiu cuidar da mãe em casa. Durante 25 dias, dona Pauladina permaneceu em coma profundo, até falecer em 20 de outubro de 1966, aos 93 anos.

Com a morte de Pauladina, a casa parecia vazia. E ficou ainda mais alguns anos depois. Em 1969, Marli se casou e saiu da casa dos pais. Apesar de morar perto dos dois, também no Estácio, não passava mais tanto tempo com a mãe, principalmente depois que teve o seu primeiro filho, um garoto batizado de Jorge Antônio. Mariazinha ressentiu-se bastante do afastamento da filha. Moreira tinha sua carreira para cuidar e parava pouco em casa. Além do mais, continuava o namoro com Estela e a esposa ficava ainda mais sozinha.

Embora soubesse que o pai não era nenhum santo, Marli não suspeitava do romance com a judia. Mas começou a achar estranho o falatório dos vizinhos. Se ia na venda, alguém comentava que tinha visto seu pai na rua, mas o cantor nunca aparecia para visitá-la. O que fazia por aquelas bandas? A resposta não demoraria a aparecer.

Certo dia, um eletricista foi consertar um chuveiro na casa de Marli e acabou dando um fora. Perguntou por que ela nunca visitava a mãe. Marli estranhou, pois ia quase todos os dias à casa dos pais. O rapaz então indagou:

— Eu costumo fazer serviço lá na casa de dona Estela. Como é que eu nunca vi a senhora?

— Deve estar havendo algum engano. O nome de minha mãe é Maria — disse Marli, desconfiada.

— Seu pai não é o Moreira da Silva? — entregou o eletricista.

— É ele mesmo. Por quê?

Não se sabe se foi maldade ou deslize do eletricista. O fato é que, a partir daquele momento, Marli ficou sabendo que seu pai tinha um caso com uma moradora do prédio. E não era um casinho qualquer. Comentava-se que a aventura já tinha um bom par de anos. Preocupada, resolveu chamar Moreira para uma conversinha. Não pediu para ele abandonar a amante. Queria apenas que tivesse mais cuidado, pois já não aguentava os vizinhos perguntarem quem era aquela senhora. Ela mesma já tinha topado com a criatura algumas vezes no elevador do prédio. Por isso, queria que ele disfarçasse para evitar aborrecimentos. A mãe fazia o gênero "quando os olhos não veem, o coração não sente". Se descobrisse, iria sofrer muito. Moreira tratou de tranquilizar a filha e garantiu que a esposa não ficaria sabendo de nada.

Quando Marli descobriu o caso entre Moreira e Estela, restava apenas uma grande amizade. A russa não andava bem de saúde e tornara-se uma mulher muito triste. Apesar de não serem mais amantes, Moreira continuava visitando-a. E assim foi até março de 1973, quando ela faleceu. Antes de morrer, a judia pediu para ele cuidar do seu enterro. Muito religiosa, fazia questão de ser sepultada no cemitério dos judeus em Inhaúma. Tratava-se de um lugar reservado apenas a prostitutas e homossexuais judeus. Discriminadas pelo seu próprio povo, as prostitutas judias fundaram a primeira sinagoga do Rio de Janeiro e criaram uma sociedade fechada. Por volta de 1915, pediram o aval da Santa Casa para estabelecer um cemitério em Inhaúma, pois não eram aceitas nos já existentes.

Só quando Estela morreu, Mariazinha ficou sabendo da sua existência, pois a mulher deixara o apartamento onde morava de herança para Moreira. Mesmo assim, preferiu não tocar no assunto com o marido. Pediu apenas que ele vendesse o imóvel, pois temia que transformasse o lugar em uma *garçonnière*. O que ela não sabia é que, associado a Carvalhinho, ele já mantinha um apartamento com esse fim na rua Barata Ribeiro, 200, em Copacabana.

NO CLÃ DOS IMORTAIS

A malandragem não esteve em voga no final dos anos 60. Principalmente depois de 1º de abril de 1964. Daí por diante, o samba de breque começou a se desgastar. Os movimentos universitários passaram a difundir uma nova cultura dentro da classe média. E a ditadura, contraditoriamente, estimulava posturas mais agressivas. Surgia a canção de protesto, o tropicalismo, os movimentos jovens. As galhofas de Moreira da Silva e Miguel Gustavo foram ficando de lado.

Já em 1966, a carreira do velho malandro dava sinais de cansaço. Seu último disco na Odeon, *Moreira da Silva, o tal malandro*, foi um desastre comercial, com apenas 1.500 cópias vendidas. A gravadora resolveu deixar o cantor de molho por um longo período. Os executivos da Odeon achavam que ele já tinha dado o que podia. Sem saber de nada, Moreira aguardava em casa o chamado da gravadora. O carnaval se aproximava e ele não pretendia ficar de fora da festa. Mas nada de ninguém ligar. Desconfiado, o cantor telefonou para Milton Miranda, diretor artístico da Odeon. Queria uma posição da empresa. Quando sairia finalmente o novo LP? A resposta do outro lado da linha não foi animadora:

— A turma vai se reunir para ver se você faz um compacto simples — informou o executivo.

— Compacto simples?! — esbravejou Moreira.

Depois de oito anos de inúmeros sucessos, era essa a sua paga. Furioso, o cantor não pensou duas vezes e rescindiu o contrato. Não ficaria mendigando espaço a ninguém. Teve de tomar a decisão sozinho, pois até Mariazinha achou de censurá-lo. Temia pelo encerramento da carreira do marido. Afinal, a Odeon era uma empresa grande e ele já não era mais um garoto. Tinha 65 anos e, desde os 59, estava aposentado da prefeitura.

Apesar do receio de Mariazinha, o cantor não precisou tirar férias antecipadas. No ano seguinte, transferiu-se para a modesta Cantagalo e lançou *O sucesso continua*. Mais uma vez regravou "Na subida do morro", "Olha o Padilha", "O rei do gatilho" e "Amigo urso". Trazia, porém, como novidade, a excelente "Resposta do amigo urso" (Maria Nazaré Maia):

> Amigo velho aí vai tua resposta
> quem é pobre nesse mundo sempre come do que gosta
> e o que não gosta
> eis por que fiquei furioso
> recebendo do amigo um tratamento desdenhoso
> mas a minha raiva logo se reprimiu
> eu não posso querer mal a quem tanto
> tanto me serviu
> tua cartinha com tanta admiração
> és perfeito na cobrança como o gringo Salomão
> (breque) que vende roupa a prestação
>
> há muito eu andava persuadido
> que tu eras um sabido com carinha de otário
> mas hoje tua cartinha relendo
> foi que fiquei sabendo que és expedicionário
> fostes ao Polo sem gastar do teu algum
> enquanto eu fiquei sem nenhum
> aqui na velha sorte
> manda mais cem
> eu sei que tu não negas

   e receba do colega o teu abraço forte
   (breque) nossa continha eu pagarei no Polo Norte

  Moreira permaneceu na Cantagalo por mais um ano. O tempo necessário para lançar *Manchete do Dia*. O novo disco mostrava que o tempo também tinha passado para o cantor. Pela primeira vez, ele aparecia numa capa usando óculos. Faltava pouco para entrar na casa dos setenta e a vista já não era mais a mesma.

  A faixa-título do novo disco era uma parceria com o compositor Lourival Ramos. Policial militar, Lourival conhecera Moreira no início da década de 40, nas mesas do Café Nice. Andava atrás de alguém interessado em gravar seus samba-choros, sempre engraçados e cheios de gírias. Na ocasião, mostrou para Moreira "Copa Roca", música sobre a seleção brasileira de futebol. O cantor gostou da composição e pediu que Lourival a cantasse até decorar a letra e a melodia. Alguns dias depois, foi chamado à Odeon para assinar contrato. Moreira ia gravar seu samba. Grato ao cantor, Lourival resolveu lhe dar parceria na música. Acreditava que o sucesso seria maior se Moreira fosse coautor.

  Como PM, Lourival Ramos também trabalhou no presídio da Ilha Grande e na penitenciária Lemos de Brito. A criminalidade era, portanto, um tema bastante presente em suas músicas. Influenciado pelo novo parceiro, Moreira passou a cantar outra vez cenas do cotidiano carioca, o que já não fazia há anos. Só que, agora, a Cidade Maravilhosa andava mudada. Os malandros iam desaparecendo e dando lugar aos criminosos. O LP *Manchete do Dia* refletia bem essa nova realidade a faixa-título fazia menção a tiros de metranca (metralhadora) e carnificinas. Lourival Ramos ensinava ao cantor a maneira de falar dos bandidos. As gírias saíam diretamente dos presídios para os discos de Moreira.

  Apesar de não andar com o prestígio nas alturas, Moreira da Silva ainda era procurado por muitos compositores. Um deles, Hortesênio Rocha (autor da antológica "Diz que fui por aí") chegava ao ponto de trabalhar de graça para ter uma música gravada pelo velho malandro. Pintor por profissão, Rocha agradava o cantor dando uma mãozinha de tinta em sua casa. Sem cobrar um único centavo, é claro.

  Além de Rocha, outros compositores também se interessavam pelo velho malandro. Um deles, Deusdeth Pereira Matos, vizinho do cantor, levava sempre boas músicas para ele gravar, embora, muitas vezes, fosse esnobado por Moreira. Como da vez em que mostrou uma marcha-rancho muito bonita, contando uma história de amor entre um arlequim e uma colombina, Moreira garantiu que a música não tinha futuro:

— O tempo de arlequins e colombinas já passou — disse ao amigo.

Algum tempo depois, Deusdeth morreu sem ver sua música gravada. Tinha tentado lançá-la na voz de Ary Cordovil, que também a recusou, alegando cantar apenas sambas. Tanto Moreira quanto Ary Cordovil se arrependeriam amargamente da decisão. Após a morte de Deusdeth, a música acabou indo parar nas mãos de Zé Kéti. O compositor terminou a letra e, em 1967, lançou "Máscara negra". A música transformou-se num dos maiores sucessos carnavalescos de todos os tempos. A marcha acabou registrada no nome de Zé Kéti e Hildebrando Pereira Matos, irmão de Deusdeth, que, muito espertamente, entrou na parceria.

Moreira não esquentou lugar na Cantagalo. Após os LPs *O sucesso continua e Manchete do Dia*, trocou novamente de gravadora. Foi para a Continental, onde também permaneceu por pouco tempo. O necessário para lançar "Mo'ringo'eira". Partia mais uma vez para a regravação de antigos sucessos, como "Na subida do morro". Embora o carro-chefe fosse "O sequestro de Ringo", mais uma música feita sob medida por Miguel Gustavo.

Depois de sair da Continental, Moreira passou dois anos sem gravadora. Aposentado, ia quase diariamente ao restaurante Paisano, no velho Edifício São Borja, na avenida Rio Branco. Quem quisesse localizá-lo, era só passar por lá a partir das dezesseis horas. Foi o que fez o jornalista e compositor William Prado. Compositor em começo de carreira, William trabalhava como assessor de imprensa do então ministro do Interior, Costa Cavalcanti. O ministério ficava perto do restaurante. Resolveu dar uma escapadinha do serviço e ir ate lá. Há muito queria mostrar suas músicas ao cantor. Essa seria sua chance. Como não conhecia Moreira, pediu ao caixa do restaurante para ser apresentado a ele.

Atencioso, Morengueira foi bastante simpático com o jovem jornalista. Ouviu com atenção o samba "Treze pontos no Bolão", mas pediu para deixar a conversa para outro dia:

— Gostei da música. Grava uma fita e depois me traz que eu vou dar uma olhada.

Empolgado com a receptividade do malandro, William voltou para o trabalho. Dois dias depois, muito ansioso, voltaria com a fita para o cantor examiná-la.

Além do Ministério do Interior, William Prado também trabalhava na TV Globo. Colaborava para o Jornal de Verdade — que entrava no ar às 23 horas —, escrevendo os textos da coluna apresentada por Ilka Soares e do quadro político em que Luís Jatobá conversava com bonecos falantes. Um dos temas polêmicos da época, explorado no Jornal de Verdade, era o fato da Academia Brasileira de Letras não permitir a entrada de mulheres. O jornalista raciocinou que o assunto valia um samba de breque bem-humorado, feito exclusivamente para o velho Morengueira.

Empolgado com a ideia, William Prado deixou de lado o antigo samba e começou a trabalhar uma nova música para Morengueira. Influenciado pelo estilo de Miguel Gustavo, preparou, em apenas dois dias, a engraçada "No clã dos imortais".

>O chá das cinco fui tomar na Academia
>e mostrei à freguesia que também sou literato
>quando acabei de versejar, a turma inteira
>gritou logo, Morengueira, sua poesia é um barato
>com seu talento e seu QI de Hermann Khan
>sua arte é um baluarte do Brasil de amanhã
>e assim diante de convites tão formais
>eu não pude resistir a ir pro clã dos imortais
>e dei início a nova luta na carreira
>já não era o Morengueira a fugir da cana-dura
>
>sofisticada, essa lide me agradava
>todo mundo aclamava a minha candidatura
>me animei com a minha popularidade
>a intelectualidade prometeu votar em mim
>e seu apoio foi de fato genial
>eis que pra cabo-eleitoral mandaram até o Ibrahim
>
>veio a campanha, os jornais me consagrando
>eu só vernaculando à espera da eleição

já me sentia um ás de ouro da cultura
eu de espada na cintura, mergulhado no fardão
que curtição!

mas quando li o estatuto da entidade
vi que a imortalidade por enquanto não dá pé
pedi renúncia no primeiro escrutínio
é que eu perco o tirocínio onde não entra mulher.

Terminado o samba de breque, marcou um novo encontro com Moreira. Queria fazer uma surpresa ao cantor e não disse nada. Tinha certeza de que ele gostaria da composição. Estava certo. "No clã dos imortais" agradou tanto ao velho malandro, que ele pediu parceria a William Prado. O jornalista, porém, saiu pela tangente:

— Sabe como é, Moreira. Minhas músicas são como filhos para mim... — desconversou.

Ao notar a resistência do compositor, Moreira da Silva não tocou mais no assunto. Tinha gostado da música e resolveu gravá-la de qualquer jeito.

A gravação foi marcada para as onze horas no estúdio da Continental, na esquina da Rio Branco com a Visconde de Inhaúma. Os arranjos seriam feitos por Altamiro Carrilho, que também acompanharia o cantor na gravação das duas músicas. No horário combinado, William Prado e Altamiro chegaram à gravadora. Moreira, apesar de sempre pontual, não deu sinal de vida. Preocupado com os prazos da gravadora, já que o estúdio se paga por hora, o flautista pediu ao jornalista para adiantar o trabalho:

— William, canta você para fazer a voz-guia só para mandar para São Paulo.

Como tudo indicava que Moreira não iria aparecer, o jornalista atendeu ao pedido do instrumentista e fez a voz-guia. Não podiam ficar esperando o cantor por mais tempo. Para alívio de todos, ele acabou chegando alguns minutos depois. Apressado, o velho malandro entrou no estúdio e foi logo pedindo a dália. Sem perder tempo, William Prado pegou a letra do samba, escrito em tipos garrafais, e entregou-a ao cantor. Já tinha inclusive preparado os breques da música.

Famoso por não gostar de ensaios, Moreira quis gravar a musica de primeira. Não havia decorado a letra, mas a melodia era fácil e previu que não teria dificuldades em terminar o trabalho. De fato, o cantor foi muito bem na primeira prova, deixando o jornalista boquiaberto. Já Altamiro Carrilho não ficou nem um pouco espantado. Conhecia o velho malandro desde 1943, quando o acompanhou num parque de diversões, em Niterói. O flautista começava a carreira e precisava de alguém para lhe dar um empurrãozinho. Ninguém melhor que Morengueira. Impressionado com o talento do estreante, resolveu convidá-lo para participar da gravação de um 78 rpm. Depois disso, a carreira do até então desconhecido Altamiro Aquino Carrilho deslancharia e, alguns anos depois, ele se tornaria um dos maiores instrumentistas de sua época.

Apesar da primeira prova de "No clã dos imortais" ter ficado boa, William Prado não se deu por satisfeito. Perfeccionista, notou um pequeno erro nos últimos versos. Em vez de cantar "pedi renúncia no primeiro escrutínio/é que eu perco o tirocínio onde não entra mulher", Moreira trocou a palavra "tirocínio" por "desatino".

William Prado ainda não tinha intimidade com Moreira e não sabia a mania de professor de português do cantor. Se soubesse, teria apenas chamado a atenção para a palavra trocada. No entanto, resolveu corrigir o malandro:

— Moreira, você se confundiu no final. Quando a pessoa perde o desatino, automaticamente recupera o tirocínio — explicou o jornalista.

O cantor se queimou com a "aula" de William Prado, mas não perdeu o rebolado. Com ar compenetrado, pegou a dália e disse em tom solene:

— Meu filho, etimologicamente eu manjo tudo isto aqui. — A gargalhada foi geral no estúdio.

William Prado ficou impressionado com o bom humor e, principalmente, a vitalidade de Moreira da Silva.

Terminada a gravação, cada um foi para seu lado. Agora era por conta da Continental. Passados alguns dias, contudo, William Prado tomou um grande susto. Ao chegar em casa, por volta da meia-noite, deu de cara com o também jornalista Paulo Gerônimo, copidesque do *Globo*. Moravam no mesmo prédio e costumavam chegar do trabalho no mesmo horário. Cheio de mistério, o vizinho trazia uma novidade para ele:

— Que cagada você fez aí, rapaz!? Vai sair amanhã na primeira página do *O Globo* — disse Paulo Gerônimo.

Sem entender nada, William Prado reagiu com preocupação. Afinal, trabalhava no *Jornal do Brasil*, concorrente do *O Globo*. Mas Gerônimo tratou de acalmá-lo:

— Eu ouvi falar no seu nome quando o pessoal estava fechando a primeira página. Mas não sei bem o que era.

Sem acreditar muito naquela história, William Prado dormiu despreocupado. Só no outro dia, ao chegar no Ministério do Interior, viu que o amigo não estava brincando. Logo na primeira pagina do *O Globo*, Moreira aparecia, em foto, vestindo um fardão idêntico ao usado pelos imortais da Academia Brasileira de Letras. Abaixo da foto, o título dava o tom da matéria:

> *Moringueira não passou do primeiro escrutínio.*
>
> *Moringueira, como bom malandro, deu aquele breque na hora de entrar para a Academia: "Pedi renúncia no primeiro escrutínio/ Porque perco o tirocínio onde não entra mulher". Mas os acadêmicos, embora não aprovassem o fardão que ele alugou em uma loja e com o qual compareceu ontem à ABL, acharam seu samba — "Moreira da Silva na Academia" — engraçadíssimo, mais uma homenagem do nosso cancioneiro que uma sátira. O samba é de William Prado e está nas paradas de sucesso. (Texto na página 14).*

Dentro do jornal, na página 14, a reportagem dava mais detalhes sobre a música, com direito a transcrição do samba e tudo. Se bem que o autor da matéria acabou cometendo alguns errinhos. A música de William Prado não se chamava "Moreira na Academia", e sim "No clã dos imortais". Mas esse pequeno equívoco não irritou o velho malandro. Moreira ficou irritado, isto sim, com o fato de ser chamado "Moringueira" (com a letra i), em vez de Morengueira.

— Meu *nickname* é Morengueira! Nunca fiz moringa para ser chamado de Moringueira — costumava reclamar o cantor quando alguém errava a grafia de seu apelido.

Só depois de ver seu trabalho divulgado nas páginas do jornal, William Prado começou a entender um fato que acontecera havia alguns dias. Recebera o telefonema de uma jornalista do *O Globo* interessada na música que fizera para Moreira. Queria preparar uma reportagem sobre o assunto e pediu para ele passar a letra do samba pelo telefone. Depois perguntou qual era o número de Moreira e desligou o aparelho. O que William Prado não podia imaginar era que a repórter armaria o maior fuzuê com aquela história.

Ciente da celeuma que o samba de breque de William Prado iria causar, a jornalista resolveu inovar. Em vez de fazer uma materiazinha mais convencional, resolveu passar na casa de Moreira e chamá-lo para uma sessão de fotos na própria Academia Brasileira de Letras. Acompanhada do fotógrafo, seguiu no carro do jornal e apanhou o cantor em casa. De lá, passaram na Rollas e alugaram um fardão idêntico ao usado pelos imortais da Academia.

Cantarolando o novo sucesso, Morengueira chegou à porta da ABL envergando a farda verde-dourada dos acadêmicos. Sem dispensar chapéu preto e bengala, olhou-se num espelho e comentou:

— Já me sinto um ás da cultura.

Ao tomar conhecimento da nova pérola do velho malandro, a maioria dos acadêmicos presentes achou graça da brincadeira. Mas logo voltaram atrás, quando o viram vestido no uniforme da entidade. Não gostaram nem um pouco da gozação. O mais indignado de todos foi o presidente da ABL, Austregésilo de Athayde. Além de proibi-lo de tirar fotos na sede da ABL, ressaltou que o uso indevido da imagem da Academia era uma contravenção penal. Mas Moreira não levou muito a sério as palavras do imortal e reagiu com ironia às reclamações:

— Venho aqui pela primeira vez, e já de fardão. Eleito direto, sem escrutínio. Por aclamação.

Como o presidente insistiu em barrar sua entrada, Moreira resolveu posar para as fotos na escadaria da Casa de Machado de Assis. Antes, colocou o dedo na ferida do imortal, criticando o machismo dos membros da entidade.

— Esse negócio de não entrar mulher é só porque eles estão jogados fora. Acho isto um absurdo dos maiores, é o inverso da razão. Tem mulher de valor comprovado, dando folha-seca por aí, pintando os canecos no exterior.

Apesar da irritação de Austregésilo, nem todos ficaram contra o malandro. O acadêmico Peregrino Júnior achou a música muito engraçada e disse não se sentir atingido pelas críticas do escritor. Outro escritor também gostou de "No clã dos imortais" foi Pedro Calmon. Segundo ele, a composição de William Prado era a maior prova da popularidade da instituição. Mas quando o assunto era a presença feminina nos quadros da entidade, as coisas mudavam. À essa hipótese, o imortal Marques Rebelo foi taxativo:

— Se o estatuto diz que não pode entrar mulher, não pode entrar mulher — declarou o acadêmico nas páginas de O Globo.

Nem Moreira da Silva nem William Prado esperavam tanta divulgação de "No clã dos imortais". Mas a reportagem publicada em 14 de setembro de 1971 era apenas o começo. No dia seguinte, o assunto voltava às páginas de O Globo. Referindo-se ao novo samba de breque, a escritora Dinah Silveira de Queiroz declarou, de Brasília, que a proibição do ingresso de mulheres na Academia Brasileira de Letras faz qualquer um perder o tirocínio. Aproveitou ainda para lembrar que concorreria a uma vaga na ABL e entraria com uma ação na Justiça comum do Rio se tentassem impedir sua candidatura. E mandou uma mensagem para Moreira pelas páginas de O Globo:

— Moreira da Silva ainda poderá desmentir seu samba e entrar na ABL, porque breve ele também poderá contar com o voto das mulheres.

É bem verdade que o cantor não tinha nenhuma pretensão de entrar para o clã dos imortais. O mesmo não podia se dizer das mulheres, porém. Seis anos após o incidente na porta da ABL os estatutos da entidade foram modificados. Finalmente as escritoras passavam a ter direito de se inscrever para as vagas da Academia. Como era de se esperar, Dinah Silveira de Queiroz não perdeu a chance de se candidatar à Cadeira nº 5. Mas quem ganhou o pleito foi Rachel de Queiroz. Dinah Silveira de Queiroz só conseguiria entrar para a ABL três anos mais tarde, quando foi eleita para a Cadeira nº 7.

Apesar de toda a divulgação, "No clã dos imortais" não foi muito adiante. O próprio Moreira nunca se interessou em lançar a música em *long-play*. O único registro do samba foi feito num compacto da Continental, onde aparece no lado B do disco, *A marca da arma* (Arthur Vilarinho e Gil Lima).

Com 70 anos, Moreira não chamava mais a atenção pela voz ou pela ginga, embora tivesse ainda muita bossa. As pessoas estavam mais interessadas na longevidade do cantor. Queriam saber como ele chegara àquela idade ainda em atividade. Todo ano a rotina se repetia. No dia 1º de abril, uma procissão de jornalistas procurava o velho malandro. Esperto, aproveitava a presença dos veículos de comunicação e sempre marcava shows na época do seu aniversário. Quanto às perguntas dos jornalistas, tirava de letra. Faziam as mesmas perguntas e ele dava as mesmas respostas:

— Tenho *habeas corpus* preventivo contra a morte — brincava.

— E o segredo da longevidade? — indagavam os repórteres.

— Sou filho de *black and white very strong. Do you understand*? Mãe preta e pai branco. De modo que ainda posso dar o meu recado devagarzinho — respondia o cantor. Em seguida, continuava com as histórias: — Tive uma infância de canjas e ovos quentes. Naquele tempo não existiam venéreos e éramos muitos saudáveis — fantasiava o velho malandro.

Moreira da Silva sabia da importância de alimentar o folclore em torno de seu nome. Por isso, não descuidava na hora de se arrumar, sempre caracterizado de malandro. Não dispensava terno branco e chapéu-panamá. Conservava também toda a ginga e o palavreado malandro cultivado nos tempos áureos da Lapa. Sabia que, enquanto a imprensa o procurasse, continuariam os convites para shows e apresentações em todo o Brasil.

***

Mesmo festejado pela imprensa, Moreira continuava discriminado pelas gravadoras. Tinha de batalhar seus discos e já estava cansado de regravar antigos sucessos, como "Na subida do morro" e "Amigo urso". Mas nem tudo estava perdido. O cantor continuava despertando o interesse de muita gente boa e não pensava em abandonar a carreira, apesar do troca-troca de gravadoras. No final de 1969, o cineasta Rogério Sganzerla convidou Morengueira para participar das filmagens de *Sem essa aranha*. A fita, que anos mais tarde se transformaria num dos *cults* do cinema nacional, contava com participação de Luiz Gonzaga, Zé Monitinho, Maria Gladys e Helena Inês. A ideia de chamar Moreira foi, na verdade, do assistente de direção, Ivan Cardoso. O rapaz conhecia o repertório do velho malandro de cor e salteado. Na época de molecote, costumava ficar horas na frente da televisão quando tipos divertidos como Moreira, Zé Bonitinho ou Costinha apareciam na tela da TV.

Como não tinha intimidade com o repertório do cantor, Rogério Sganzerla resolveu filmá-lo cantando várias de suas músicas. No final, escolheu a satírica "Filmando na América" (Waldemar Pujol e Moreira da Silva):

Ladies and Gentlemen, I have to go someday to United States because I like the people of America. You Understand? And now, will sing, will sing.

Fui convidado para trabalhar num filme lá em Hollywood
bancando o seu capitão Blood
e aceitando a proposta vantajosa logo embarquei
eu e o Cab Calloway
chegando lá, fui apresentado às grandes celebridades, que disseram:
"Esse é um artista de verdade? Diz que filmou em Berlim, cantou samba em Pequim e outras novidades."
Eu respondi: "Isso é bondade.

Embora sendo o maioral no estilo
(breque) modéstia à parte, eu nunca fui banqueiro,
fiquei um tanto abafado."
Eu compreendia bem poucas palavras em americano
mas quis fazer o seu bacano
falei com Claudette Colbert, o tal Clark Gable, Lon Chaney, and Sunny Murray
sapateei com *good-bye*, lutei com Boris Karloff, com seu Akim Tamiroff e o pequeno Sabu
me convidou para filmar em Honolulu.
(breque) Aí é que eu me manquei, porque eu não sei montar em elefante.

A cena foi filmada no Vidigal, na beira da piscina da casa de Elza Guimarães. Era uma cena em que Zé Bonitinho ia empurrar Helena Inês na piscina e aí o Moreira entrava cantando.

Pouco tempo depois de participar da assistência de direção de Sem essa aranha, Ivan Cardoso decidiu partir para seus próprios filmes. Em Super-8, fez *Nosferatu do Brasil* (com Torquato Neto), *Sentença de Deus*, *A múmia volta a atacar* e *Chuva de bronze*. Todos mudos, pois colocar som em Super-8 era tão complicado quanto filmar em 35mm. Três anos depois de participar de *Sem essa aranha*, Ivan Cardoso partiu para sua primeira produção comercial. Finalmente dirigiria um filme com som.

Decidido a fazer um musical, o jovem cineasta aproveitou o contato que tinha com Moreira da Silva e propôs um filme em sua homenagem. O cantor sentiu-se lisonjeado e aceitou imediatamente o convite. A partir daquele momento, o único problema seria conseguir a verba para tocar *Moreira da Silva, o filme*. Mais uma vez, Ivan teve de recorrer à família para bancar a produção. As despesas correram por conta do pai e do tio do jovem cineasta. O dinheiro era curto, mas, mesmo assim, foi possível pagar os atores. A bem da verdade, o elenco se limitaria ao próprio Moreira e ao ator Wilson Grey (o campeão mundial de participação em filmes).

Para baratear ainda mais a produção, o filme teria de ficar pronto em poucos dias. Afinal, tratava-se de uma fita com apenas dez minutos de duração. A película não teria diálogos, e sim música do início ao fim. A ideia era filmar o malandro cantando seus sambas mais famosos em pontos turísticos do Rio de Janeiro. O custo seria baixíssimo, pois contaria com canções dubladas, dispensando músicos para acompanhar o cantor.

Correndo contra o relógio, os trabalhos foram iniciados em ritmo acelerado. As filmagens começaram no morro de São Carlos, onde Moreira aparecia envergando um impecável terno branco e, cheio de ginga, cantava "Na subida do morro". Terminada a primeira parte, a equipe seguiu para o morro da Urca, onde foi gravado "Acertei no milhar!" tendo o Pão de Açúcar como pano de fundo. O primeiro dia de trabalho terminou no Jockey Club com a participação do ator Wilson Grey, que contracenava com Moreira ao som de "Que barbada" (Walfrido Silva, Moreira da Silva e Jucata). Durante as filmagens no Jockey Club, o ator aproveitou para fazer uma fezinha nos cavalos. Antes de terminar o trabalho, já tinha perdido todo o dinheiro do cachê. De quebra, acabou recebendo ainda um esporro de Moreira. O velho malandro se gabava de não ter nenhum vício.

— Não sou otário, não! Não fumo, não bebo, nem jogo. Meu único vício usa saia — brincava Moreira.

O segundo dia de trabalho começou bem cedo. Logo de manhã, Ivan Cardoso foi para a casa de Moreira fazer algumas imagens. Depois seguiram para um parque de diversões na Lagoa, onde o cantor dublou "Dona história com licença", samba de sua autoria. Por volta das três da tarde, as filmagens tiveram de ser interrompidas. Torcedor ferrenho do Flamengo, Morengueira pediu um intervalo para ir ao Maracanã. Retomaram os trabalhos, depois do jogo, na Gafieira Estudantina, na praça Tiradentes onde gravaram a engraçada "Pistom de gafieira" (Billy Blanco):

>Na gafieira segue o baile calmamente
>com muita gente dando volta no salão
>tudo vai bem, mas eis porém que de repente
>um pé subiu e alguém de cara foi ao chão
>não é que o Doca, um crioulo comportado,
>ficou tarado quando viu a Dagmar
>toda soltinha dentro de um vestido-saco
>tendo ao lado um cara fraco
>e foi tirá-la pra dançar
>
>o moço era faixa-preta simplesmente
>e fez o Doca rebolar sem bambolê
>a porta fecha, enquanto dura o vai-não-vai
>quem está dentro não entra
>quem está fora não sai
>mas a orquestra sempre toma providência
>tocando alto pra polícia não manjar
>e nessa altura como parte da rotina
>o pistom tira a surdina e bota as coisas no lugar

Ivan Cardoso ficou impressionado com aquele incansável senhor de 72 anos. O filme estava pronto em dois dias de trabalho intenso.

Com o filme concluído, Ivan Cardoso precisava ainda do atestado obrigatório para exibição. A cada bimestre, sete filmes recebiam o certificado do Instituto Nacional de Cinema. Como se tratava de um trabalho sobre Moreira da Silva, o jovem cineasta não se preocupou com esse protocolo. Moreira era um cantor popular e o tema não tinha nada de polêmico. Para seu espanto, o filme acabou vetado. Comercialmente, o trabalho havia ido por água abaixo. O responsável pela liberação do certificado era um brigadeiro chamado Averois Celular. O jeito foi procurá-lo para saber os motivos do veto. Irônico, o militar não levou a sério as reclamações de Ivan Cardoso. Negou o atestado e ainda achou de fazer piada com o assunto:

— Se fosse um filme sobre o Jorge Veiga, eu daria o certificado — disse, referindo-se ao alô que o cantor dava aos Aviadores do Brasil na Rádio Nacional.

Apesar de não poder ser exibido nos cinemas da cidade, Ivan Cardoso acabou dando um jeitinho de colocar o filme em um mercado alternativo. Através de Ricardo Cravo Albin, programou a película para o Museu da Imagem e do Som. Algum tempo depois, o maestro Júlio Medaglia fez melhor e incluiu o filme num projeto de kombis para cinema do estado. A fita acabou ganhando as ruas do Rio de Janeiro. Mesmo com o fracasso financeiro, o veto do Instituto Nacional de Cinema só serviu para popularizar o trabalho de Ivan Cardoso e a imagem de Moreira da Silva.

TIRA OS ÓCULOS E RECOLHE O HOMEM

Depois de filmar com Moreira da Silva, Ivan Cardoso continuou visitando o velho malandro. Embora fosse torcedor do Botafogo, costumava pegar o amigo em casa para juntos assistirem ao Flamengo jogar no Maracanã. Costumavam também se falar pelo telefone, mas não voltaram a trabalhar juntos.

Apesar de bastante festejado pela imprensa, Morengueira continuava batalhando por um espacinho nas gravadoras. Havia comemorado setenta anos com um LP lançado pela Tropicana. No ano seguinte, depois de muito esforço, conseguiu lançar mais um disco, dessa vez, pela CID. A gravadora aproveitou um show feito pelo malandro no Teatro Opinião e produziu *Consagração — Moreira da Silva*, seu primeiro disco ao vivo. Coordenado por Harry Zuckermann, o trabalho não se limitava a mostrar o lado humorístico do cantor. Além de sambas de breque, trazia também sambas nostálgicos como "Lapa na década de trinta" (Dalmo de Niterói e M. Micelli) e "Adeus" (Newton Teixeira e Christovão de Alencar). Sem deixar de fora, é claro, um *pot-pourri* de antigos sucessos carnavalescos: "Aquele retrato antigo", "Implorar", "Abre a janela", "Até amanhã, "É bom parar" e "Que samba bom".

De 1973 em diante, Moreira da Silva passaria um longo período sem gravar *long-plays*. O máximo que conseguia era lançar alguns compactos. As gravadoras preferiam fazer coletâneas com antigos sucessos do cantor a produzir um disco novo. Para economizar verba, aproveitavam até a capa de LPs antigos. Não raramente, aparecia um disco do cantor com o mesmo *layout* de outro lançado anos antes.

Mesmo sendo um dos cantores mais velhos em atividade, Moreira da Silva não fazia planos de encerrar a carreira. Teimava em continuar na ativa. E tinha razão para não parar tão cedo. Em 1976, com 74 anos, continuava com todo vigor físico e uma voz excelente. O gingado e a malandragem eram os mesmos de dez anos atrás. Mas a cada dia ficava mais difícil conseguir bons shows. Novo disco, nem pensar: lá se iam três anos sem nenhum LP. Naquele mesmo ano, entretanto, graças a uma ideia do produtor cultural Albino Pinheiro, a situação se modificaria.

Diretor do Teatro João Caetano, Albino Pinheiro não se conformava com o horário ocioso da casa, que ficava o dia todo fechada e só abria a partir das 21h. Era um desperdício. Quem trabalhava no Centro, tinha de ir para casa e retornar mais tarde ao teatro. Além do mais, os pontos de ônibus da praça Tiradentes ficavam lotados nos finais de tarde. Se a pessoa quisesse fugir do *rush*, não tinha opção de lazer. Foi justamente para preencher essa lacuna que surgiu o projeto *Seis e Meia*.

A ideia era fazer espetáculos musicais das 18:30 às 20:00. Produzidos com baixo custo, os ingressos seriam vendidos a preços bastante acessíveis. Localizado na praça Tiradentes, o Teatro João Caetano ficava numa posição estratégica, o que só aumentava a certeza de casa lotada, pois pegaria um grande fluxo de trabalhadores em fim de expediente. Quem não quisesse enfrentar o trânsito daquele horário inconveniente, tinha agora uma alternativa de entretenimento.

Com patrocínio do governo do Rio de Janeiro, Albino Pinheiro partiu para o trabalho. Chamou o jornalista Hermínio Bello de Carvalho para fazer a direção artística dos espetáculos. Motivado pela proposta do amigo, Hermínio decidiu também inovar. As estrelas dos shows seriam duplas formadas aparentemente por artistas bastante diferentes, mas que, na verdade, tinham grande afinidade entre si, como Clementina de Jesus e João Bosco; Tia Amélia e João Nogueira; Abel Ferreira e Ademilde Fonseca; e Marisa Gata Mansa e Moacyr Silva.

Dentro dessa lógica, Moreira da Silva foi convidado para participar do projeto. Seu parceiro seria um tal de Jards Macalé, cantor e compositor tido como meio doido, que gostava de comer rosas e vestir camisolão. Como não tinha nada a perder, o velho malandro resolveu aceitar a proposta.

Moreira da Silva e Jards Macalé foram a terceira dupla convidada para o *Seis e Meia*. Vistos por olhos desatentos, possuíam pouco em comum. Para início de conversa, Morengueira tinha mais do dobro da idade do novo parceiro. Do alto dos seus 74 anos, podia ser avô do jovem cantor de parcos 33 aninhos. Além do mais, Macalé representava o novo e ele, o velho. Nada mais conflitante. Mas não era bem assim.

Nascido no início dos anos 40, na Tijuca, numa rua próxima ao morro do Borel, Jards Anet da Silva cresceu ouvindo a música de Morengueira. A imagem do malandro fazia parte do cotidiano do garoto. Nas brincadeiras de rua, a molecada do Borel adorava gritar em alto e bom som: "Cuidado, Moreira!". Tratava-se de uma frase muito popular entre os meninos do lugar. Ora usada de brincadeira, ora usada para alertar a presença de algum marginal no local.

Anos mais tarde, quando se mudou com a família para Ipanema, Macalé não se esqueceu da música de Moreira da Silva. Pelo contrário, procurou se aprofundar ainda mais no assunto. Era seu vizinho ninguém menos que o pernambucano Severino Araújo, líder da antológica Orquestra Tabajara. Músico de primeira linha, Severino trabalhava muito com o velho malandro. Preparava, inclusive, a primeira orquestração da clássica "Na subida do morro". Impressionado com aqueles arranjos, Macalé não saía da casa do maestro. Dias depois, sempre que a música era tocada na Rádio Nacional, colava o ouvido no aparelho para ouvir melhor o resultado das gravações. Adorava os arranjos de Severino Araújo e, muito mais, o estilo despojado de Moreira da Silva.

Como já era de se esperar, Macalé acabou influenciado pela convivência diária com o meio musical. Aos quatorze anos, decidiu aprender a tocar violão e, logo depois, formou um conjunto de jazz com a garotada do quarteirão onde morava. Tocava sucessos dos anos 40 e 50. Mais tarde, partiria para a carreira de compositor, sendo gravado por ninguém menos que a Divina, Elizeth Cardoso.

Quando foi convidado para participar do *Seis e Meia*, Jards Macalé reagiu com grande felicidade. Quem não gostaria de cantar com o ídolo de infância?

— Tremi de emoção — relembraria o cantor, anos mais tarde.

Moreira, no entanto, não nutria as mesmas expectativas quanto ao encontro. Tinha ouvido falar de Macalé poucas vezes. Disseram se tratar de um sujeito fraco do juízo, dado a manias muito esquisitas, e mais um cantor ligado aos baianos do Tropicalismo.

As informações que chegaram a Moreira da Silva não estavam completamente erradas. De fato, Macalé era ligado ao grupo tropicalista. Foi, inclusive, o diretor musical do antológico *Arena Canta Bahia*, primeira apresentação em São Paulo do grupo formado por Caetano Veloso, Gilberto Gil, Gal Costa e Maria Bethânia. Quanto à história das rosas e da camisola, também eram verdadeiras. No ano anterior, 1975, Macalé entrou no palco do Municipal de São Paulo, onde acontecia o Festival Abertura, comendo rosas e maçãs. Foi tão vaiado pelo público que quase não conseguiu cantar "Princípio do prazer", música que defendia no festival. Mas o cantor e compositor estava longe de ser um "sujeito fraco das ideias", como pensava Morengueira.

Polivalente, Macalé fazia um pouco de tudo. Estudou orquestração com Ester Scliar e com o maestro Guerra Peixe, fez as trilhas sonoras dos filmes *Macunaíma* (Joaquim Itedro de Andrade) e *O dragão da maldade contra o santo guerreiro* (Glauber Rocha) e até ator foi. Além, é claro, de lançar discos solo. Moreira, porém, não sabia disso e pensava que não passava de um doido varrido.

Bastante desconfiado, Moreira da Silva foi apresentado ao novo parceiro. Apesar de gentil, limitou-se a apertar sua mão, Macalé não se continha de tanta emoção. Aos poucos, conquistava a confiança do velho malandro. Falou sobre sua admiração pelo cantor, de quem era fã desde pequeno. Já tinha gravado "O conto do pintor" (Miguel Gustavo) em um compacto. Ao final do encontro, o gelo já tinha sido quebrado e ambos davam boas risadas. Moreira, inclusive, ensinou ao parceiro o gingado do malandro carioca. Tudo fotografado por Ivan Cardoso, que, além de ser próximo de Moreira, também era ligado a Macalé.

Já no primeiro encontro, os novos parceiros aproveitam para trocar ideias sobre o espetáculo. Moreira, que não gostava de ensaiar, foi logo dizendo que não havia necessidade de muita conversa. Cada um faria a sua parte e pronto. Os dois acabaram ensaiando separadamente com o Nó em Pingo D'Água, conjunto escalado para acompanhar a dupla.

Mesmo sem ensaiar juntos uma única vez, os novos parceiros foram um sucesso. A apresentação começou com Jards Macalé cantando pérolas de Ismael Silva e Lupicínio Rodrigues, além do músicas do seu repertório habitual. Conforme haviam combinado, Macau cantou "O conto do pintor" e depois chamou Morengueira para assumir o espetáculo.

Orientado por Hermínio Bello de Carvalho, Moreira dividiu sua apresentação em blocos temáticos. Levou a plateia ao delírio quando cantou músicas de Miguel Gustavo. Mas o ponto alto do show ficou por conta de "Amigo urso". Acompanhado dos garotos do Nó em Pingo D'Agua, Morengueira apostou todo seu gingado no samba de breque de Henrique Gonçalez. A surpresa, porém, ainda estava por chegar. O espetáculo terminou com Macalé subindo de volta ao palco para cantar "Resposta do amigo urso". Com direito a contracenar com o ídolo e tudo.

Realizado entre os dias 16 e 20 de agosto de 1976, o show foi antológico. Tanto que a nova dupla recebeu inúmeros convites para continuar trabalhando. Nem Moreira, nem Macalé toparam a parada. Tinham projetos pessoais para levar adiante. Mudariam de ideia no ano seguinte. De olho no sucesso do Seis e Meia, a Funarte — órgão ligado ao Ministério da Educação e Cultura — resolveu lançar um projeto nos mesmos moldes. Só que de âmbito nacional. A proposta era levar artistas brasileiros a vários pontos do país. De preferência, aqueles que estavam fora do circuito comercial.

Batizado de Projeto Pixinguinha, a iniciativa mantinha a mesma filosofia do Seis e Meia, usando os horários ociosos dos teatros e com o preço dos ingressos bastante acessíveis. É bem verdade que participar do novo projeto era bastante cansativo, pois incluía temporadas de quase um mês viajando por todo país. Mesmo assim, Moreira não vacilou ao ser convidado. Aposentado pela prefeitura e afastado das gravadoras, não podia se dar ao luxo de recusar o convite. Passou parte de 1977 se apresentando com Macalé pelo Brasil afora. Sempre em casas lotadas e diante de um público excelente. Quando retornaram ao Rio, já não eram mais dois estranhos. Além de revigorar a carreira dos dois, o Projeto Pixinguinha serviu para estreitar os laços de amizade da nova dupla.

Projeto Pixinguinha à parte, os dois tocavam suas próprias carreiras. Apesar de continuar sem gravar, Moreira teve as músicas do LP *Consagração* (1973) relançadas pela CID, numa série chamada Talento Brasileiro. Macalé lançava sua obra-prima, o LP *Contrastes*. Continuava também às voltas com a censura militar, por conta do disco *Direitos humanos no banquete dos mendigos*, censurado durante a linha dura do governo Médici. Gravado no Museu de Arte Moderna, em 1973, a partir do show de comemoração do 25º aniversário da Declaração dos Direitos Humanos, o disco contava com participação de artistas como Gal Costa, Raul Seixas, Edu Lobo, Paulinho da Viola e Gonzaguinha. Além de produzir e dirigir o disco, Macalé, que gravou duas faixas, aproveitava a abertura do governo Geisel para conseguir a liberação do projeto. O LP, porém, só passaria pela censura em 1978, ano que traria ainda muitas surpresas para Jards Macalé.

A segunda temporada do Projeto Pixinguinha começou no Rio de Janeiro, no Teatro Dulcina, em 23 de junho. Além de Moreira e Macalé, o público teve a oportunidade de conhecer a cantora mineira Aline Mendonça Luz, que também acompanharia a dupla nas apresentações pelas principais capitais do país. Embora cantasse apenas três músicas, Aline foi bastante elogiada pela crítica especializada. Principalmente pela excelente interpretação de "O cavaleiro e os moinhos", de João Bosco e Aldir Blanc.

Depois da temporada carioca, Moreira e Macalé seguiram para Vitória, Espírito Santo, onde substituíram os irmãos Nana e Dori Caymmi. Inserida pela primeira vez no roteiro do Pixinguinha, a capital capixaba se alvoroçou para a festa. Os jornais locais noticiavam a presença de pessoas vindas de vários pontos do estado só para assistir ao show. O Teatro Carlos Gomes ficou completamente tomado na noite de estreia.

Jards Macalé conhecia de perto as limitações impostas pelo regime militar. Há muito tempo vinha tendo problemas com a censura. Em 1972, por exemplo, chegou ao absurdo de reescrever sete vezes a letra de "Revendo amigos" para tê-la aprovada pelo censor. Mas os tempos mudavam e, do governo Médici ao de Geisel, a situação começava a melhorar. Aos poucos se desenhava uma abertura política. Macalé não imaginava, porém, que, misturados ao público do Teatro Carlos Gomes, policiais federais vigiavam o andamento do show.

Definitivamente, censura era o que menos preocupava Moreira e Macalé naquele momento. O mesmo espetáculo havia sido apresentado no Rio de Janeiro sem problemas e todas as músicas do repertório já haviam passado pelo crivo dos censores. Além do mais, o Projeto Pixinguinha era patrocinado pelo MEC.

Iniciado às 18:30, o show transcorreu sem maiores incidentes. A entrada custava apenas Cr$ 15,00 (o preço médio de três jornais locais) e o Teatro Carlos Gomes ficou lotado em plena segunda-feira, dia 26 de junho de 1978. Seguindo o programa utilizado desde os tempos do Seis e Meia, Moreira e Macalé cantaram separadamente e, no final, voltaram ao palco para juntos interpretarem "Amigo urso" e "Resposta do amigo urso". Participativa, a plateia acompanhava os cantores nas músicas mais conhecidas. Sempre respondendo às provocações e piadas vindas do palco, já que a tônica do espetáculo era o bom humor. Aproveitando o desembaraço do público, Macalé não deixou de fora as maliciosas "Casca de ovo" e "Sim ou não". A primeira, uma marcha carnavalesca de sua autoria, feita em alusão ao político mineiro Magalhães Pinto, na ocasião virtual candidato à presidência da República:

> Será que esse Pinto sobe?
> será que esse Pinto desce?
> será que esse Pinto murcha?
> ou será que esse Pinto cresce?
>
> dizem que esse Pinto é belo
> dizem que esse Pinto é feio
> dizem que é pouco careca
> e dizem que joga no meio
> que será?

Igualmente maliciosa, a marchinha "Sim ou não", de Sebastião Gomes, provocava ainda mais a plateia do Carlos Gomes:

> Eu quero saber se pode garota
> quero saber se pode ser
> se você disser que pode garota
> eu me caso com você
>
> há muito tempo que venho lhe paquerando
> e você zombando de minha gamação
> por caridade, garota, diga que pode
> porque se não pode eu tomo outra decisão

o poder não existe para machucar ninguém
e sim para o verdadeiro prazer nosso
tem gente que pode com dificuldade
e tem gente que já nasce podendo
vocês preferem o poder no escuro ou na claridade?

O desembaraço dos capixabas foi tão grande que não se negaram a fazer um coro, digamos, politicamente incorreto. No final da marcha, Macalé perguntava:

— Pode ou não pode?

E a plateia, entendendo a deixa do cantor, respondia:

— Fode! Fode!

Podia não chegar a ser uma ameaça à Lei de Segurança Nacional, mas foi o suficiente para desagradar o superintendente da Polícia Federal no Espírito Santo, Newton dos Santos Brito. No dia seguinte, bem cedo, mandou três agentes procurarem Macalé no Hotel Cannes, onde ele estava hospedado. Era pouco mais das seis horas da manhã, quando os policiais quase iam arrombando o quarto do cantor. Sonolento, Jards Macalé levantou assustado para ver quem batia na porta com tanta violência. Deu de cara com três federais:

— O doutor delegado quer falar com o senhor lá na delegacia — informou um dos agentes, enquanto os outros dois se preparavam para revistar o quarto.

Macalé, então, quis saber o motivo daquela diligência. Não souberam informar e intimaram o cantor a acompanhá-los.

— Tudo bem. Mas eu não saio do meu quarto sem falar primeiro com o Moreira da Silva — avisou Macalé, e foi logo pegando o telefone antes que os agentes mudassem de ideia.

Acostumado a dormir até mais tarde, Moreira estranhou um telefonema àquela hora. Mal desperto, reconheceu a voz do amigo do outro lado da linha:

— Moreira, os homens estão aqui no meu quarto — tentou explicar Macalé. Mas imediatamente foi cortado pela praticidade do velho malandro.

— Nos encontramos no saguão do hotel.

O tempo de Moreira se aprontar foi o mesmo dos policiais revistarem o quarto. Se tinham esperança de encontrar algo suspeito, ficaram frustrados. Confiscaram apenas um frasco com alguns comprimidos de Valium no banheiro do cantor. Após terminar a revista, desceram com Macalé para o saguão do hotel. Lá, deram de cara com um Moreira da Silva todo alinhado. Vestindo chapéu-panamá, terno de linho branco e sapato de duas cores, o malandro procurou ser simpático com os agentes para não piorar a situação. Cumprimentou os policiais e quis se inteirar do ocorrido:

— O que que está havendo com o menino? Qual o problema? — perguntou o cantor.

— O delegado quer falar com ele, seu Moreira — respondeu um dos policiais.

— Ah! Então eu vou junto — disse decidido.

Sem saber o que fazer, os agentes se entreolharam até que um resolveu falar:

— Mas o senhor vai ter de ir no fundo do camburão com ele...

— Não tem problema — cortou Moreira.

Sem perder mais tempo, seguiram todos para o camburão da Polícia Federal. Dois policiais foram na frente e um atrás, acompanhando os cantores. Logo ao subir no carro, meio nervoso, Macalé tropeçou em uma placa de alumínio que estava na carroceria. Depois se acomodou e colocou a placa no colo. Cordial, Moreira fazia de tudo para agradar aos agentes, na tentativa de descobrir o que o delegado queria com o amigo. Foi quando um dos agentes, meio encabulado, acabou segredando que era seu fã desde os dez anos de idade. Morengueira viu então que aquela era a oportunidade de contornar a situação:

— Se é realmente meu fã deve conhecer essa — disse, e logo em seguida começou a cantar "Olha o Padilha".

Entendendo o plano do parceiro, Macalé pegou a placa de alumínio e começou a batucar, seguindo o companheiro no samba de breque:

> Pra se topar uma encrenca basta andar distraído
> que ela um dia aparece
> não adianta fazer prece
> eu vinha anteontem lá da gafieira

com a minha nega Cecília
quando gritaram:

Na hora do breque, o velho malandro deu aquela paradinha e olhou para o policial, que entendeu a deixa e emendou em voz alta:

— Olha o Padilha!

O samba continuou rolando dentro do camburão por mais de uma hora. Já tinham inclusive dado quatro voltas no quarteirão da delegacia. Finalmente, um dos policiais lembrou que o delegado não gostava de ficar esperando.

O pátio da Polícia Federal estava cheio de agentes quando os cantores chegaram. O clima parecia tenso, mas Moreira não quis nem saber. Logo que desceu do carro, ouviu alguém gritar:

— Cuidado, Moreira!

Sem perder a deixa, o velho malandro sacou seus revólveres imaginários e saiu distribuindo tiros em direção dos federais. Mesmo tenso, Macalé não conseguiu esconder os risos. Só que a brincadeira durou pouco. Levados para a sala do delegado Newton dos Santos Brito, os dois cantores logo perceberam que ele não estava para brincadeiras. Sem se dar ao trabalho de sequer levantar a cabeça a autoridade dispensou as formalidades e foi logo perguntando:

— Qual de vocês dois é o tal de Macalé?

Moreira tentou ainda argumentar com o homem, mas foi interrompido aos gritos:

— Cala a boca! Eu perguntei quem é o tal do Macalé!

Mesmo percebendo a gravidade da situação, o velho malandro não perdeu o bom humor. Olhou para o "tal Macalé" e em tom grave sussurrou:

— Desta vez você se fodeu!

Sem perder tempo com conversas, o delegado chamou o assistente e ordenou:

— Tira os óculos, o cinto e recolhe o homem. — Depois virou-se para Moreira e emendou: — E quanto a você, não tem nada a fazer aqui. Pode ir embora.

Conhecido na capital capixaba por sua conduta irregular, o delegado da

Polícia Federal já tinha inclusive representações contra ele na Ordem dos Advogados do Brasil. Expulso da delegacia sem nenhuma explicação, Moreira da Silva pensou muito antes de agir. Em quase cinquenta anos de carreira, nada parecido havia acontecido com ele. Mas não podia perder tempo. Deus sabia o que poderia estar acontecendo com o pobre do Macalé.

Chegando ao hotel, Moreira resolveu avisar à imprensa e aos organizadores do evento. Pegou o telefone e tratou de espalhar o ocorrido. Não demorou muito, o diretor executivo da Funarte, Roberto Parreira, tomava conhecimento da situação. Temendo pela imagem do Projeto Pixinguinha, Parreira telefonou imediatamente para o governador do Espírito Santo, Élcio Álvares pedindo providências.

Atendendo ao pedido do diretor da Funarte, o governador ligou imediatamente para a Polícia Federal, atrás de maiores explicações. Mas não conseguiu localizar o delegado Newton dos Santos Brito. Mandou então chamar o agente de plantão e transmitiu uma ordem:

— Procure o superintendente e mande soltar o artista.

Preso numa cela localizada no primeiro andar da delegacia, Jards Macalé aguardava o desenvolvimento dos fatos. De onde estava, ouvia perfeitamente o que acontecia na sala do delegado.

— Doutor, o governador no telefone — avisava uma voz.

— Manda dizer que eu não estou — respondia, irritado, o delegado.

Pouco tempo depois, por volta das 14:30, chegavam novas notícias para o doutor Newton dos Santos. O assessor jurídico da Fundação Cultural, José Carlos Risk, acabara de chegar na delegacia e queria falar com o detento. O advogado estava lá a mando do próprio governador o delegado não quis atendê-lo. Mandou em seu lugar o chefe do Serviço de Censura, Abdias Coutinho, que negou acesso ao preso. Inconformado, Risk alegou que o direito constitucional garantia o acesso do advogado ao cliente, pois só existe incomunicabilidade na Lei de Segurança Nacional. Mesmo assim, não conseguiu chegar até o cantor, que, segundo o chefe da Censura, estava sendo bem tratado e só aguardava o interrogatório para ser liberado.

Isolado em sua cela, Macalé finalmente foi levado para o interrogatório. Ficou então sabendo dos motivos da prisão: as músicas "Casca de ovo" e "Sim ou não". Ambas, entretanto, já haviam sido liberadas pela censura desde o início da temporada. Mesmo assim, o delegado não queria que ele repetisse as composições no show. O que mais espantou o cantor, porém, foi a censura de "Na subida do morro". Não se sabe por que cargas d'águas, o superintendente da Polícia Federal cismou com o samba de breque que Moreira cantava há quase trinta anos.

Enquanto Jards Macalé era interrogado, Moreira da Silva permanecia no hotel sem nenhuma informação do amigo. Sabia que o delegado se recusava a liberá-lo. O show estava marcado para logo mais e, com a ausência do parceiro, seria um fiasco. Mas, como se diz em circo, "o show deve continuar". Mesmo desanimado, Morengueira seguiu com Aline e a banda para o teatro Carlos Gomes. Aguardariam Macau até o último minuto.

A notícia da prisão ainda não havia se espalhado pela cidade. Apenas a imprensa, em peso no teatro, sabia do ocorrido. Parte do público permanecia alheia a tudo. Moreira era a imagem do desânimo, sentado no palco de cabeça baixa.

Faltando menos de quinze minutos para 18:30, Macalé finalmente apareceu. Acabava de ser liberado pelo delegado e teve tempo apenas de passar no hotel para trocar de roupa e pegar o violão. Já com um sorriso estampado no rosto, o velho malandro não quis conversa. O show precisava começar imediatamente.

Tentando deixar o nervosismo de lado, Jards Macalé fingia naturalidade. Mas os companheiros de palco notaram a preocupação do cantor. Sabiam que a Polícia Federal tinha destacado vários agentes para acompanhar a apresentação e eles estavam proibidos de protestar contra a prisão ou comentar o ocorrido com a plateia. Se falassem qualquer coisa, o caldo podia entornar. Mesmo assim, Macalé arranjou um jeito de registrar sua insatisfação. A certa altura do show, parou de cantar e abaixou a cabeça, permanecendo em silêncio. Como não podia explicar a atitude à plateia, o cantor correu o risco de ser mal interpretado. Parte do público do Carlos Gomes começou a gritar seu nome e assobiar como se quisesse acordá-lo de uma espécie de transe. Já a outra permanecia quieta, como se entendesse o protesto. Poucos minutos depois, Macalé retornou ao violão e cantou a excelente "Uma rosa para minha amiga", música feita a partir de um poema de Brecht. O restante do espetáculo transcorreu normalmente. Apesar de Macalé estar proibido de cantar "Casca de ovo" e "Sim ou não" o velho Morengueira fez questão de executar a antológica "Na subida do morro", que também desagradara à censura local.

A prisão de Jards Macalé aconteceu numa terça-feira. No dia seguinte, os jornais locais estampavam matérias sobre o episódio nas primeiras páginas. Davam destaque às irregularidades do delegado da Polícia Federal, que deixou o cantor durante todo o dia com fome, além de obrigá-lo a assinar depoimento sem advogado presente e "dirigir-lhe frases violentas". Rapidamente, a notícia se espalhou por todo o Brasil, sendo contada detalhadamente por vários jornais do país. Não demorou para surgirem as primeiras manifestações de apoio ao cantor. Em Brasília o deputado capixaba (MDB) Argilano Dario foi à tribuna da Câmara Federal lamentar o episódio e pedir providências ao presidente da República e ao ministro da Justiça. O deputado acusou ainda o delegado da PF de desrespeitar a classe artística brasileira e minimizar as promoções do governo federal.

Em Vitória, o delegado Newton dos Santos se esforçava para explicar a situação. Acusava Jards Macalé de desvirtuar o roteiro do show e incitar a plateia a cantar músicas obscenas. E ia mais longe. Segundo ele, o cantor teria montado um coro de "macacas de auditório" para repetir termos chulos divulgados durante apresentação, "pois as moças da sociedade capixaba são incapazes de dizer palavrões". Depois da justificativa — no mínimo, engraçada — do superintendente da Polícia Federal, não demorou para o episódio virar motivo de piadas. Dois dias após a prisão, o jornal O Diário, de Vitória, dava a seguinte nota:

> *A Polícia Federal está mesmo prestigiando o Projeto Pixinguinha. Pelo menos é o que dá a supor a noite de terça-feira última, quando onze agentes foram ao Teatro Carlos Gomes ver o show. Alguns chegaram mesmo a aplaudir Macalé e Moreira da Silva.*

No mesmo dia, outro jornal local, *A Gazeta*, estampava uma charge em que um repórter perguntava a Macalé: "E o Projeto Pixinguinha tem dado muito samba?" "Bem... ultimamente tem dado muita cana", respondia o cantor. Apesar de todos os problemas, a etapa do Projeto Pixinguinha em Vitória foi um sucesso. Como havia sido combinado, o espetáculo durou exatos cinco dias, com casa sempre cheia.

Terminada a temporada no Espírito Santo, Moreira da Silva seguiu com Jards Macalé e Aline para Salvador, onde se apresentariam no Teatro Castro

Alves, entre os dias 3 e 7 de julho. Mais de uma semana depois da prisão de Macalé, o assunto continuava ocupando espaço nas páginas dos jornais. Logo que chegaram à capital baiana, tiveram de narrar uma vez mais o episódio, com uma novidade: em entrevista coletiva realizada no Hotel da Bahia, onde estavam hospedados, Moreira da Silva revelou aos repórteres que ele e Macalé estavam pensando em fazer uma música sobre a prisão.

— De certo mesmo só temos o título. O samba vai se chamar "Segura o homem, tira os óculos e dá comida a ele" — contou Moreira aos jornalistas.

Diferente de Vitória, a temporada em Salvador transcorreu sem incidentes. De lá, a dupla seguiu para outras capitais do Nordeste. Dos dias 10 a 14 de julho estiveram em Maceió, no Teatro Deodoro, e de 17 a 21 em Recife, no Teatro Parque. Em comum com a temporada na capital capixaba apenas o público, que lotou os teatros por onde Moreira, Macalé e Aline passaram.

Da capital pernambucana, a dupla seguiu para a capital do país, onde se apresentaria de 7 a 11 de agosto, na Piscina Coberta do Ginásio dos Esportes. O show marcava o encerramento da temporada do projeto em Brasília. Iniciado em 1º de maio, com a apresentação de Paulinho da Viola e Canhoto da Paraíba, o Pixinguinha atraiu uma verdadeira multidão no Distrito Federal. Ao todo, mais de 50 mil pessoas assistiram a 54 espetáculos, numa média de mil espectadores por apresentação. Moreira e Macalé formaram a 11ª e última dupla a se apresentar em Brasília.

Assim como em todo o Nordeste, os cantores também foram recebidos com muita festa por lá, com direito a páginas e mais páginas nos jornais locais, dias antes da chegada no Distrito Federal. Na maioria, matérias genéricas contando a história da dupla e falando sobre o sucesso do Projeto Pixinguinha. Nada, portanto, tão picante quanto o episódio ocorrido em Vitória. Não demoraria, porém, e os cantores voltariam ao noticiário nacional. Mais uma vez enrolados com a censura.

Para ser liberado, o espetáculo precisava passar pelo crivo da censura. Principalmente em Brasília, coração da ditadura militar. Como de praxe, o repertório do show foi enviado ao Departamento de Censura. Depois de avaliado o teor subversivo da apresentação, as músicas foram aprovadas sem maiores problemas. Liberaram todo o repertório, inclusive as polêmicas "Casca de ovo" e "Sim ou não", responsáveis por tanta celeuma em Vitória. Como macaco velho não põe a mão em cumbuca, Moreira estranhou tanta amabilidade.

Mas não ligou muito. Tinha outros problemas com que se preocupar. Naquela mesma segunda-feira, algumas horas antes do show, ficara sabendo da morte de Orlando Silva. Apesar de treze anos mais jovem que ele, o Cantor das Multidões era um dos ídolos do velho malandro. Faria um espetáculo pesaroso.

Mesmo chateado, Moreira precisava se superar, pois, muito tempo antes do início do show, a Piscina Coberta já estava completamente tomada pelo público. Profissional, o cantor se preparava para subir ao palco, quando surgiu um probleminha de última hora. Os censores tinham mudado de ideia e queriam cancelar a apresentação. Tudo por causa de um telefonema vindo do Departamento de Censura de Vitória, dando conta de que as músicas "Casca de ovo" e "Sim ou não" "feriam a moral e os bons costumes".

Mais de 2/3 da Piscina Coberta já estavam completamente lotados e nada do show começar. Acostumado com a pontualidade do Projeto Pixinguinha, sempre às 18:30, o público dava os primeiros sinais de inquietação. Enquanto isso, os cantores e a banda permaneciam de portas fechadas. A toda hora, chegavam recados avisando que Macalé seria preso se cantasse alguma das duas músicas. O cantor, no entanto, alegava que o repertório havia sido aprovado na íntegra dias antes.

— Isso é terrorismo cultural. A censura não tem uma posição definida; ou ela aprova ou não aprova — reclamava o cantor.

O atraso já chegava a trinta minutos e o público, aos gritos de "começa, começa", exigia a presença dos cantores no palco. Decidido, Macalé mandou avisar que não se apresentaria. Solidários ao amigo, Moreira, Aline e a banda também fizeram menção de não pisar no palco. Preocupado com o prejuízo, um dos dirigentes da Funarte resolveu assumir toda a responsabilidade e autorizar o espetáculo sem cortes. Já eram quase 19:00 quando o espetáculo começou. Mesmo tenso, Macalé não pestanejou e executou "Casca de ovo" e "Sim ou não", com o público brasiliense reagindo da mesma forma que o capixaba. Só que, dessa vez, o cantor não foi detido.

No dia seguinte, veio a primeira retaliação. O espetáculo passava a ser proibido aos menores de 21 anos. Irritados, os cantores convocaram a imprensa para falar sobre o assunto.

— Moreira da Silva é um revolucionário da linguagem musical e colocar o espetáculo para maiores de 21 anos seria castrar toda uma geração, privando-a de informações importantes — declarou Macalé aos repórteres.

O cantor aproveitou para relembrar mais uma vez o episódio de Vitória e criticar a postura paradoxal do governo:

— Esta atitude representa uma contradição absurda, uma vez que o país está vivendo um clima de abertura proposto pelo próprio governo.

Apesar das críticas, o cantor resolveu voltar atrás e retirar as músicas censuradas do repertório. Como protesto, permaneceu em silêncio, de costas para o público, por cerca de seis minuto, tempo que levaria cantando as duas músicas vetadas. O único consolo do público foi a homenagem a Orlando Silva feita pelos artistas, que cantaram "Carinhoso" e "Jardineira", dois dos maiores sucessos do Cantor das Multidões.

No dia seguinte às denúncias de Jards Macalé — de que a Divisão de Censura da Polícia Federal estaria boicotando o projeto de abertura do governo Geisel — o ministro Armando Falcão anunciou que, dentro de quinze dias, falaria à imprensa sobre o projeto de reformulação da censura elaborado pelo Ministério da Justiça. O Departamento de Polícia Federal preferiu se calar quanto às declarações do cantor e o assunto foi encerrado.

* * *

A temporada em Brasília não foi só de escândalos. Faltando um dia para o encerramento do Projeto Pixinguinha na capital brasileira, Moreira da Silva recebeu um telefonema inesperado. O diretor do Presídio da Papuda, Evaldo Carneiro, convidou o cantor para as comemorações do Dia do Presidiário. Além de um almoço com os detentos, o velho malandro foi chamado também para alegrar o ambiente com um show. Esperto, Moreira topou a proposta e desligou o telefone. Depois virou-se para Macalé e disse:

— Eu estou muito cansado e não vou poder ir.

— Mas Moreira, você acabou de confirmar com o diretor — observou Macalé.

— Quem vai no meu lugar é o senhor. Você não foi preso? É então um legítimo representante da classe — brincou o velho malandro.

No dia seguinte, um ônibus da Secretaria de Segurança Pública pegava Macalé na porta do hotel. Além de Aline e da banda, vários jornalistas acompanharam o grupo. Afinal, fazia pouco mais de um mês que o mesmo Macalé havia sido preso em Vitória.

A pedido dos músicos, o motorista do ônibus não foi direto para a Papuda. Passaram antes na Piscina Coberta para pegar os instrumentos e a aparelhagem. Depois seguiram para o presídio, onde o diretor e alguns funcionários os esperavam na porta. Tinham de se apressar, pois já passava das 12:30 e logo mais encerrariam a temporada do Projeto Pixinguinha no Distrito Federal. Como o show durava aproximadamente duas horas, recusaram a feijoada oferecida pelos detentos. Comeriam depois de tudo terminado e levariam ainda um pratinho para Moreira.

O show foi realizado no refeitório do presídio, com a presença animada de 240 detentos — deixaram de comparecer apenas quatro, e por motivo de saúde. Como o lugar não era o mais apropriado para espetáculos, Macalé e os músicos resolveram improvisar o palco em cima de algumas mesas. Antes de começar a apresentação, Macau pediu desculpas pela ausência de Moreira e, para compensar, cantou alguns sucessos do velho malandro. No mais, o roteiro permaneceu idêntico ao do Pixinguinha.

Animados, os presos faziam coro às músicas mais conhecidas. Um dos momentos altos do show foi durante a polêmica "Sim ou não". Com a autorização do diretor da Papuda, Macau pegou o violão e cantou o refrão da música para os presidiários pegarem o espírito da coisa: "Se você disser que pode, garota, eu me caso com você." E depois completou: "O poder não existe para machucar ninguém e sim para o verdadeiro prazer nosso. Tem gente que pode com dificuldade e tem gente que já nasce podendo. Vocês preferem o poder no escuro ou na claridade?"

Terminada a apresentação, os artistas foram prestigiar a feijoada dos detentos. A comida estava de fato divina, mas Macalé não tinha nenhuma intenção de levar o pratinho prometido para seu parceiro de show. Quando se preparava para ir embora, o tal pratinho apareceu. Foi quando o cantor teve uma ideia brilhante. Conhecia Moreira há quase três anos e nunca tinha conseguido pregar uma peça no velho malandro, que, ao contrário, sempre arranjava um jeito de metê-lo em trapalhadas. Decidido a lavar a alma naquela noite, Macalé combinou com os músicos uma surpresa para o amigo.

O show de encerramento da temporada de 1978 do Projeto Pixinguinha, em Brasília, teve um dos maiores públicos da Piscina Coberta. Mais de duas mil pessoas — excedendo o limite de público no local — ficaram de pé, cantando "Carinhoso" e "Jardineira" junto com Moreira, Macalé e Aline, numa homenagem a Orlando Silva. Sem contar que o Ginásio dos Esportes ia abaixo a cada nova piada de Moreira ou de Macalé, que se apresentavam separadamente. Para delírio do público, como sempre faziam, os dois malandros subiram ao palco para contracenarem nos sambas de breque "Amigo urso" e "Resposta do amigo urso". O momento se transformara numa marca registrada dos dois desde os tempos do Seis e Meia. Dessa vez, porém, as coisas seriam diferentes.

Estava tudo armado — daquela noite Moreira não escaparia. Concentrado, o velho malandro deu um breque para Macalé e esperou o retorno do amigo. De repente, o som parou e tudo ficou quieto. Moreira olhou para o lado e viu que o parceiro não estava mais no palco. Olhou para os músicos, que se entreolhavam como se estivessem aprontando. Em instantes, Macau voltou ao palco com um prato na mão. Sentou-se no seu banquinho, olhou para Moreira e falou em tom de deboche:

— Caro Moreira, hoje é dia dos presidiários, e eu, digno representante da classe, recebi deles essa feijoada, que mandaram em sua homenagem.

Sem entender nada, Moreira viu Macalé se levantar e lhe entregar o prato. A essa altura, os músicos caíam na gargalhada. Queriam ver como o malandro escaparia daquela. A plateia aguardava em silêncio o desfecho da brincadeira. Sem perder o rebolado, o cantor ergueu o prato como um troféu e disse:

— Obrigado, minhas fãs — agradeceu e saiu do palco deixando Macalé e os músicos sem reação.

Depois dessa, Macalé desistiu de tentar enganar o malandro.

Certa vez, enquanto o amigo cantava "O rei do gatilho", irrompeu no palco à toda velocidade berrando "Cuidado, Moreira!". Como de costume, não obteve resultado. O Kid levou o primeiro susto, mas imediatamente sacou os revólveres imaginários e disparou uma saraivada de tiros.

Já Moreira, não podia se queixar da vida. Não tinha dificuldades para tapear o amigo. Macalé nunca esquece, por exemplo, da vez em que bebia tranquilamente com os músicos num bar próximo ao hotel no qual estavam hospedados e chegou um garoto com um recado:

— Seu Macalé, seu Moreira está chamando o senhor urgente no hotel. Ele está passando muito mal.

Preocupados, partiram todos em disparada para o hotel. Afinal, Moreira tinha quase 80 anos. Quando chegaram ao quarto do cantor, tomaram um susto. Sério, metido num pijama vermelho, o velho malandro aprontava mais uma das suas.

— Você fica e o resto some — disse apontando para Macalé.

O mal-estar não passava de uma artimanha do cantor, que tinha usado os serviços de uma dentista, mas não queria pagá-la. Como a moça era fã de Macau, resolveu chamar o amigo para "agradá-la".

— Você come ela e estamos acertados — segredou a Macalé e em seguida apresentou a doutora ao amigo.

***

Depois da temporada em Brasília, o grupo seguiu para Belém do Pará, onde encerrariam a temporada do Pixinguinha daquele ano. Dessa vez, não tiveram nenhum problema com a censura e se apresentaram tranquilamente no Teatro da Paz. O único contratempo ocorreu na esteia, no dia 14 de agosto. Logo no início, o show foi ameaçado pela falta de energia elétrica. Seria uma pena cancelá-lo. Mais de setecentos espectadores — um dos recordes da casa — já se encontravam no teatro. Felizmente, o problema foi resolvido e a luz voltou. Na metade da apresentação, porém, novo blecaute. Mesmo assim, o espetáculo continuou com a plateia ajudando a cantar grandes sucessos como "Jardineira" e "Carinhoso", numa das melhores apresentações da temporada. Mas o melhor ainda estava por vir.

Ao final do show, foram para o hotel descansar. Antes de dormir, Macalé resolveu dar uma passadinha no quarto de Moreira para trocar umas ideias. O velho malandro o esperava sentado na cama, metido num pijama vermelho, segurando um jornal enrolado.

— Vamos fazer um samba daquela coisa — disse Moreira, ao avistar Macalé.

A *coisa* à qual o cantor se referia era, na verdade, o episódio de Vitória. Queria transformar em samba a prisão do amigo.

— O título eu já tenho: "Tira os óculos e recolhe o homem" — completou Macalé.

Naquela noite, os dois começariam a preparar a primeira e única parceria de Moreira da Silva e Macalé.

SUBINDO O MORRO DOS 90

Depois de encerrada a temporada do Projeto Pixinguinha de 1978, Moreira da Silva e Jards Macalé continuaram mantendo contato. Durante mais de um mês, os dois trocaram ideias pelo telefone, trabalhando no novo samba de breque "Tira os óculos e recolhe o homem". O resultado foi uma música de letra enorme contando os quiproquós acontecidos no Espírito Santo.

Concluída a composição, resolveram inscrevê-la no "Festival 79 de Música Popular", organizado pela Rede Tupi, a ser realizado no Anhembi, em São Paulo. Feito às pressas, o evento pretendia reviver o sucesso dos festivais da década de 60. Para isso, investiram-se Cr$ 12 milhões (aproximadamente R$ 650 mil em 1995), sem contar despesas com transmissão em rede para todo Brasil. Só de prêmios foram gastos Cr$ 1,4 milhão (cerca de R$ 65 mil em 1995). De todos os concursos que o velho malandro havia participado, esse oferecia a premiação mais gorda. Se ganhasse dividiria a quantia de Cr$ 1 milhão (R$ 50 mil) com Macalé — ambos embolsariam uma bela grana. Diante dessa tentação, não pensou duas vezes e inscreveu o novo samba.

Cinco mil músicas participaram do festival. Mas só 36 foram pré-selecionadas pela emissora, entre elas "Tira os óculos e recolhe o homem". Depois, seguiram-se três eliminatórias com quatro classificados por noite. No dia 8 de dezembro, chegaria a vez da grande final, reunindo doze candidatos ao título.

Nos últimos anos da década de 70, a Tupi já não andava muito bem. Lutava para não ser devorada pela Rede Globo. O festival de 1979 era, antes de tudo, mais um capítulo na briga particular entre as duas emissoras. A Tupi resolveu organizar um festival mesclando talentos desconhecidos com nomes consagrados, como Caetano Veloso, Jorge Ben, Alceu Valença e Dominguinhos. Além de Moreira da Silva e Macalé, é claro.

Com um público formado basicamente de estudantes, a primeira eliminatória começou debaixo de grande gritaria. Realizada no dia 15 de novembro, uma quinta-feira à noite, contaria com a presença de Moreira e Macalé defendendo "Tira os óculos e recolhe o homem". Antes do primeiro concorrente entrar no palco, os garotos se divertiam com guerras de bolinhas de papel e xingamentos ao presidente Figueiredo e ao governador Paulo Maluf. O dublê de cartunista e apresentador Ziraldo anunciava os concorrentes e tentava controlar a barulheira. Ao final das apresentações, os artistas se retiravam do palco e aguardavam o resultado. Enquanto o júri apurava os quatro escolhidos da noite, os Novos Baianos distraíam a plateia com um show.

Entre o público, poucos tinham dúvidas quanto à classificação de "Canalha" (Walter Franco), "Tira os óculos e recolhe o homem" (Moreira e Macalé) e "Facho de fogo" (Diana Pequeno). "Dona Culpa ficou solteira", de Jorge Ben, interpretada por Caetano Veloso, disputaria a última vaga com "O reggae da independência", a predileta da plateia. No entanto, a primeira escolhida da noite foi "Chama" (Hilton Acyoli e Joe), defendida pelo grupo Acordei e Décio Marques.

Os espectadores, que pareciam adivinhar a desclassificação de "O reggae da independência", não esperaram para se manifestar. Pior para Moreira e Macalé, os segundos classificados da noite. Chamados de volta ao palco a fim de cantar "Tira os óculos e recolhe o homem", foram recebidos por uma sonora vaia e uma chuva de bolinhas de papel. Irritado, Moreira não se conteve, pegou o microfone e passou um esbregue na plateia. Pediu que respeitassem seus 77 anos de idade. Tinha quase cinco décadas de carreira e nunca passara por uma humilhação daquela. Depois voltou-se para Macalé e continuou a cantar o samba de breque:

Tava deitado no meu apartamento
dormindo tranquilamente
entregue aos braços de Morfeu
quando chegou um fariseu

(breque) um só não!
era uns dez ou vinte
espadaúdos, homens que davam a impressão
de terreno de dez de frente por vinte e quatro de fundos
ainda resolveram tocar piano nas minhas costelas

e foi dizendo levanta que está na hora
a hora é essa vamos logo
sem demora
fiquei atônito e liguei pro Morengueira
que estava hospedado naquele mesmo hotel
e fui dizendo oh Kid venha cá
o homem quer conversar
eu vou cumprir com meu papel:
(breque) É meu destino está escrito lá no céu.

a essa altura pobre do meu coração
lá embaixo me esperava de porta aberta um camburão
e lá fui eu com meu irmão Moreira
fomos cantando levando na brincadeira
e lá chegando já na delegacia
fomos adentrando
pensando estar tudo bem
mas o delegado estava de mau humor
senti na sua fala logo logo aquele horror
não entendendo não era assim que eu quereria
ao invés de uma quente
fui entrando numa fria
quis apelar para o bom senso do delegado
ele não entendeu
você vai ser enquadrado

(breque) segura o homem
mete lá e coisa e tal, recolhe,
tira os óculos
incomunicabilidade com ele
ficha e tira um retratinho 18/24
diz o doutor
é isso aí tá tá
e bota o número embaixo
bate no peito
vamo embora

me recolheu e era um cadafalso
meu quartinho parecia um protótipo de um conjugado
water close
qualquer *chose*
apelei para o Moreira
minhas mães
meus orixás
de frente veio Ogum, com ele Oxóssi e Oxalá,
vieram os três pra nos salvar
não sou vidente mas senti algo bem normal
eram os meus protetores que já estavam junto a mim
lá pelas tantas abriram o cadeado
fui levado para baixo
já lá estava o advogado que disse:

(breque) "Vamos embora
que este ar está empesteado
vamos pegar a ecologia
lá fora tudo verdinho, tudo bem"

saí da carceragem fui direto pro trabalho
sustentar minha família
e cantamos tudo aquilo que a história não contou
vitória, apoteose

As reclamações do velho malandro calaram a plateia por alguns instantes. Tão logo saíram do palco, no entanto, a garotada voltou a manifestar seu repúdio ao resultado. Não esperaram nem Caetano Veloso, terceiro classificado da noite, cantar. Voltaram vaias. O cantor sorria e o público berrava, segurando faixas cartazes que diziam: "Abaixo a Elite Musical" e "Traíram os novos — fora com a oligarquia". Depois, permaneceram de costas para ele até o fim da apresentação.

O público não foi o único revoltado com o resultado da eliminatória. A imprensa também fez coro ao protesto:

> *Um júri perfeito para festivais até mesmo na falta de coragem de julgar a classificação do samba de breque de Moreira-Macalé. Macalé, repetindo em edição piorada as centenas de outros shows que o velho Morengueira já fez nos seus 77 anos, num festival que pretende, segundo a Tupi, renovar a música popular brasileira, é de morrer de rir. Um prêmio homenagem numa hora dessas? É de morrer de rir. Como é de morrer de rir a não inclusão da música afrobaiana — "O reggae da independência", a única criativa e colorida candidata desta primeira rodada.*[2]

O tão criticado júri mencionado pelo artigo era formado por personalidades de expressão no meio cultural. Entre elas, os maestros Júlio Medaglia e Diogo Pacheco, os críticos de música Tárik de Souza, Sílvio Lancelotti e Zuza Homem de Mello, o estudioso de música J.L. Forrete, o escritor Ignácio de Loyola Brandão, o cineasta Nelson Pereira dos Santos, o produtor de cinema Walter Clark e o poeta Mário Chamie.

Apesar de classificada, a dupla Moreira-Macalé não levou nenhum prêmio. Em 8 de dezembro, o grande vitorioso da noite foi Raimundo Fagner com "Quem me levará sou eu" (Dominguinhos e Manduka). O segundo e terceiro lugares ficaram, respectivamente, com Walter Franco, cantando "Canalha" (Walter Franco) e Osvaldo Montenegro, com "Bandolins" (Osvaldo Montenegro). Já o prêmio de melhor intérprete foi para Neusa Pinheiro pela performance com a música "Sabor de veneno" (Arrigo Barnabé).

---

[2] Dirceu Soares. *Folha de São Paulo*, 17/11/79.

Depois do festival da Tupi, Moreira da Silva e Jards Macalé voltaram para a carreira solo. Continuaram grandes amigos e vez por outra trabalhavam juntos. O samba de breque "Tira os óculos e recolhe o homem" foi deixado de lado e não chegou a ser gravado pela dupla. Não havia espaço para ele nos projetos pessoais dos dois.

Há seis anos, Moreira não conseguia gravar um disco. O último *long-play* — *Consagração, Moreira da Silva ao vivo* — saíra em 1973, pela CID. Faltavam bons compositores e o velho malandro tinha dificuldades em renovar o repertório. Miguel Gustavo morrera de câncer na tireoide em janeiro de 1972. Além de um amigo, Morengueira perdia o último grande colaborador. Mesmo assim, persistiria no sonho de voltar a gravar.

O fim da década de 70 marcou mais uma das viradas na carreira de Moreira. Finalmente a indústria fonográfica resolveu lhe dar mais uma chance. Ainda em 1979, ele lançou pela Polygram o excelente *O jovem Moreira*. Além de antigos sucessos como "Gago apaixonado" (Noel Rosa) e "Cigano" (Lupicínio Rodrigues e Felisberto Martins), o grande malandro lançou "Idade não é documento", samba de breque feito em parceria com o cantor e compositor baiano Cyro Aguiar. A música era um recado àqueles que não acreditavam nas peripécias do jovem senhor.

> No domingo passado eu fui tomar um banho
> na Barra da Tijuca pra esfriar a minha cuca
> puxei meu carango, no boteco fiz o rango e mandei pendurar
> (breque) escuta aqui, meu camarada, estou escovando urubu,
> chamando pavão de meu louro
> camisa listrada, piteira francesa e anel de doutor
> pra dar mais pinta de credor
> calção rosa-choque, chapéu de palhinha
> que retirei do penhor
>
> (breque) eu estava numa de horror
> no meio da praia fui logo cercado por lindas garotas
> umas gostosas e outras marotas, enquanto os playboys,
> de água na boca, paqueravam de lado
> (breque) olhos de jacaré dopado
> e eu o Sr. Silva num papo avançado, controlava sorrindo

aquele grupo feminino
convidei a primeira pra dar um mergulho na água gelada
(breque) pra acalmar minha vanguarda
enquanto na praia as outras pequenas suspiravam dizendo:
"Esse Moreira é um veneno."
Saí todo prosa, convidei a segunda e depois a terceira
para entrar na brincadeira
beijei todas elas peguei meu carango e saí do local
foi um tremendo carnaval!
Enquanto a moçada de longe me olhava com água na boca
deixei a turma quase louca
(breque) muitos anos de vivência, corpo limpo, sem varizes,
já enfrentei o Leão da Metro e com ele eu posso.

Outra novidade do disco ficou por conta da gravação de "Partido alto dos passarinheiros", samba inédito de Carvalhinho. Para não perder o hábito, Moreira entrou de parceiro, embora não tivesse participado na criação da música.

Mas não foi só o novo disco que fez de 1979 um ano especial. O cantor também foi convidado por Chico Buarque de Holanda para participar das gravações do long-play *Ópera do malandro*. O velho Morengueira considerava Chico o maior talento da nova geração, "um Noel Rosa em miniatura", como costumava dizer, diferente de estrelas como Caetano Veloso que, particularmente, ele não tolerava. Opinião que fazia questão de divulgar:

— O Caetano é de araque, porque criticou o Ary Barroso na minha frente. Além disso, é bissexual. Não sou eu quem diz, mas o mundo.[3]

Moreira aceitou o convite do "Noel em miniatura" sem saber que participaria de um dos mais importantes e ambiciosos trabalhos do cantor e compositor. Baseado no espetáculo homônimo montado no ano anterior, com grande sucesso no Rio de Janeiro e São Paulo, o disco reunia grandes figuras da música brasileira, como Marlene, Alcione, Elba Ramalho, Nara Leão e João Nogueira, que emprestaram sua voz para ajudar a contar a história do malandro Max Overseas. Ou como vinha melhor explicado no encarte do disco:

---
3.   Mauro Trindade. *Jornal do Brasil*, 21/08/92.

Estamos no Rio de Janeiro dos anos 40. O comerciante Fernandes de Duran e sua mulher, Vitória Régia, exploram uma cadeia de bordéis na Lapa, empregando centenas de mulheres. O casal tem uma filha, Teresinha de Jesus, que é criada e envernizada com todos os requisitos para arranjar um casamento vantajoso. O chefe de polícia, inspetor Chaves, controla a moral e os bons costumes da cidade e, por coincidência, aceita presentes e gratificações de Duran. E o contrabandista Max Overseas chefia uma quadrilha que age por aí, sem maiores embaraços, até que essas figuras se cruzam e a historinha dá no que dá.

Transformada anos mais tarde em filme, a *Ópera do malandro* usava a música e muito bom humor para contar o desaparecimento do típico malandro carioca. Último representante dessa espécie em extinção, Moreira não podia ficar de fora da obra de Chico Buarque e participou em duas faixas do disco: "Doze anos" (com Chico Buarque) e "Homenagem ao malandro", essa última um retrato preciso do fim da malandragem:

>
> Eu fui fazer um samba em homenagem
> à nata da malandragem
> que conheço de outros carnavais
> eu fui à Lapa
> e perdi a viagem
> que aquela tal malandragem
> não existe mais
>
> agora já não é normal o que
> dá de malandro
> regular, profissional
> malandro com aparato
> de malandro oficial
> malandro candidato
> a malandro federal
> malandro com retrato
> na coluna social
> malandro com contrato

> com gravata e capital
> que nunca se dá mal
> mas o malandro pra valer
> não espalha
> aposentou a navalha
> tem mulher e filho
> e tralha e tal
> dizem as más línguas
> que ele até trabalha
> mora lá longe e chacoalha
> num trem da Central

As gravações de *O jovem Moreira* e *Ópera do malandro* trouxeram novo impulso à carreira do cantor. Os convites para shows aumentaram e ele entrou na década de 80 a todo vapor. Mesmo diante das novas perspectivas, não abandonou o Projeto Pixinguinha. Separado de Jards Macalé, tratou de arrumar novos parceiros para acompanhá-lo nas apresentações pelo Brasil afora. Cantou com Maria Alcina, Mongol e muitos outros artistas.

Quem mais agradou o velho malandro nessas andanças foi o sambista Dicró. Dono de uma voz esquisita e um senso de humor requintado, Carlos Roberto de Oliveira começou a compor ainda garoto, fazendo paródias de músicas famosas. O nome artístico só viria anos mais tarde, como ele mesmo explica:

— Quando saquei que não ia ter cara de Carlos Roberto de Oliveira ... isso é nome de branco, né? ... peguei a primeira letra de cada palavra: C-R-O. Sobrou o "de", botei ele lá na frente. Gostaram?[4]

Junto com Moreira, a quem chamava de mestre, Dicró viveu episódios impagáveis. Num deles, em Campo Grande (MS), teve inclusive de pintar o cabelo do velho malandro. Estavam os dois no hotel, quando Moreira lhe pediu para ajudá-lo a passar henê no cabelo. Desconfiado, o sambista perguntou se tanta vaidade era por causa do show.

— É que mais tarde minha namorada vem me visitar — explicou Morengueira.

---

4. *Casseta & Planeta*, nº 24, 1995.

Dicró não acreditou muito naquela história, mas de fato, algumas horas depois, a tal namorada apareceu. Tratava-se de uma garota muito bonita, que tinha vindo do Rio de Janeiro só para encontrar-se com o velho malandro. Os músicos da banda ficaram de boca aberta quando viram aquele mulherão. Moreira já era um octogenário e não daria conta do recado, pensaram todos.

— Não é possível que ele ainda dê no couro — comentou Dicró com os amigos.

Só havia um jeito de tirar a prova daquela situação. A depender do humor da criatura na manhã seguinte, descobririam o desempenho do Kid.

— Se ela acordar com a cara amarrada é porque ele não deu no couro — combinou com os músicos.

No outro dia, na hora do café da manhã, para a surpresa de todos, a garota estava toda sorrisos. Intrigado, Dicró chamou Moreira num canto e perguntou como tinha sido a noite.

— Mais ou menos — respondeu o velho malandro e depois completou: — Ela estava cansadinha da viagem e só dei três. Logo mais o bicho vai pegar.

***

É certo que o Projeto Pixinguinha trouxe muitas alegrias a Moreira da Silva. Afinal, segurou a carreira do velho malandro numa época em que as gravadoras o rejeitavam e os convites para apresentações começavam a rarear. Mas os longos períodos longe da família traziam também muitos aborrecimentos ao cantor. Mariazinha andava adoentada e ele passava meses fora de casa sem lhe dar a devida assistência.

Os problemas de saúde da mulher surgiram ainda nos anos 70. Na época, começaram a lhe aparecer caroços no seio direito. A solução foi submetê-la a uma mastectomia, retirando a mama comprometida. Apesar de amedrontada, Mariazinha se recuperou rapidamente da cirurgia e não se deixou abater. O mal parecia haver sido arrancado pela raiz.

Sete anos após a primeira intervenção, apareceram novos caroços. Dessa vez, no seio esquerdo. Submetida a uma nova cirurgia para retirar o tumor, Mariazinha entrou em depressão. Já não era mais aquela mulher alegre que todos admiravam. O marido e a filha não a reconheciam naquele estado. A mudança de comportamento foi tanta que, pela primeira vez na vida, pediu para Moreira cancelar uma viagem de trabalho e ficar com ela. Era meados de 1983 e o velho malandro se preparava para excursionar com o Projeto Pixinguinha. Olhos vermelhos de tanto chorar, Mariazinha procurou o marido e insistiu que ficasse. Mas já estava tarde para ele recuar.

— Maria, você nunca chorou! Eu agora não posso desistir, pois já assinei contrato — tentou explicar.

Moreira partiu com o coração apertado para uma temporada de quase um mês longe de casa. Preocupado, não deixou de telefonar um único dia para saber como estava a esposa. Mal esperava a hora de retornar. Finalmente, em setembro, quando terminaram os compromissos com o Pixinguinha, voltou para o Rio. Achou Mariazinha bastante abatida, mas alegre com sua volta. Prometeu para si mesmo que só voltaria aos palcos quando ela melhorasse.

Morando num prédio vizinho ao dos pais, no Catumbi, Marli resolveu fazer um almoço para comemorar a chegada de Moreira. O cantor estava bastante cansado da viagem, mas resolveu ir para agradar a mulher. Mariazinha ficaria bem mais animada com a família reunida naquela tarde de domingo. E, de fato, o dia foi bastante agradável.

Na manhã seguinte, como sempre fazia, Marli foi visitar a mãe. Mariazinha costumava acordar cedo e, como passavam das dez, já devia estar de pé. Para surpresa dela, a mãe ainda estava deitada.

— Ué, na cama ainda a uma hora dessas? — indagou Marli.

— Estou com uma dorzinha de cabeça... — queixou-se Mariazinha.

— A senhora toma um gole de café com leite e um melhoral. Mais tarde eu volto para ver como a senhora está — despediu-se.

Preocupada, Marli voltou logo. Encontrou a mãe deitada com dois travesseiros embaixo da cabeça e Moreira bastante nervoso. Resolveram, então, chamar um médico. Após examinar a paciente, o doutor chamou o cantor e a filha e segredou:

— Ela está com o coração volumoso — explicou.

— Mas doutor, antes de viajar eu levei ela num cardiologista e ela estava bem. Ele, inclusive, tirou uma chapa e não deu nada — reclamou Moreira. Em seguida, pegou a radiografia para o médico examinar.

— Sinto muito, mas o meu colega deve ter se enganado. Olha aqui o problema — disse, apontando para a radiografia.

Sem ter em quem acreditar, Moreira e Marli passaram a semana bastante apreensivos. Torciam para o novo diagnóstico estar errado. Mas não deram sorte. Seis dias após a visita do médico, Mariazinha morreu. Era madrugada do dia 2 de outubro de 1983, quando o coração dela parou.

Viúvo, o cantor não se deixou abater por muito tempo. Estava com a carreira a pleno vapor e não podia parar. Dois anos antes da morte da mulher, em 1981, lançara *A arte de Moreira da Silva*, seu primeiro álbum duplo e, finalmente, gravara "Tira os óculos e recolhe o homem" (Moreira e Macalé), até então inédita. Agora não podia recuar.

***

Moreira da Silva e William Prado não trabalhavam juntos há doze anos. A última vez foi em 1972, quando gravaram "No clã dos imortais". No início de 1984, o jornalista levou ao cantor um samba de breque muito engraçado, intitulado "Morengueira já". A música abordava a transição política e o fim da ditadura militar. Brincava com as eleições indiretas que se aproximavam e com a disputa entre os candidatos do governo. Tanto Paulo Maluf quanto Mário Andreazza tentavam uma vaga no PDS para disputar a presidência da República com o mineiro Tancredo Neves (PMDB):

> Interurbano de Brasília a pagar
> é o PDS que me quer na convenção
> tem muita gente de olho grande no emprego do João
> e o Morengueira é a conciliação
>
> Seis anos de mordoma faço até composição
> pelo sim ou pelo não vou estendendo logo a mão
> (breque) e não é a esquerda, não.

com o Andreazza negocio a embaixada do Japão
com o Maluf troco e vendo o que sobrar da inflação
(breque) devagar que a alma não.

A minha plataforma tem requinte
com uma Constituinte pra arrumar as estruturas
a agricultura é que eu vou aliviar
o portuga já dizia que em se plantando dá
reforma tributária, autonomia
cada estado em harmonia dentro da federação
mas na pendura do Delfim não caio, não
moratória na moleira de banqueiro espertalhão
(breque) *very well*, vocês têm a *prime rate* e nós vai
de Roberta Close.
Lady Maria Jull, Saravá. Um Axé para você.

Mas que mumunha no Congresso Nacional
mandaram bala no sufrágio universal
(breque) aí sujou e ficou mal. Não vou mais subir na rampa.
João, não me leve a mal, mas já não sou mais um menino de colégio
principalmente de colégio eleitoral.

Moreira, que não gostava de se meter em política, adorou a música do amigo. O assunto estava em voga e o retorno era certo. O samba pegaria ainda uma carona na campanha pelas "Diretas Já" que estourava em todo país. Só existia um único probleminha:

— Nenhuma gravadora vai querer entrar nessa fria — disse Moreira.

— Não seja por isso! Vamos lançar um compacto independente — resolveu William Prado.

A ideia do jornalista era lançar "No clã dos imortais" num dos lados do disco. A música já estava gravada, o que pouparia tempo e dinheiro. Na última hora, ficou sabendo que teria de pagar à Continental o *copyright* da composição. A solução seria repetir "Morengueira já" nos dois lados do disco. O custo ficaria em torno de Cr$ 2 milhões (aproximadamente R$ 4.500,00 em 1995) e William Prado tratou de levantar o dinheiro com alguns amigos.

A gravação aconteceu no Estúdio V, em Copacabana. Morengueira chegou tranquilo e, como sempre, nem ao menos se dera ao trabalho de decorar a letra da música. Diferente dele, William Prado apressava os trabalhos. Cada minuto perdido custava muitos cruzeiros. Mesmo assim, o velho malandro parecia mais preocupado em cantar a recepcionista do estúdio, uma ruiva bem feita de corpo e com seus trinta anos.

Quando finalmente conseguiu levar o cantor para a sala de gravação, William Prado descobriu que ele não se lembrava da melodia da música. O jeito foi gravar frase por frase. O jornalista ficava na mesa de som e passava trecho por trecho. Moreira escutava tudo pelo fone de ouvido e depois repetia. Nesse ritmo, a interpretação demorou demais para ser concluída. A mixagem precisou ser feita em ritmo acelerado para não estourar o orçamento. Mas finalmente o disco ficou pronto.

Assim como "No clã dos imortais", o novo samba de breque de William Prado atraiu de imediato a atenção da imprensa. Além das eleições presidenciais, a música brincava também com Ana Maria Jull, que estava no Brasil a serviço do Fundo Monetário Internacional. Através de uma entrevista ao jornal *O Estado de S. Paulo*, a executiva ficou sabendo da música e quis comprar o disco. Esperto, o jornalista mandou o compacto de presente. O disco acabou sendo o único presente que ela levou do país. Costumava recusar cortesias para não levantar dúvidas sobre a seriedade do seu trabalho.

Depois do episódio com a enviada do FMI, a imprensa aumentou ainda mais a divulgação de "Morengueira já". Irreverente, o cantor destilava sua verve malandra a cada nova entrevista. Muitas vezes, cometia gafes gigantescas. A sorte é que os repórteres quase nunca notavam os deslizes. Durante uma entrevista no Paisano, por exemplo, ele virou para William Prado e, na frente dos jornalistas, perguntou:

— Como é mesmo o nome da inglesa que tem na música?

— *Prime rate* — sussurrou o compositor

— Isso mesmo! *Prime rate* — repetiu Moreira.

Moreira se referia, na verdade, a um breque da música que dizia: "Vocês têm *a prime rate* e nós vai de Roberta Close". O cantor não havia entendido a brincadeira e pensou que *prime rate* era o nome de um travesti. Como os jornalistas não notaram o equívoco, William Prado achou melhor deixar o malandro pensando que era mesmo uma inglesa e não uma taxa referencial (*prime rate*, em português, taxa preferencial).

O lançamento do disco aconteceu no Mistura Fina, em Ipanema, em 8 de agosto de 1984. No mesmo dia, o *Jornal do Brasil* saía com uma matéria dando mais detalhes sobre o show. Informava que o comitê pró-diretas estava estudando a compra de um número significativo de cópias. Na mesma reportagem, Moreira aproveitava para falar sobre seu candidato à presidência da República:

> *Sou a favor do mineiro Tancredo. Acho que ele é o homem certo para mudar isso tudo que está acontecendo desde 1964. Mas o que é preciso é mudar esse pessoal que vem comendo de colher em cima do povo.*

Mais adiante, William Prado declarava também a esperança de que "Morengueira já" ajudasse a reverter o atual quadro político:

> *Com "No clã dos imortais" derrubamos o preconceito contra a presença de mulheres na academia. Com "Morengueira já", esperamos conseguir acabar com o preconceito contra 130 milhões de brasileiros impossibilitados de votar.*

A festa no Mistura Fina seria uma das muitas que Moreira e William Prado pretendiam fazer. Queriam lançar o disco também em São Paulo, Brasília e, se possível, em outros estados. No dia do lançamento no Rio de Janeiro, os parceiros combinaram chegar juntos à festa. O carro de William era um Puminha prateado, modelo 1981, que, apesar de apertado, dava para os dois. O compositor passou então no Catumbi, pegou o amigo e seguiu para Ipanema. No meio do caminho, Moreira pediu para ele seguir pela Lagoa.

— Mas Moreira, o Mistura Fina fica em Ipanema — argumentou.

— Eu sei... é que eu quero dar uma passadinha no Estúdio V — respondeu.

Ao chegar em Copacabana, o jornalista descobriu por que Moreira queria tanto desviar o caminho. A ruiva do Estúdio V aguardava o velho malandro na portaria do prédio. O cantor pediu para William parar o carro e apresentou a moça como sua namorada. Abriu a porta e mandou ela entrar. Antes, teve o cuidado de colocá-la sentada na janela e foi todo o caminho fazendo declarações de amor e cantando "Castigo" (Lupicínio Rodrigues A. Gonçalves) no ouvidinho dela. A música era a predileta do cantor.

O lançamento no Mistura Fina foi um sucesso. William Prado já pensava em aumentar a tiragem inicial de 3.500 cópias. Infelizmente, um golpe de azar faria o jornalista desistir da ideia. Logo depois dos discos ficarem prontos, ele separou três mil compactos e guardou no Puma. Antes de levar os discos para casa, resolveu dar uma passada no Catumbi para falar com Moreira. Na volta, o carro não quis pegar. Irritado, abriu o capô para tentar descobrir o problema. Foi quando apareceu um lambe-lambe e se ofereceu para fazer o serviço. Era um senhor que trabalhava de fotógrafo no Catumbi e se dizia mecânico nas horas vagas. Como tinha pressa, o jornalista aceitou a proposta e o carro, de fato, *pegou* depois do conserto.

Satisfeito, o compositor agradeceu pelo serviço e foi embora. Alguns metros adiante começou a sentir cheiro de fumaça, mas já era tarde demais. O mecânico não havia isolado corretamente a fiação do motor e uma gota de gasolina pôs tudo a perder. Só na subida da ladeira que dá acesso ao Túnel Rebouças, o jornalista percebeu que o carro estava pegando fogo. Como não tinha extintor, saiu correndo atrás de baldes d'água. Foi a conta certa do veículo explodir. Em poucos minutos, o Puma e todos os discos estavam queimados. Naquele momento, ele decidiu que nunca mais lançaria um trabalho independente. Terminava ali sua parceria com Moreira da Silva. Por segurança, resolveu não contar nada ao amigo. Diante de tamanho prejuízo, o velho malandro podia não resistir e partir para a "terra dos pés juntos".

***

Sem saber do acidente, Moreira da Silva continuou em 1985 trabalhando a nova música. Só no ano seguinte, voltou aos estúdios e lançou, pela Top Tape, o excelente *Cheguei e vou dar trabalho*. Pela primeira vez em muito tempo, deixava o samba de breque um pouco de lado. A grande maioria das dezoito músicas do *long-play* eram sambas românticos como "A volta do boêmio" (Adelino Moreira), "Último desejo" (Noel Rosa), "As rosas não falam" (Cartola) e "Jura de cabocla" (Cândido das Neves). É bem verdade que as clássicas "O rei do gatilho", "Amigo urso", "Na subida do morro" e "Fui a Paris" não ficaram de fora.

A grande novidade do disco era a inédita "Já não posso andar na rua" (Moreira da Silva e J. Cristiano):

>Eu já não posso mais andar na rua
>sou conhecido de qualquer maneira
>pois as mulheres quando me avistam
>vão logo dizendo:
>(breque) "Olha o Morengueira, como está lindo,
>todo de branco e chapéu-panamá. É adorável esse rapaz."
>
>Cantor de samba e outras "cositas" mais
>quando ele canta é piramidal
>mas dizem isso porque ouvem o Abi-Rihan
>(breque) um dos maiores comunicadores do Brasil e quem sabe da América do Sul
>dizer ao microfone que eu sou o maioral.
>
>Essas mulheres me enfeitam de confetes
>me botam lá no céu bem pertinho do sol
>mas eu já sei que tudo isso é carinho
>elas gostam de mim e eu me sinto muito bem
>eu sou direito, um bom chefe de família
>um rapazinho de respeito nessa grande capital
>se alguém duvida e se eu estou radiante
>o culpado é Abi-Rihan em dizer que eu sou o maioral
>(breque) "Nega, traz o bife. Eu vou comer mesmo sem sal
>e vou mostrar o meu *know-how*."

O "maior comunicador do Brasil e quem sabe da América do Sul", ao qual a música se refere é, na verdade, o radialista Hilton Abi-Rihan. Apresentador com Washington Rodrigues, o Apolinho, do programa "Nacional 80", na Rádio Nacional, Abi-Rihan era um dos grandes amigos do cantor. Certa vez, saiu candidato a deputado estadual e o próprio Moreira foi às ruas do Rio de Janeiro pedir votos para ele. Não o elegeu, mas continuaram amigos.

Conforme contava o novo samba de breque, o radialista não cansava de elogiar o amigo nos microfones da Nacional. Adorava as músicas de Morengueira e admirava a vitalidade daquele senhor de quase noventa anos. Costumava contar aos amigos a vez em que convidou Moreira para seu programa e o amigo chegara um pouco cansado. Como faltara luz em seu prédio, desceu sozinho, pela escada — quatorze andares! — e compareceu ao programa no horário combinado.

Moreira tinha de fato uma vitalidade surpreendente. Principalmente quando o assunto era mulher. Viúvo de Mariazinha desde 1983, não demorou a arranjar novas namoradas. De preferência, mulheres algumas décadas mais jovens que ele. Chegou, inclusive, a morar algum tempo com uma garota com pouco mais de vinte anos de idade. Gostava de divulgar o romance, muitas vezes deixando repórteres incautos sem graça. Certa vez, foi perguntado por uma jornalista se não achava aquela relação desequilibrada. Afinal, quase sessenta anos separavam o casal:

— Se ela morrer arranjo outra — respondeu.

A opinião pública podia achar graça nas aventuras do cantor, mas em casa a situação era bastante delicada. A família e os amigos mais próximos não aprovavam o relacionamento com mulheres tão mais jovens. Achavam que elas só visavam o dinheiro do velho malandro. Moreira, no entanto, não ligava para os avisos e cuidava da sua vida com a independência de sempre. O dinheiro era seu e fazia o que bem quisesse.

O cantor não ganhava nenhuma fortuna, mas faturava bastante. Depois que arranjou uma empresária para cuidar dos seus negócios, tudo melhorou. Precisava de alguém para acertar os shows, assinar contratos e combinar cachês. Enfim, profissionalizar sua carreira. Foi quando conheceu Márcia Pargana que, além de empresária, virou quase uma neta do cantor.

O velho malandro passou a contar ainda com a ajuda do violonista Clóvis de Sete Cordas, que conhecia desde o final dos anos 70. Além de fazer os arranjos e acompanhar o cantor, o violonista segurava as pontas em qualquer imprevisto. Ficava no palco, sempre atrás dele, pronto para salvá-lo em qualquer eventualidade. Era só o malandro esquecer uma letra, perder o fio da meada em uma piada, e lá estava ele.

***

Profissionalmente, os anos 80 foram excelentes para Moreira da Silva. Além de voltar a gravar, viu também muitos dos seus sucessos reeditados em coletâneas. Para coroar a década, lançou em 1989 mais um LP: *Moreira da Silva — 50 anos de samba de breque*. Mesmo vendendo pouco mais de dez mil cópias, o cantor ficou satisfeito com o trabalho. Tinha 87 anos e sabia que dificilmente voltaria a um estúdio.

A década de 90 seria marcada por uma grande mudança no mercado fonográfico brasileiro. Aos poucos, os velhos LPs foram desaparecendo e dando lugar aos modernos CDs. Assim como acontecera na época do desaparecimento dos 78 rotações, as gravadoras começaram a investir pesado na nova tecnologia. As vantagens do CD eram muitas. Além da qualidade, os disquinhos possibilitavam a gravação de um número bem maior de músicas. O LP *50 anos de samba de breque*, por exemplo, ganhou 18 faixas na versão em CD, quatro a mais que no LP.

Os CDs, no entanto, não agradaram Moreira da Silva. Por um motivo simples: dali em diante, as gravadoras perderam interesse em lançar novos trabalhos do cantor. Era bem mais barato reeditar antigos LPs ou fazer coletâneas de antigos sucessos, o que garantiria maior qualidade. A voz do cantor não era a mesma de trinta anos atrás. Ainda assim, o começo dos anos 90 não seria tão ruim para o malandro. Não era a primeira vez que as gravadoras fechavam as portas para ele. Os fãs, estes sim, continuavam fiéis. Em 1992, compareceriam em massa aos shows em comemoração aos seus 90 anos.

A preparação dos festejos daquele aniversário de Moreira da Silva começara com um ano de antecedência. Graças, por incrível que pareça, ao irascível Jamelão. Puxador oficial dos sambas da Mangueira e considerado, com justiça, o maior intérprete de Lupicínio Rodrigues, Jamelão fizera fama por causa do mau humor. Definitivamente, não era um sujeito de fino trato. Por isso mesmo, a ideia de homenagear Moreira não poderia partir dele. Embora, sem saber, acabasse colaborando.

Jamelão não tinha nada contra o velho malandro. Pelo contrário, além de contemporâneos, já haviam excursionado juntos e feito shows em parceria. O caso, porém, é que o cantor da Mangueira tinha o temperamento explosivo. Certa vez, procurado por um repórter que fazia uma matéria sobre Moreira, negou-se a falar:

— Não me chamo Moreira da Silva. Cada um tem seu estilo. Não me interesso pelo assunto — explodiu o cantor, antes de bater o telefone.

Se não conhecesse a fama de Jamelão, o repórter pensaria que existia algum problema entre ele e o velho Kid. Mas, na verdade, era tudo uma questão de temperamento.

O temperamento era o grande problema do cantor. Em 1991, a escola de samba Unidos de Manguinhos, afiliada da Mangueira, decidiu homenageá-lo no carnaval do ano seguinte. O convite foi feito pelo diretor cultural da escola, o jornalista Luís Fernando Vieira, que logo no início previu problemas. O cantor aceitou o convite, mas começou a criar dificuldades. Para início de conversa, acertou uma reunião com a turma de Manguinhos às três da manhã. No horário combinado desmarcou o encontro. Remarcou para as cinco da manhã e, mais uma vez, cancelou.

Apesar das dificuldades impostas pelo cantor, a diretoria de Manguinhos resolveu insistir com a ideia. Já estavam no mês de setembro e não seria aconselhável mudar de enredo àquela altura. Participariam de um show em comemoração ao aniversário do sambista e aproveitariam para anunciar o novo enredo.

Nascido em 12 de novembro de 1913, Jamelão completava a passagem dos seus 78 anos naquela noite. A Praça Onze, local escolhido para a comemoração do aniversário, estava lotada. Cerca de três mil pessoas compareceram às festividades. Inclusive, muitos moradores de Manguinhos. Estes, no entanto, voltaram para casa bastante decepcionados. Após ter sido anunciado como grande homenageado pela escola em 1992, Jamelão pegou o microfone e deixou todos boquiabertos:

— Quem são vocês para vasculharem minha vida? Não vou botar meu nome na boca de vocês.

Não se sabe ao certo os motivos da reação do cantor. No dia seguinte, ele ligou para o jornalista Luís Fernando Vieira e informou que estava à disposição da escola. Luís Fernando, que já havia sido avisado da desfeita do cantor no dia anterior, não acreditou na sua cara de pau.

— Agora não dá mais, pois já arrumamos um artista com muito mais abrangência que você. Você agora pode ficar à vontade — desdenhou o jornalista.

O artista com muito mais abrangência, ao qual Luís Fernando se referia, era ninguém menos que Moreira da Silva. O velho malandro havia sido convidado minutos antes e aceitara de imediato. Sem querer, Jamelão lhe fez um grande favor. O jornalista e o cantor já se conheciam desde o final da década de 70. Na ocasião, após fazer uma entrevista com o velho malandro, Luís Fernando recebeu convite para almoçar na casa de uma de suas namoradas. Pouco tempo depois, chegaram numa casinha, bem arrumada, de onde saiu uma garota com pouco menos de trinta anos de idade. Ao ver Moreira, a mulher pegou em sua mão e disse:

— Bênção, padrinho.

Luís Fernando não entendeu a história direito. Mesmo assim, resolveu não tocar no assunto. Terminado o almoço, porém, não resistiu à tentação e perguntou ao cantor:

— Mas Moreira, você me disse que ela era sua namorada. Que história é essa de padrinho?

O malandro olhou para o amigo e explicou o mistério:

— Você sabe que dona Mariazinha é muito ciumenta. Por isso, quando eu arranjo uma nova namorada, trato de batizá-la para ninguém desconfiar.

— E se ela já for batizada? — indagou o jornalista.

— Eu crismo — respondeu o malandro com um enorme sorriso.

Moreira da Silva já havia sido enredo da escola de samba Em Cima da Hora. O desfile aconteceu no final dos anos 70 e o resultado não foi lá muito animador. Sem verba, acabaram como últimos colocados do segundo grupo. A situação da Unidos de Manguinhos para o carnaval de 1992 não foi muito diferente. Além de não ter dinheiro em caixa, a escola andava com a sede em pedaços. Para piorar, corriam contra o tempo, pois já estavam em setembro e teriam pouco tempo para preparar o novo enredo. Ao aceitar o convite, Moreira pensou no risco que corria. Não queria ficar novamente em último lugar. Mesmo assim, não declinou da homenagem. Se preciso fosse, colocaria a mão na massa para ajudar a levantar algum dinheiro.

Diferente de Jamelão, o velho malandro foi bastante cordial com os membros da escola. Não importava se era um grêmio do segundo grupo e pouco conhecido. Valia mais a homenagem. Por isso, não aceitou um único centavo da diretoria e ainda por cima não cobrou nada pelos inúmeros shows que fez na quadra da Manguinhos, no número 30 da avenida dos Democráticos, em Bonsucesso.

Manguinhos não chegou ao primeiro lugar, é bem verdade. Mas também não deu vexame. Alcançou o honrado quarto lugar no desfile, realizado em fevereiro de 1992. Pouco mais de um mês antes de completar noventa anos, Moreira recebia um grande presente de aniversário e dava uma grande mostra do seu vigor físico.

O enredo *Moreira da Silva, 90 anos de um malandro* foi simplesmente o último a desfilar na Marquês da Sapucaí. O velho malandro, que chegou ao sambódromo às 23 horas, só pôde entrar em cena por volta das seis da manhã. Desfilou impecável num carro alegórico em forma de bolo montado especialmente para ele. Animadíssimo, cantou com os poucos espectadores que esperaram até aquela hora o samba-enredo em sua homenagem:

>Vamos mergulhar no Rio antigo
>e decantar um talento verdadeiro
>sua trajetória musical
>hoje nesse carnaval
>é cantada com carinho
>pela Unidos de Manguinhos
>
>É 1º de abril
>não é brincadeira
>uma estrela reluziu (bis)
>nasceu Moreira
>
>fruto de família pobre
>na Assistência foi chofer
>lutou sem hesitação
>seu afã a melodia
>a madrugada rompia
>conciliando sua arte à profissão

Seresta à noite fez muitas
circo de lona Dudu (bis)
cantou na Rádio Cruzeiro do Sul

Em Portugal foi manchete de jornal
no Coliseu a plateia delirou
abriu o peito e cantou com emoção
o Mulatinho a espanhola conquistou
e após essa viagem o Cassino Atlântico empolgou
Morengueira com o samba de breque irreverente
até hoje encanta a gente

Etelvina, olha ele aí
dando show na Sapucaí
Etelvina, olha ele aí
dando show na Sapucaí

Sem caô, caô, Manguinhos vem faceira
90 anos de Moreira

MALANDRO EM DESFILE

Moreira costumava se gabar de ter uma saúde de ferro. Afinal, contava mais de noventa anos e raramente ficava doente. Nem gripe pegava. Naquele ano de 1994, pela primeira vez, a saúde deixou de ser motivo de orgulho e entrou na sua lista de preocupações. No início do ano, apareceu-lhe o primeiro sinal de que não ia bem.

O cantor já não conseguia focar os objetos. A visão estava embaçada. Os óculos fundo de garrafa, usados para corrigir os mais de quatro graus de hipermetropia, já não estavam adiantando. Fazia um esforço tremendo para assistir à televisão ou ler jornais. O que mais incomodava o velho malandro, no entanto, era ter de abandonar a leitura de bulas de remédios — geralmente tranquilizantes usados para combater a insônia que o perseguia há algum tempo. O aumento da perda de visão atormentava Moreira. Andava tropeçando e pisando em falso. Não demoraria a levar um tombo. Além de não enxergar bem, amanhecia sempre com o olho direito ardendo. Precisava com urgência de um médico.

Extremamente independente, Moreira não comunicou à família o problema. Resolveu agir por conta própria. Abriu o guia de convênio do seu plano de saúde e marcou uma consulta para o dia 30 de junho, uma quinta-

-feira à tarde. O oftalmologista escolhido chamava-se Hélio Coelho e o cantor não tinha nenhuma referência dele. A clínica ficava próxima ao Maracanã e, consequentemente, ao Catumbi. Daí o motivo da sua escolha.

Formado em 1989 e especializado em microcirurgia ocular, o doutor Hélio Coelho já conhecia o cantor de nome. Não era propriamente seu fã, mas admirava a vitalidade daquele senhor de 92 anos. Nascido em Minas Gerais, o médico não possuía um disco sequer do velho malandro. Talvez por isso, o nome do seu próximo paciente, um tal Antônio Moreira, não lhe tenha dito grande coisa. Permaneceu sentado, de cabeça baixa, fazendo anotações, enquanto o senhor entrava na sala. Quando levantou a cabeça para cumprimentá-lo, tomou aquele susto e, finalmente, associou o nome à pessoa.

Moreira entrou no consultório vestido como de costume. Envergando um traje branco e sem dispensar o velho chapéu-panamá. Ao reconhecê-lo, o médico se desfez em mesuras. Queria saber tudo sobre o velho malandro e ficaram conversando durante muito tempo. A consulta, que normalmente dura trinta minutos, terminou quase duas horas depois.

O papo foi bastante agradável, mas o cantor não gostou do final da conversa. Após fazer alguns exames, doutor Hélio concluiu que ele precisaria fazer uma cirurgia de catarata na vista direita, na qual restava-lhe apenas 10% de visão. A operação seria coberta pelo plano de saúde e a única despesa do cantor ficaria por conta do cristalino.

— E isso é caro? — indagou o cantor, que não estava gostando nada daquela conversa.

O médico então explicou que o cristalino é uma lente artificial usada para substituir o tecido prejudicado. Para ilustrar melhor, abriu a gaveta e mostrou uma ao cantor. O custo ficaria em torno de trezentos dólares, dinheiro que ele não precisaria desembolsar.

— O senhor não precisa se preocupar com o preço. Para mim é um prazer muito grande doar um cristalino. Arranjo um importado, um cristalino americano que é o melhor que tem.

Mesmo com todas as facilidades, Moreira continuou hesitante.

— E se essa coisa não dá certo? — perguntava o malandro.

Foi então que o doutor Hélio se deu conta de que parecia jovem demais para ganhar a confiança de Moreira. Tratou de tranquilizá-lo, contando que era especialista no assunto. Mesmo assim, o cantor não topou a operação no primeiro momento. Só alguns dias depois, em outra consulta, concordou com a cirurgia. Já bastante descontraído, brincou até com a doação do cristalino:

— Vou fazer um samba sobre esse cristalino americano.

A operação foi marcada para meados de setembro. Enquanto isso, médico e paciente aproveitaram para se conhecer um pouco mais. Num dos encontros, Moreira presenteou o amigo com a coletânea da Emi-Odeon, *Moreira da Silva Especial*. Até então, Hélio Coelho só ouvira as gravações do cantor de "Acertei no milhar!" (Wilson Batista e Geraldo Pereira) e "Último desejo" (Noel Rosa).

Uma consulta depois de ganhar o presente do amigo, e o doutor Hélio já conhecia os maiores sucessos do cantor. Não parava de cantar "Risoleta" (Raul Marques e Moacir Bernardino), sua predileta:

>Vou mandar prender
>esta nega Risoleta que me fez uma falseta
>me desacatou porque não lhe dei
>o meu amor, isto é conversa pra doutor
>e ela foi criada
>no meio da malandragem
>hoje vive com visagem
>acho que com essa negra
>não vou levar a mínima vantagem
>
>ela que levou o meu chapéu de palhinha
>de abinha bem curtinha e também rasgou
>o terno melhor que eu tinha
>quem me deu foi a Rosinha
>e a camisa de seda que eu comprei
>a prestação na mão do Salomão
>por preço de ocasião
>e ainda não paguei a primeira prestação

Antes da operação, Moreira fez quatro consultas com o doutor Hélio. Todas no período da tarde, na clínica do Maracanã. A única vez em que o médico marcou uma consulta pela manhã, no seu consultório no Leblon, o cantor apareceu mal-humorado, reclamando de tudo e até com os sapatos trocados. Calçou o pé esquerdo no direito e vice-versa.

— Gosto de ficar a manhã toda na cama. Faça o favor de não marcar nada nesse horário — reclamou Morengueira.

Faltando uma semana para a operação, Moreira da Silva quis saber quanto tempo precisaria ficar em repouso após a cirurgia. Tinha uma namorada com menos de trinta anos e não queria deixá-la "desamparada" por um período muito longo:

— Sabe como é, doutor, mulher nessa idade é fogo. A gente tem de dar toda a assistência, se não, já viu, né? — comentou o veterano malandro.

O médico achou graça da preocupação do cantor. Sem acreditar muito naquela história, indagou:

— Você, com essa idade, preocupado com isso?

Em todo caso, o oftalmologista informou que o cantor precisaria ficar uma semana em repouso. Mas o malandro contra-argumentou:

— Uma semana eu não posso. No máximo, quatro dias.

— Tá bem, Moreira, mas não vá se exceder — disse o médico, ainda cético.

***

Como o cantor desejava, a cirurgia foi marcada para a tarde, na clínica próxima ao Catumbi. Para atender às exigências do amigo, o doutor Hélio precisou remanejar o horário de todos os pacientes. Normalmente, fazia uma média de cinco operações por dia. Organizou a agenda daquele dia 16 de setembro de 1994 em função de Moreira. O velho malandro seria atendido por volta das duas horas.

Até poucos dias antes da cirurgia, Moreira resolvera tudo em segredo. Só contou o problema para a filha e os netos quando a operação já estava marcada. Como não podia ir sozinho para a clínica, pediu a Marli que o acompanhasse.

O cantor chegou à clínica bastante nervoso. Entrou na sala de cirurgia acompanhado de mais seis pacientes, todas mulheres, que também seriam operadas naquela sexta-feira. Marli não pôde entrar, ficou do lado de fora.

A essa altura, Moreira já estava bem mais calmo. Brincava com as pacientes, contava histórias e até cantava para ajudar a descontrair o ambiente. O médico pediu, então, que ele trocasse de roupa e tirasse o chapéu. Mas o malandro não quis.

— Minha roupa está limpa. Há mesmo necessidade de trocá-la? — reclamou.

Além de não concordar em trocar de roupa, Moreira não queria também tirar o chapéu. Vaidoso, não desejava mostrar a careca às pacientes. Só depois de muita conversa, o cantor cedeu às exigências médicas. Assim mesmo, só tirou o chapéu depois que providenciaram uma touca para ele disfarçar a calvície.

Resolvido o problema estético, o paciente foi levado à mesa de operação e iniciaram a cirurgia. O primeiro passo era enfiar uma agulha entre o olho e a cavidade ocular. O doutor Hélio já fizera aquilo centenas de vezes e, com muita segurança, substituiu pelo cristalino o tecido prejudicado. Agora, era só dar os pontos e terminar a microcirurgia.

Com os dois olhos enterrados no microscópio, começou a costurar o olho do cantor com uma linha mais fina que um fio de cabelo. Deu os primeiros pontos e começou a cantar "Risoleta". Faltava muito pouco para terminar. Consciente, aguardando com apreensão o final da operação, Moreira ficou eufórico e começou a cantar junto com o médico. Preocupado com a agitação do paciente, doutor Hélio pediu que ele se aquietasse. Mas não houve jeito e os últimos quatro pontos foram dados com os dois cantando em dueto.

***

Recuperado da cirurgia, em pouco tempo Moreira voltou a sua rotina. Passava o dia todo em casa, sempre deitado na cama de casal de seu quarto e sala no Catumbi. Permanecer na horizontal pelo máximo de tempo disponível era um hábito que cultivava desde a juventude. Costumava indicar a prática aos amigos mais chegados, dizendo ser um santo remédio para todos os males. Garantia ser este o verdadeiro segredo de sua longevidade.

Após passar o dia na horizontal, levantava no final da tarde para tomar café e ligava a TV. Sintonizava na Globo e começava pela novela das seis. Depois assistia à novela das sete e só mudava de canal quando começavam as violências no SBT com o "sangrento" Aqui e Agora. Depois, voltava para a Globo e grudava os olhos nas notícias do Jornal Nacional. Acompanhava a programação global até a meia-noite, quando novamente voltava para o SBT e assistia ao *talk-show* de Jô Soares.

Só desligava a TV no início da madrugada. Mas não ia dormir. Ligava o rádio, sintonizava a Globo AM e se preparava para ouvir o Show da Madrugada, apresentado pelo amigo Hilton Abi-Rihan. Ouvia o programa deitado de lado em sua cama de casal. Raramente pegava no sono. Só fechava os olhos para valer quando os primeiros raios de sol começavam a entrar pela janela da sala. Dormia o dia todo e só se levantava para fazer as refeições ou atender o telefone.

Dormir de dia e acordar de noite pode parecer estranho à maioria das pessoas. Era comum, porém, para quem sempre trabalhou na noite e passou a maior parte da vida varando a madrugada. A velhice não modificaria seus hábitos. Mesmo porque a carreira em nada era prejudicada pela idade. A vida artística, além de engordar sua conta bancária (fazia uma média de dez shows por mês), ajudava a remoçá-lo alguns anos.

Uma noite, porém, essa rotina começou a ser modificada. Como sempre fazia, dormiu durante todo o dia e só levantou no final da tarde para tomar café e assistir à TV. Até aí, tudo bem. O problema só apareceu de madrugada. Tinha acabado de ligar o rádio e deitar na cama quando veio uma incontrolável vontade de ir ao banheiro. Levantou-se, abriu a porta do banheiro, ergueu a tampa do vaso, contraiu o ventre e nada. Apenas algumas gotas tímidas caíram na privada. Irritado, voltou para a cama e continuou sintonizado na Globo AM. Menos de dez minutos depois e a vontade voltava. Quando amanheceu, havia levantado cinco vezes para ir ao banheiro e a quantidade de urina que tinha saído mal dava para encher uma xícara de cafezinho.

O problema continuou nos dias seguintes, mas não atrapalhou a vida do cantor de imediato. Continuava fazendo shows em teatros, boates e restaurantes do Rio de Janeiro. Vez por outra se apresentava em outros estados. Tocava a vida devagar e nutria a esperança de lançar mais um disco: uma parceria com o sambista Bezerra da Silva, que se chamaria *Malandros da Silva*. Cada um gravaria seis músicas sobre a malandragem. Moreira já tinha, inclusive, encomendado ao amigo Aidran de Carvalho a seleção do repertório para o disco.

A dificuldade urinária não abalou o bom humor de Moreira, mesmo quando começou a persegui-lo manhãs e tardes adentro, horas em que realmente descansava. Só que aos poucos, o problema foi crescendo e limitando suas atividades. Começou a recusar convites para shows. Tinha medo de, durante uma música ou outra, não conseguir se controlar e precisar sair correndo para o sanitário. Era um sofrimento.

Apesar de todo esse incômodo, não deixava de fazer o que mais gostava, participar de serestas. Afinal, fora perambulando pelas ruas do Rio de Janeiro, acompanhado pelo violão de Heitor Catumbi, que decidiu virar cantor por profissão. Passados mais de sessenta anos, as serestas continuavam sendo sua grande paixão. Aceitava o convite dos amigos com todo prazer, não cobrava nada. Tinha feito 92 anos no início de abril e as pessoas ficavam impressionadas quando puxava, com aquele vozeirão, sucessos de Lupicínio Rodrigues, Ataulfo Alves e Cândido das Neves. Nessas horas, esquecia a doença e cantava até à exaustão.

Foi numa dessas farras, regada a suco de frutas e água mineral, que viu pela primeira vez o coronel reformado da Aeronáutica conhecido pelos companheiros como doutor Amin. Como acontece em toda seresta que se preze, o microfone estava bastante disputado por cantores de vários quilates. Naquela tarde de sábado de abril de 1994, o barzinho no bairro Riachuelo estava lotado de seresteiros. Cada cantor tinha espaço para apenas três músicas, no máximo quatro. A única exceção foi para Moreira da Silva, que cantou até cansar. Esgotado, mas satisfeito, terminou a apresentação e cedeu o lugar para doutor Amin cantar "Granada", "Suas mãos" e mais dois sucessos. Terminada a seresta, os dois foram apresentados pelo clarinetista Mário Pereira. Moreira então perguntou por que o coronel era conhecido como doutor Amin. Este, prontamente, explicou que não se tratava de um apelido, e sim um título adquirido em 45 anos de exercício médico:

— Sou cantor nas horas vagas, coronel reformado e médico urologista — respondeu.

— O doutor é tudo de que eu preciso — brincou Moreira.

As palavras de Moreira da Silva não foram levadas a sério por José Amin. Para ele não passava de conversa de botequim, uma gentileza do cantor. O fato é que, alguns dias depois, o cantor o convidou para acompanhá-lo em uma apresentação no restaurante Ficha, localizado na rua Teófilo Otoni, centro do Rio. Doutor Amin não conhecia o Ficha, que era um restaurante alemão bastante aconchegante e simpático, mas aceitou o convite de imediato. Chegando lá, procurou uma mesa para assistir ao show do novo amigo. Foi com surpresa que viu Moreira interromper o espetáculo e anunciar para a plateia:

— Quero chamar ao microfone um amigo meu. O médico e cantor José de Souza Amin.

Apesar de desconcertado, o doutor Amin não perdeu a compostura. Pegou o microfone e cantou algumas músicas de seu repertório. No final, foi bastante aplaudido. Não era cantor profissional, mas também estava longe de ser um principiante. Participava de serestas há mais de vinte anos, desde 1971, quando defendeu o Estado de Pernambuco no Festival do Nordeste e terminou o concurso em segundo lugar.

Depois da visita ao Ficha, Moreira da Silva e José Amin começaram a se falar frequentemente. O médico ficava cada dia mais admirado com a memória e a vitalidade daquele senhor de 92 anos. A surpresa foi maior ainda quando recebeu um telefonema de Moreira que, no final da conversa, mandou recomendações para sua mulher e seus cinco filhos.

— Ele citou todos nominalmente. Decorou o nome de todo mundo — comentou com a esposa, impressionado.

Embora a música e as serestas fossem os temas principais das conversas entre Moreira e doutor Amin, a medicina também era assunto corrente. Foi numa dessas conversas, por sinal, que o cantor resolveu se abrir com o amigo e falar sobre seu problema urinário. Já não dormia direito e andava exausto. Não aguentava mais tanto sofrimento. Vivia em função do banheiro.

Tranquilo, como recomenda a profissão, doutor Amin ouviu tudo atentamente e marcou um encontro no Hospital do Andaraí, onde era chefe do serviço de urologia. Explicou antes que o cantor precisaria fazer vários exames de rotina. Entre eles, sangue, urina, fezes e, principalmente, o famigerado toque retal.

Quem acompanha de perto a carreira de Moreira apostaria que ele jamais admitiria tal exame. Ninguém podia imaginar o último dos malandros sendo palpado por um dedo indicador. Mesmo com luva e por uma boa causa. Afinal, Moreira afirmara mais de uma vez em sua músicas que já tinha se submetido ao "teste da farinha" em inúmeras ocasiões e o resultado sempre era o mesmo: apenas saída; entrada *never*.

Para a surpresa de todos, o velho Morengueira encarou o problema com a maior naturalidade. Encaminhou-se para o Andaraí e fez todos os exames necessários. Aos poucos o constrangimento foi dando lugar à ironia.

— Não passo mais no teste da farinha de trigo, doutor. Agora, só com cirurgia plástica — brincou no dia do exame.

A calma de Moreira podia enganar a todos, menos a Marli. Aos poucos, ela foi notando que o pai tentava passar uma imagem alegre e otimista para os outros, mas, em casa, permanecia sempre calado e com ar preocupado. Alguma coisa incomodava o velho malandro. Desconfiada, resolveu sondar o problema. Ao perceber que a filha tentava descobrir o motivo de suas preocupações, o cantor foi categórico:

— Estou desconfiado de todos esses exames. Se descobrir que estou com câncer de próstata, eu me mato. Dou um tiro na testa e acabo com tudo.

Bastante preocupada, Marli argumentou que de nada adiantava ficar tirando conclusões apressadas. O melhor era esperar os resultados dos exames para descobrir qual era o problema.

— No final, tudo acaba bem. De cabeça, o senhor está ótimo. Por que não também do corpo? — tranquilizou.

Marli se referia à tomografia computadorizada que o pai fizera dias antes no Hospital do Andaraí. Também foi pedido um exame neurológico, pois Moreira vinha se queixando de lapsos de memória. A tomografia mostrou, contudo, que a cabeça do cantor ia muito bem. Tinha apenas uma pequena atrofia cerebral, normal para a idade. Nada que não pudesse ser contornado com alguns medicamentos.

Para acabar de vez com aquela história de suicídio, Marli resolveu recorrer a Aidran de Carvalho. Pediu ao compositor que ligasse para Moreira e tentasse acalmá-lo. Na mesma hora Aidran telefonou para o amigo. Irritou-se, no entanto, ao notar que o cantor não falava direito, embolando a língua a cada palavra. Perguntou se ele estava tomando algum tranquilizante. A resposta fez Aidran esbravejar com o amigo:

— Você sabe que não pode tomar Lorax, pois fica completamente grogue e perde a lucidez. Não satisfeito, ainda aumenta a dosagem — gritou Aidran, do outro lado da linha.

Moreira tentou argumentar que estava tomando o remédio porque não conseguia dormir. Por isso, usava diariamente 2mg. Aidran reiterou seu protesto com dureza e desligou o telefone:

— Se prefere ficar eternamente em sonolência, a escolha é sua.

É verdade que a doença abateu o velho malandro e prejudicou o ritmo de sua carreira. No entanto, mesmo debilitado, não encerrou as atividades artísticas. Em outubro, viajou para São Paulo, onde fez três apresentações no bar Vou Vivendo. A viagem, inicialmente programada para poucos dias, acabou se prolongando por mais de uma semana. O cantor foi convidado, pela primeira vez na vida, a participar de um desfile de moda. A proposta foi feita pela Forum, confecção que se preparava para lançar sua coleção primavera-verão.

A escolha de Moreira da Silva para o desfile foi do diretor de criação da Forum, Tufi Duek. A ideia era lançar uma coleção brasileira, representada por tipos como baianas, cangaceiros e o malandro carioca. Este último encarnado, obviamente, por Morengueira. O desfile ajudou a resgatar um pouco do brilho da carreira de Moreira da Silva e a trazer alguma alegria àquele ano tão cheio de problemas.

Há muito Moreira não participava de um evento tão glamouroso. As temporadas no Cassino Atlântico e as apresentações nos teatros portugueses eram apenas boas lembranças. O desfile de moda seria uma realidade. Assim, começou exigindo um cachê de dois mil dólares e hotel cinco estrelas.

Dividido em dez temas, o desfile reunia a nata da moda brasileira. Modelos, artistas, estilistas, publicitários e outros VIPs faziam parte da plateia de duas mil pessoas que lotou o salão da Estação Júlio Prestes. Além de Moreira, participaria do show o Viola, o atacante do Corinthians e da seleção brasileira tetracampeã de futebol.

O cantor chegou ao desfile impecavelmente vestido. Caprichou no visual como há muito não fazia, já que, nas suas últimas apresentações, vinha se trajando com um certo desleixo. Logo que chegou à Estação Júlio Prestes, a produção tentou encaminhá-lo ao camarim. Recusou a cortesia e pediu para ficar junto às modelos. Sentado numa cadeira, assistia ao corre-corre dos bastidores da moda e apreciava a troca de roupa frenética das beldades. Nunca tinha visto tanta mulher bonita por metro quadrado. Babava como um garoto de quinze anos.

Moreira ficou extasiado com aquele ambiente. Satisfeito em saber que ainda era reconhecido pelo seu trabalho, distribuiu autógrafos, assinou capas de discos, deu abraços, apertos de mãos e beijos. E a noite mal tinha começado. O desfile estava marcado para as 21:00, mas só começou às 22:10.

Moreira aguardava a vez, entre ansioso e emocionado. Sua hora ia chegando. Primeiro foram os cangaceiros vestidos de Maria Bonita e Lampião, depois o bumba-meu-boi do Maranhão, o *patchwork* nordestino, a Iemanjá e a estamparia de chita. Finalmente, chegou a vez do tema "O Morro Desce a Ladeira". Bastante emocionado, com os olhos cheios de lágrimas, Moreira estreou na passarela, de braços dados com uma loira e uma morena, e ao som de sua "Na subida do morro". Foi aplaudido de pé pelos dois mil espectadores do evento. No seu encalço, desfilaram outras modelos com a moda malandro da Forum. Vinham de malhas de crepe sintético, trilobal de nylon, gabardine, viscose/algodão, sarjas e tricoline 100% algodão. Mas o que realmente conquistou o público foi o terno branco S-120, o chapéu-panamá, o sapato branco e a surrada camisa cor de abóbora de Moreira. Nem o atacante Viola, que desfilou depois com a camisa do Corinthians, foi tão festejado. E olha que ele tinha sido campeão mundial e jogava no time mais popular de São Paulo.

O desfile durou meia hora. Os modelos e estrelas voltaram à passarela acompanhados pelo estilista Tufi Duek, que seguiu de mãos dadas com Moreira e Viola. O sucesso foi absoluto. Nos dias seguintes, jornais e revistas de todo o país destacaram o evento. O cantor aparecia em primeiro plano, como o novo supermodelo da grife.

Ainda em São Paulo, participou das filmagens de um curta-metragem e da gravação de uma música da banda Professor Antena. Sobre o curta, o cantor nunca mais ouviu falar. O disco acabou gerando polêmica e indo parar nos jornais.

Apesar de não gostar do estilo da banda, Moreira elogiou o trabalho para a imprensa. Afinal, ele foi convidado pelos garotos que eram seus fãs e não seria descortês com eles. Pelo menos em público, já que, para um amigo chegado, ele comentou:

— Eles são fraquinhos. Por isso, queriam um cantor de peso para levantar o disco. Me levaram para o estúdio e me deixaram à vontade para falar um bocado de maluquice.

Moreira criticava na surdina e sem razão, pois sequer tinha ouvido o disco dos garotos, um excelente CD, que misturava rock, jazz, pop e muito humor. As maluquices a que ele se referia nada mais eram que seus melhores breques. Foram usados na música "Dinamite", numa excelente edição que casava a letra com os breques, numa composição de mais de sete minutos.

Apesar de não gostar, Moreira não poupou elogios ao novo estilo musical. O que acabou por transformá-lo numa espécie de precursor do rap brasileiro, sendo inclusive procurado duas vezes por Gabriel, o Pensador, ídolo de sua neta Juliana, a quem recebeu muito bem no apartamento do Catumbi.

A "afinidade" com o rap acabou transformando Moreira em alvo para Nelson Gonçalves. O cantor parecia não andar muito contente com Morengueira e acabou desancando o malandro. Numa entrevista para o jornal carioca *O Dia*, o repórter perguntou a Nelson o que ele achava do rap. A resposta foi áspera. O repórter ressaltou que seu contemporâneo, Moreira da Silva, gostava do gênero e, inclusive, tinha gravado com uma banda de rap. O cantor disse então que Moreira da Silva não era parâmetro para ninguém. Não passava de uma farsa, pois nunca foi malandro e não tinha voz.

A agressão aparentemente gratuita de Nelson Gonçalves deixou Moreira muito irritado. Pensou até em procurar a imprensa e responder na mesma moeda. Acabou desistindo da ideia, para evitar maiores aborrecimentos. O chato não era ser chamado de falso malandro, e sim de falso cantor. Logo ele, que começou a carreira nos tempos da gravação mecânica, época em que realmente contava o vozeirão à la Vicente Celestino.

Nelson Gonçalves tinha motivos de sobra para falar mal de Moreira. Poderia ter chegado ao seu conhecimento o fato de Morengueira espalhar que ele não era brasileiro, mas sim português. Não nascera no Rio Grande do Sul como dizia para todos. Mentia para enganar os fãs. A versão de Moreira pode ser contestada por Nelson Gonçalves, mas, verdade seja dita, ele é filho de portugueses.

A polêmica com Nelson Gonçalves não era nada comparada ao que Moreira da Silva passaria nos dias seguintes. A dificuldade urinária se acentuou e doutor Amin concluiu que ele teria de se submeter a uma cirurgia o mais rápido possível. O cantor não aceitava. Tinha quase 93 anos e temia não resistir à operação. Esperou o médico ir embora e iniciou uma conversa tensa com a filha.

— Já vivi demais, quero continuar do jeito que estou — afirmou com veemência.

Tinha muito medo de morrer na mesa de operação ou de ser obrigado a encerrar a carreira. Conhecia casos de homens mais novos que, submetidos a esse tipo de cirurgia, passaram o resto da vida em uma cadeira de rodas ou em cima de uma cama.

— Além do mais, fui convidado para me apresentar em Maceió e Natal, nos próximos dias 23 e 26 de novembro — acrescentou.

Marli até concordava com o pai. Mas sabia que o problema era grave e a cirurgia, a única opção. Usou então de firmeza para tentar encerrar o assunto:

— Ou o senhor opera ou eu não autorizo a viagem para lugar nenhum. Falo com sua empresária e ela cancela tudo — ameaçou.

Magoado com a filha, Moreira se retirou irritado para o quarto. Passou os dias seguintes de cara fechada e quase sem falar. Até que recebeu um telefonema do médico que o deixou mais animado. A cirurgia poderia ser transferida para depois da viagem ao Nordeste. Mas não podia passar disso. Empolgado, ligou para sua empresária Márcia Pargana e mandou ajeitar a nova turnê.

Se soubesse que tinha feito tanto esforço para quase nada, Moreira não viajaria. Desembarcou em Alagoas no dia 23 de novembro, quarta-feira, acompanhado da empresária e do violonista Clóvis de Sete Cordas. Foram direto para o hotel, pois a apresentação seria no dia seguinte, no Bar do Alípio. Cansado, Moreira foi para o quarto. Durante o voo, a vontade de ir ao banheiro aumentara e ele sabia que passaria uma noite bastante difícil. Por isso, antes de deitar, tratou de tomar um comprimido de Lorax para ficar mais tranquilo.

Não costumava tomar o remédio em dia de apresentação, mas, dessa vez, não resistiu e, quando acordou, pegou um copo d'água e engoliu mais um comprimido. Passou o resto do dia meio grogue e só foi se recuperar na hora do espetáculo. Apesar do temor dos companheiros de viagem, deu conta do show direitinho. É certo que ficou um pouco paradão no palco. Mas também não deu vexame. O cantor conhecia suas limitações e tentava se movimentar pouco, para evitar um tropeção.

No sábado pela manhã, o inevitável acabou acontecendo. Moreira saiu do hotel acompanhado de Clóvis. O compromisso em Maceió acabara naquele dia e os dois iam para o aeroporto pegar um avião para Natal. Mesmo grogue, o cantor recusou ajuda do músico. Não admitia andar de braços dados com um homem, o que, para ele, era prova de fraqueza.

— Não se preocupe. Vou andando devagarzinho — disse Moreira.

Clóvis pediu então para levar o embrulho que o amigo carregava.

— Não precisa não. Isto aqui é leve. E só manteiga e geleia que eu peguei no hotel para minha neta — explicou.

Para não ser chato, Clóvis acabou desistindo de oferecer ajuda. Não queria ser insistente. Foi o seu erro. Moreira tropeçou e, sem forças para se reequilibrar, caiu e bateu com a cabeça no chão. Desesperado, Clóvis não conteve o grito:

— Ai meu Deus. Chamem uma ambulância.

A coisa parecia séria. O violonista abaixou para ajudar o amigo e tomou um novo susto. Depois de ficar completamente imóvel, Moreira abriu os olhos lentamente e disparou:

— Deixa de viadagem, Clóvis, e me ajuda a levantar. Detesto viado velho.

Se o show em Maceió ainda foi aceitável, o de Natal acabou sendo uma lástima. O cansaço e o uso de Lorax não eram nada se comparados à banda que foi contratada para acompanhar o cantor. Além de ruins, os músicos não conheciam o repertório. O jeito foi encerrar a apresentação o mais rápido possível e ir para casa. Principalmente porque os músicos não eram os únicos culpados. O próprio Moreira não estava bem. Esquecia as letras das músicas, o tom e até as piadas. Começava a contar um caso e, no final, recorria a Clóvis, que terminava a piada para ele. Risadas e aplausos não se ouviam. Mesmo porque dava para se contar nos dedos da mão os espectadores.

Moreira voltou de Natal bastante deprimido. Sabia que sua carreira estava nas últimas. Mas nunca tinha pensado que terminaria daquela forma. Antes tivesse pendurado as chuteiras no desfile da Forum. Agora era esquecer os problemas e se preparar para a cirurgia.

C' EST LA VIE

Uma semana antes da operação, Moreira estava a todo vapor nos Arcos da Lapa, no show em comemoração ao Dia Nacional do Samba. Na ocasião, mesmo visivelmente debilitado, conseguiu dar o recado. Dividiu o palco com sambistas populares como João Nogueira, Martinho da Vila e Beth Carvalho. Da velha guarda, só ele e Zé Kéti.

O show nos Arcos da Lapa tinha tudo para ser a despedida do cantor dos palcos. Moreira não sabia se iria se recuperar da cirurgia. Entretanto, já não aguentava tanto sofrimento. A situação era tão crítica que, naquela noite, a primeira coisa que fez ao chegar aos Arcos da Lapa foi procurar saber se no camarim havia banheiro. Não controlava mais a bexiga e a todo instante precisava se aliviar. Para desespero do cantor, além de não ter sanitário, o camarim era coletivo e muito quente. O jeito foi se arrumar do lado de fora e aguentar o máximo possível.

Moreira não contava com a desorganização do evento. Marcada para as 19:00, a festa só começou bem mais tarde e ele teve de ficar sentado numa cadeira de plástico por mais de duas horas. A certa altura, já não suportava mais. Precisava desesperadamente achar um banheiro. Contou o problema a Márcia Pargana e rezou para ela resolver o assunto. Descobriram uma cabine improvisada a uns cinquenta metros do palco. A empresária pediu, então, a um funcionário que acompanhasse o cantor até lá. O trajeto podia não ser dos mais longos, mas parecia uma eternidade para o velho malandro. Cansado e sem conseguir dormir, ele andava arrastando os pés, sem nenhuma firmeza nas pernas.

Demoraram para alcançar a cabine e, no final, o esforço foi em vão. O cantor entrou no banheiro, abriu o zíper da calça, e nada. O estreitamento na uretra era implacável. Morria de vontade de urinar e só conseguia eliminar algumas poucas gotas. A vontade não tardaria a voltar. Precisava acabar logo com aquele sofrimento.

De volta do banheiro, Moreira teve de aguardar com muita paciência a vez de subir ao palco. O espetáculo estava dividido em blocos temáticos e ele não seria um dos primeiros a se apresentar. Esperou as apresentações de Lecy Brandão, João Nogueira, Martinho da Vila, Marlene e Elza Soares. Cada qual cantando três músicas, o que significava mais de uma hora de espera.

Quando Elza Soares finalmente subiu ao palco, Moreira levantou da cadeira e se aprontou para entrar em cena. Antes, precisou enfrentar uma escada bastante íngreme. Não gostava de subir ou descer escadas apoiado nos outros, mas teve de abrir uma exceção. Não resistiria a outro tombo e tratou de procurar um braço amigo para se apoiar. Mesmo com ajuda, venceu os degraus com enorme dificuldade.

Moreira da Silva acompanhou toda a apresentação de Elza Soares de cima do palco. Comentava orgulhoso com um amigo que ajudara muito aquela mocinha no início da carreira.

— Depois nos afastamos por causa de uns probleminhas. Mas gosto muito dela e não guardo nenhuma mágoa — disse o velho malandro.

Alguns dias antes do show, Moreira se encontrara com Elza lá mesmo nos Arcos da Lapa, numa seção de fotos para divulgar a festa. Não se viam há muitos anos e Elza fez questão de posar ao lado dele. Aproveitou ainda para agradecer, mais uma vez, a ajuda no início de carreira.

A participação de Elza Soares no Dia do Samba foi um estouro. Com a vitalidade de uma garotinha de vinte anos, a mulata assanhou a plateia com sua voz estridente. Pior para Moreira, que pegou o público na "ponta dos cascos". A plateia estava inquieta, com vontade de sambar, e ele, cansado demais para manter o ritmo da cantora. Combinara com Clóvis de Sete Cordas apenas dois sambas: "Idade não é documento" e "Na subida do morro". O mais sensato seria seguir o roteiro e depois voltar para casa. No último instante, porém, o cantor chamou o amigo num canto e falou:

— Clóvis, tá todo mundo dando seu recado. Eu não posso cantar só duas músicas e ir embora. Fica feio.

O violonista se encheu de receios. Mas o cantor era teimoso e de nada adiantaria discordar. Barba malfeita e camisa para fora da calça, Moreira era o retrato do desleixo. O velho terno branco não conservava mais o brilho de antigamente. O cantor nem se deu ao trabalho de calçar meias. Mesmo assim, pegou o microfone e tentou animar o público, que parecia pouco interessado nos seus sambas de breque. E assim permaneceu enquanto ele cantava a antológica "Na subida do morro".

Para piorar, os arranjos feitos por Clóvis não agradaram aos músicos e a confusão foi total. Moreira, porém, não perdeu o bom humor. Aproveitou a fumaça do gelo seco que subia do palco e largou uma das suas muitas tiradas:

— Que é isso aqui?! Essa fumaça tá parecendo despacho — brincou.

As gargalhadas da plateia eram o sinal que ele queria. Sem perder tempo, pediu o tom ao maestro e emendou um *pot-pourri* com antigos sucessos de Noel Rosa, Ataulfo Alves, Cartola e Adoniran Barbosa. O público não resistiu e cantou com ele até o final. Só então Moreira se deu por satisfeito e pôde ir para casa com a consciência tranquila. Tinha dado seu recado.

A operação foi simples, marcada para a tarde, como exigia o cantor. Moreira apareceu no hospital acompanhado da filha e aparentemente tranquilo. Seguindo a orientação das enfermeiras, tirou o velho chapéu-panamá e vestiu o roupão cirúrgico. Depois, deitou-se na mesa de operação e esperou o anestesista. Estava um pouco tenso. Mesmo assim, não perdeu o bom humor. Brincava o tempo todo com os auxiliares, contando piadas e improvisando breques.

O fato de não precisar tomar anestesia geral acalmou o cantor, que temia apagar e não acordar mais. Recebeu uma agulhada na coluna cervical e pôde acompanhar a cirurgia de olhos abertos. Ficou deitado durante 45 minutos, adormecido da cintura para baixo. Parecia um Cristo, com os braços abertos e os pulsos amarrados.

Munido de um uretrótomo, o cirurgião alargou a uretra do cantor. A dificuldade urinaria estava justamente ali. A próstata aumentara de tamanho e passou a pressionar a uretra. A solução foi cortar internamente o canal e colocar uma sonda durante vinte dias. Apesar de tenso, Moreira reagiu bem à cirurgia. Confiava plenamente no doutor Amin e em sua equipe.

O médico queria levá-lo para o Hospital do Andaraí, mas Moreira preferiu a Casa de Saúde Santa Maria. Além de cadastrado no seu plano de saúde, o hospital propiciava mais privacidade ao paciente. No Andaraí, seria difícil afastar a imprensa e manter a operação em sigilo, como ele queria.

A operação podia ser corriqueira, mas o paciente merecia todo cuidado possível. Afinal, tratava-se de um homem de quase 93 anos. Mesmo ciente do sucesso da cirurgia, doutor Amin resolveu manter o amigo no hospital. A contragosto dele, é verdade, que não via a hora de voltar para casa. Só receberia alta no dia seguinte. Assim, apesar de todas as reclamações, o velho Morengueira dormiu na Casa de Saúde Santa Maria.

A alta médica veio seguida de uma recomendação. O paciente estava liberado, mas precisava ficar em repouso total. Nada de shows ou qualquer outra aparição em público. O resultado da operação só seria confirmado quando o doutor Amin retirasse a sonda. Enquanto isso, Moreira ficaria em casa descansando.

Apesar de toda a discrição, o estado do cantor acabou se tornando público. Uma rádio descobriu tudo e divulgou a notícia. Não demoraram a surgir os primeiros votos de restabelecimento, vindos de todo o Brasil. De São Paulo, Sílvio Caldas enviou lembranças ao amigo que há muito não via. Felizmente, o restante da imprensa não se interessou pelo assunto e não importunou o cantor.

Confinado no apartamento do Catumbi, Moreira seguia com impaciência as recomendações médicas. Custou a se adaptar à nova rotina. Não se conformaria em parar de cantar. Entretanto, depois da operação, Moreira ficou totalmente curado. Nem todos os problemas estavam resolvidos, porém. O cantor continuava sem conseguir dormir e procurava combater a insônia com comprimidos de Lorax. Passava o dia todo dopado e, quando interrompia a medicação, ficava nervoso.

Com o passar do tempo, a insônia foi se acentuando. O remédio não fazia mais efeito — só o deixava um pouco grogue. Dormir que é bom, nada.

Não tinha mais disposição para nada, recusava pedidos de entrevistas e dava sinais de querer encerrar a carreira. Não acreditava que, um dia, teria condições de voltar aos palcos. Quando recebia amigos em casa, encontravam-no abatido e andando com dificuldade — tratava logo de dispensar o visitante, mal se aguentando em pé.

Os últimos meses de 1994 ainda seriam bastante difíceis. No dia 8 de dezembro, o maestro Tom Jobim morria em Nova York. Moreira não gostava muito da Bossa Nova, mas admirava o talento do compositor. Segundo Jards Macalé, a admiração era recíproca. Nas últimas vezes em que encontrara o autor de "Águas de março" comentara o quanto ele estava parecido com Moreira da Silva, sempre usando chapéu-panamá. O maestro achara graça e agradecera a comparação. Se chegasse à idade de Moreira se daria por satisfeito. Foi justamente no dia da morte de Tom Jobim que Morengueira marcara a data da cirurgia. Havia voltado do consultório de doutor Amin arrasado. Achava que o fim estava próximo e não viveria muito tempo.

Estava completamente enganado. É bem verdade que, por causa da cirurgia, ele ficou quase cinco meses longe dos palcos. Mas voltou em grande estilo com dois shows em comemoração aos seus 93 anos. A apresentação na boate Ritmo, no dia 1º de abril, deu-lhe novo ânimo. O espetáculo foi, de longe, o melhor realizado pelo cantor na última década. A festa terminou com o público aplaudindo o velho malandro de pé e pedindo para ele continuar na ativa ainda por muitos anos. Emocionado, Moreira resolveu cancelar o encerramento da carreira. Pouco tempo depois, recebeu da Prefeitura do Rio de Janeiro o convite para fazer um show ao ar livre no Arpoador. Acompanhado de Macalé e do doutor Amin, repetiu parte da programação do espetáculo realizado na boate Ritmo. Mas não conseguiu manter a qualidade da última apresentação, embora agradasse ao público.

A retomada da carreira repercutiu também na vida pessoal do cantor. Aos poucos, ele voltava ao ritmo normal. Sentia falta das tardes de domingo no Maracanã. Possuía duas cadeiras cativas no estádio, compradas na época da fundação, mas, desde a cirurgia na uretra, não assistia aos jogos do Flamengo. O clube armara um grande time para o campeonato carioca e ele ainda não o tinha visto jogar. Queria ver Romário e companhia dando olé no maior estádio do mundo.

Acompanhado de um amigo, Moreira voltou ao estádio duas semanas após seu aniversário. Bem disposto, nem de longe lembrava o velhinho cambaleante de alguns meses atrás. Andava com passos firmes e distribuía sorrisos e apertos de mão para os fãs. Na entrada, alguns torcedores se divertiam da arquibancada, jogando sacos cheios d'água e urina em quem passava. Quando avistaram o velho malandro, pararam e esperaram ele passar. Depois retomaram o divertimento.

O jogo contra o Botafogo não o agradou. Se não bastasse jogar desfalcado de Romário, no início do primeiro tempo o Flamengo perdeu o habilidoso Sávio. Mesmo incompleto, conseguiu segurar o oXo no primeiro tempo. Na etapa complementar, o centroavante Guga inaugurou o placar para o alvinegro. Artilheiro do Santos, o jogador havia sido comprado pelo Botafogo e até então estava na reserva. Entrou em campo no segundo tempo, fez o gol e logo depois foi expulso. Irritado com a sorte do time adversário, Moreira abandonou o Maracanã antes do final da partida. Saiu chamando o colega de pé-frio por causa do resultado. Mas estava contente.

— Esse passeio me fez bem. Eu estava muito preso e precisava sair um pouco para espairecer — comentou com o amigo.

A ida ao Maracanã podia agradar ao velho malandro, mas deixava Marli preocupada. O estádio não era mais seguro. Pouco tempo antes, um torcedor havia sido assassinado com um tiro, nas cadeiras cativas. Marli temia pela vida do pai. Moreira, no entanto, não queria nem saber dos temores da filha e pretendia assistir à final do campeonato carioca. Se o Flamengo chegasse lá, é claro.

***

Aos 93 anos e com a saúde instável, Moreira da Silva não esperava voltar aos estúdios. Há seis anos não gravava um *long-play* e o projeto de lançar um disco com Bezerra da Silva, chamado *Malandros da Silva*, não saía do papel. Na verdade, o projeto nunca existira. Não passava de jogo de cena da mídia. Vez por outra, os jornalistas inventavam histórias como essa quando queriam reunir os dois malandros para uma entrevista. E claro que os dois concordavam com a farsa e alimentavam a mentira. Mas, no duro, nunca houve projeto de disco.

Os dois malandros se conheciam desde o início dos anos 60. Percussionista profissional, Bezerra da Silva participou de um dos primeiros *long-plays* de Moreira, tocando tumbadora. Depois não tocaram mais juntos e, vez por outra, encontravam-se nos corredores das gravadoras. Cumprimentavam-se e seguiam seus caminhos. Não eram amigos, mas simpatizavam um com o outro.

Depois de vários anos como percussionista, Bezerra da Silva resolveu tentar a sorte como cantor. Em 1969, conseguiu gravar dois partidos-altos, "Mana, cadê meu boi?" e "Viola testemunha", pela Copacabana Discos. Saiu com o compacto simples debaixo do braço e foi tentar a sorte nas rádios do Rio de Janeiro. Mas não conseguiu grande coisa. Tentou tocar o disco no programa de Haroldo de Andrade, na Rádio Globo, e recebeu um não logo de saída. Desconsolado, resolveu ir embora, quando encontrou Moreira da Silva, que também estava lá para divulgar seu trabalho. Contou o problema a Morengueira e deu o compacto para ele dar uma olhada.

— Bezerra da Silva é um bom nome. Não desanima, não! — incentivou. Depois pegou o compacto e foi pedir pessoalmente a Haroldo de Andrade para tocá-lo. O radialista, no entanto, não quis conversa:

— Pô, Moreira, você parece bobo. Cuida de você.

— Mas não é por aí. Dá uma força. O rapaz é bom — insistiu.

— Volta outro dia que eu toco — encerrou o assunto o radialista.

Haroldo de Andrade jamais tocaria o compacto de Bezerra da Silva. Mesmo assim, o cantor não desistiu e seguiu em frente. Anos mais tarde, consolidaria a carreira cantando a criminalidade dos morros cariocas. Ganhou Discos de Ouro, Platina e Platina Dupla com seus sucessos e, mesmo famoso, nunca esqueceu da ajuda de Moreira da Silva.

Apesar da admiração mútua, os dois malandros não se cruzaram mais. Sempre ficava a promessa de um dia trabalharem juntos. Só se reencontrariam nos anos 90, quando gravaram duas faixas para um CD em homenagem a Ataulfo Alves. Dessa vez, Bezerra da Silva não tocou tumbadora, como no início da década de 60. Em dueto com o velho malandro, cantou os sambas "Vestiu saia tá pra mim" e "Me respeita ouviu". Em pouco tempo, estariam de volta aos estúdios. Dessa vez, acompanhados de um terceiro malandro.

***

A ideia foi do diretor da CID, Esdras de Souza Pereira, que resolveu reunir Moreira da Silva, Bezerra da Silva e Dicró em um único CD, batizado de *Os 3 malandros in concert*. Na verdade, uma sátira gostosa ao bem-sucedido *Os 3 tenores in concert*, lançado, em 1994, com grande sucesso, pelos internacionais Plácido Domingo, Antônio Carrera e Pavarotti.

Para pegar carona no sucesso do disco dos três tenores estrangeiros, o similar brasileiro precisaria ser lançado imediatamente. Portanto, o projeto tinha de entrar no mercado ainda em 1995. Sem perder tempo, a CID encomendou o repertório do disco a Dicró e apressou o compositor. Assim que as músicas ficassem prontas, os três malandros entrariam no estúdio. Tudo a toque de caixa e sem perda de tempo. E o mais importante, sem o conhecimento de Moreira.

O velho malandro permanecia alheio à preparação do novo disco. Sabia, apenas por alto, que iria gravar um novo *long-play* pela CID. Havia, inclusive, encomendado a Carvalhinho uma música sobre ecologia, tema tão em voga nos anos 90. Pretendia aproveitá-la no novo trabalho. Na última hora, porém, ficou sabendo que não teria liberdade de escolher o repertório. A sua participação no disco se limitaria a gravar alguns trechos e pronto. Não conhecia sequer as músicas. Mesmo assim, ficou bastante animado com a possibilidade de voltar ao estúdio de gravação.

O dia 9 de maio de 1995 foi um dos mais movimentados para Moreira da Silva. Há muito, o velho malandro não trabalhava tanto. Passou o dia no estúdio Musika, perto da sua casa, gravando com Bezerra e Dicró. À noite, seguiu para a boate People, onde foi homenageado pelo Clube de Criação do Rio de Janeiro (CCRJ), numa festa inesquecível para o cantor.

Em mais de 60 anos de carreira, Moreira já estava acostumado com homenagens. Guardava na sala do seu apartamento uma infinidade de troféus. Ficou contente ao levar outro para casa. Principalmente, oferecido pelo CCRJ, entidade que congrega os criadores da publicidade carioca.

Fundado em meados da década de 70, o clube comemorava com uma grande festa vinte anos de atividade. Para coroar o evento, a diretoria do CCRJ instituiu o Troféu Criação Rio e premiou vinte profissionais de maior destaque nas últimas duas décadas. Moreira não entrou na lista dos vinte mais. Melhor. Participou como *hors-concours* e foi o homenageado da noite.

Entre os premiados estavam figuras carimbadas como o cantor João Bosco, o escritor Rubem Fonseca, o ilustrador Chico Caruso e o compositor Herbert Vianna. E ainda artistas emergentes como a cantora Marisa Monte, o *videomaker* Guel Arraes e a belíssima atriz Letícia Spiller. Sem contar os humoristas Bussunda, Regina Casé e Luiz Fernando Guimarães.

Marcada para começar às 22:00, a festa atrasou por quase duas horas. Pontual, Moreira chegou cedo e teve de esperar pacientemente o início das homenagens. Estava de bom humor e não viu o tempo passar. Acompanhado da neta e de um amigo, conversava, dava entrevistas e observava com muito interesse o entra-e-sai de mulheres bonitas. Muitos dos premiados da noite eram fãs do velho malandro e fizeram questão de falar com ele. O cantor Evandro Mesquita foi um dos que correram para cumprimentá-lo. Aproveitou e posou para os fotógrafos sapecando carinhosamente um beijo no rosto dele.

Animada, a festa na People ameaçava varar a madrugada. Como homenageado da noite, Moreira seria o último a receber o Troféu Criação Rio. No dia seguinte, teria de voltar ao estúdio da CID para terminar de gravar *Os 3 malandros in concert*. Não pretendia dormir muito tarde para não comprometer a voz. Por isso, procurou os organizadores do evento e pediu que mudassem a ordem das homenagens. Recebeu seu troféu, agradeceu ao público e foi embora. Na saída da boate, encontrou o saxofonista Paulo Moura, que ganhou merecidamente o troféu na categoria instrumentista. O músico — que já havia acompanhado Moreira num programa de televisão, comandado pelo maestro Arthur Moreira Lima — elogiou a saúde do amigo e deixou seu abraço. Depois se despediram e Moreira foi para casa.

Apesar do cansaço, não teve dificuldades para se levantar no dia seguinte, uma quarta-feira. Acordou tarde, almoçou e foi em seguida ao estúdio da CID terminar a gravação do dia anterior. Não conhecia a melodia, nem as letras das composições. Mesmo assim, deu tudo certo. As técnicas de gravação haviam evoluído muito nos últimos anos e o cantor não teve dificuldade para fazer sua parte.

Moreira gravou tudo em pequenos pedaços. Sentado dentro do estúdio, sem chapéu, por causa do fone de ouvido, escutava atentamente as ordens vindas da mesa de som. Do outro lado do vidro, Dicró e o arranjador do disco, Jaime Alem, cantavam o samba para ele ouvir. Ditavam frase por frase. Moreira ouvia, pegava o tom e repetia o trecho várias vezes. Em seguida, o engenheiro de som escolhia a melhor prova e editava. No final, colava as frases umas nas outras e terminava o trabalho. O resultado final dava a impressão da música ter sido gravada de uma única vez. Mas, na verdade, se alguém pedisse para Moreira cantá-la, ele não acertaria.

***

Ao final da gravação, Moreira voltou ao ritmo normal de vida. Com um agravante. A insônia piorava e ele continuava se entupindo de tranquilizantes para dormir. Andava irritadiço e descontava o mau humor em dona Neuza, que não aguentou mais seus desmandos e acabou pedindo demissão. Irmã biológica de Marli, dona Neuza tomava conta da casa de Moreira há muitos anos. Talvez por isso o velho malandro achasse que ela voltaria atrás. Mas isso não aconteceu.

Sozinho, Moreira piorou ainda mais. Marli morava no prédio vizinho e volta e meia estava na casa do pai. O problema eram as noites, sempre longas por causa da insônia. Como não bastasse, ele teimava em se manter independente e não contava os problemas para a filha. Não demoraria a acontecer um desastre.

Entupido de tranquilizantes, Moreira passou a quinta-feira, 18 de maio, dopado. Já não tinha firmeza nas pernas e atendia o telefone com uma voz irreconhecível. Embolava a língua e mal conseguia articular as palavras. De noite, Marli ligou para saber do que precisava. Ele, no entanto, agradeceu à filha e disse que estava tudo bem. Só na manhã seguinte, ela descobriria que o pai havia mentido. Tonto, o velho malandro havia tropeçado nas próprias pernas e beijado o chão.

Apesar de debilitado, Moreira havia combinado com um amigo ir ao próximo jogo do Flamengo no Maracanã. Sabia que, se Marli descobrisse que havia levado um tombo, proibiria a saída. Assim, tratou de esconder da filha o acidente. Pensava poder disfarçar o enorme hematoma em seu supercílio causado pela queda.

Toda manhã, Marli levava o café da manhã para Moreira. O apetite dele diminuíra bastante e ela pensava em chamar um médico para visitá-lo. Logo que entrou no apartamento, encontrou o pai com a sobrancelha cortada, coberta de sangue coagulado. O velho malandro já não conseguia mais esconder as fortes pontadas que sentia no supercílio. Teve de chamar o médico. Como temia, após examiná-lo, o doutor proibiu-o de fazer shows por um bom tempo.

O estado de Moreira preocupava a família. A toda hora, Marli mandava um dos seus dois filhos visitar o avô. Obrigado a ficar em casa, o cantor andava cada vez mais chateado com a vida. Queria retomar a carreira e voltar aos shows, mas não tinha a menor condição. Além da fraqueza nas pernas, tossia bastante e sentia falta de ar. Não aguentaria vinte minutos de espetáculo.

Passados sete dias do tombo, o cantor deu sinais de melhora. Não demoraria a estar de volta aos palcos. E foi pensando nisso que Marli levou o seu jantar naquele início de noite. Preparava as refeições do pai desde o pedido de demissão de dona Neuza. Tinha a chave do apartamento e entrava sem bater. A sala e a cozinha estavam vazias e o cantor devia estar deitado no quarto. Decidiu, então, deixar a comida pronta e ir embora. Voltaria mais tarde para lavar os pratos. Quando ia saindo, no entanto, ouviu uma voz bem fraquinha chamar seu nome. Correu para o quarto e encontrou o pai caído do lado da cama.

Marli tentou erguer Moreira e não conseguiu. Só teve forças para desvirá-lo e, para seu desespero, notou que tinha o rosto bastante ferido. Aflita, pegou o telefone e ligou para casa. Contou rapidamente a situação a Jorge Antônio e pediu ao filho que viesse ajudá-la. No chão há mais de duas horas, Moreira tentara até as últimas forças se erguer e acabou ralando o rosto no carpete do quarto. Estava esgotado e mal conseguia falar.

Jorge Antônio chegou rapidamente, acompanhado da irmã Juliana. Apreensivos, levantaram o avô e o colocaram na cama. A roupa do malandro estava encharcada de suor devido ao esforço das últimas horas. Levara o tombo quando o dia ainda estava claro e, naquele momento, já passava das 19:00. Mais calma, Marli pegou o telefone e ligou para doutor Amin, que julgou melhor levar o paciente para o hospital.

Moreira passou cinco dias internado no Hospital do Andaraí. Entrou na quinta e só saiu na segunda. Tinha horror a hospitais e chamou a todos de traidores por obrigá-lo a passar tanto tempo internado. Só foi se acalmar quando pôs novamente os pés em casa. Foi direto para a cama e lá permaneceu por alguns dias. Quem o visitou naquele período, pensou que estava nas últimas. Deitado de barriga para cima, o velho malandro tinha o rosto bastante inchado e falava com dificuldades.

O parceiro que costumava levá-lo ao Maracanã foi um dos primeiros a aparecer e saiu do Catumbi horrorizado. Há muito, Moreira cobrava do amigo uma foto que tinham feito juntos. Quando o cantor ficou doente, ele mandou ampliar a fotografia e aproveitou a visita para dá-la de presente. Deitado na cama, Moreira nem abriu os olhos. Estava realmente irreconhecível.

Debilitado, Moreira não pôde acompanhar a campanha do Flamengo no campeonato carioca. O rolo compressor da Gávea ganhou o primeiro turno e seguia firme rumo ao título. Seu principal rival era o Botafogo do centroavante Túlio. Os dois times se encontrariam no Maracanã no domingo, 10 de junho, numa final antecipada do cariocão 95. Mesmo doente, Morengueira não pretendia perder a festa.

O velho malandro sabia que Marli iria vetar seu divertimento. Por isso, ligou para o amigo na surdina. Não sabia que, prevendo tudo, a filha telefonara antes e dera o seguinte recado:

— Papai vai ligar pra você chamando-o para o jogo de domingo. Ele ainda está muito fraco e não pode pegar um Maracanã cheio. Invente alguma desculpa, tá certo?

O amigo concordou com Marli e Moreira acabou ficando em casa. Melhor para ele, pois, no final, quem acabou levando o título foi o Fluminense. O time das Laranjeiras corria por fora e acabou surpreendendo a todos, batendo o Flamengo na final por 3x2.

***

Quem pensou que Kid Morengueira estava liquidado, enganou-se. O disco *Os 3 malandros in concert* foi lançado em agosto de 1995, com enorme sucesso em todo país. Poucos meses depois de preocupar a família e passar alguns dias no hospital, Moreira voltava aos palcos. Acompanhado de Bezerra da Silva e Dicró, lotou durante uma semana o Teatro João Caetano. Quase vinte anos depois, Moreira fazia o Projeto Seis e Meia do mesmo Albino Pinheiro. Não pensava em parar tão cedo e já preparava uma pequena excursão para outros estados.

A saúde do cantor estava ótima e o último exame feito pelo doutor Amin surpreendeu o próprio médico.

— Parece o exame de um garoto de vinte anos — exagerava o amigo.

Quanto ao futuro, como o velho malandro gosta de definir, "é da vida":

— O futuro é *c'est la vie*. Já comprei meu jazigo no Catumbi, onde descansa Mariazinha, e o dinheiro que ganho vou gastando com as mulheres. Nasci de uma mulher, adoro as mulheres.

Posfácio
E AS MULHERES?[5]

Escrever a biografia de um personagem vivo pode parecer uma tarefa fácil, mas no caso de Moreira foi justamente o contrário. Ele tinha uma preguiça enorme em falar da sua vida. Limitava-se aos mesmos episódios que vinha narrando há mais de 60 anos. Sempre as mesmas histórias, as mesmas piadas. "Minha mãe era analfabeta, meu pai tocava trombone na banda militar" e parava por aí.

Moreira começou a carreira nos anos 1930 e por mais que tenha vivido altos e baixos sempre esteve muito presente na mídia. Pesquisar a vida dele, portanto, era pesquisar a vida de um homem de quase 100 anos de idade e seis décadas de carreira.

Li milhares de recortes de jornais, mas descobri logo de início que a maioria contava as mesmas histórias. Todo dia 1º de abril, por exemplo, Moreira tinha lugar assegurado nas capas dos cadernos culturais do Rio. Era tipo uma piada pronta: "Malandro 1º de abril". Tudo muito parecido, muito superficial.

---

5. Esse capítulo foi escrito para essa nova edição, após a morte de Moreira da Silva.

Tive de me agarrar mesmo às centenas de entrevistas que fiz para escrever este livro. A primeira foi com Sérgio Cabral (meu grande ídolo no assunto). Sérgio me deu um sábio conselho quando lhe perguntei qual estilo deveria adotar no livro. Pediu para eu deixar a história falar por si. Nada de inventar estilo. Era só seguir contando uma história. Os momentos tristes iriam emocionar, os engraçados fariam rir. Foi o que tentei fazer.

Nas entrevistas, encontrei o que faltava na imprensa. As conversas mais importantes e reveladoras foram com Aidran de Carvalho, o Carvalhinho, grande amigo e parceiro de Morengueira. Foi ele quem me contou que Moreira não conhecera o pai, detalhou os sambas comprados, a agiotagem e o relacionamento íntimo de Moreira com o cantor português Manuel Monteiro. Moreira negava, mas Carvalhinho foi categórico: "O portuga não levou ele para Lisboa de graça".

Por tratar-se de um biografado com mais de 90 anos, foi difícil encontrar contemporâneos do cantor. Por isso, fiquei duplamente feliz ao conseguir agendar uma entrevista com Sílvio Caldas, por ser ele da mesma geração e, principalmente, por ser o seu grande ídolo.

Moreira me contara por diversas vezes que migrou para o humor do breque por não se sentir à altura de Sílvio Caldas. "Aquilo era uma cortina de ferro, tive de buscar outro caminho", gostava de dizer. Foi ser "o Tal Moreira", mas o que ele queria mesmo era ter seguido os passos do "Caboclinho Querido". E soltava o vozeirão no seu apartamento para me mostrar que tinha talento de seresteiro: "Cigano, abandonei o meu bando pra viver cantando". Ou então: "Eu sabia que você um dia me procuraria em busca de paz (...) Homem que é homem faz tal qual o cedro que perfuma o machado que o derrubou".

Encontrei-me com Sílvio Caldas no Centro de São Paulo para uma das entrevistas mais frustrantes da minha vida. A impressão que tive foi que Sílvio acabara de ler um livro de Sérgio Cabral ou a coleção inteira da Funarte e se limitava a repetir o que lera. Percebi depois que era comum encontrar esses tipos de entrevistados. Felizmente, logo depois, descobriria que a viagem à São Paulo não foi de toda perdida.

Não existia quase nenhuma bibliografia sobre Moreira da Silva. Lembro de um pequeno trecho num livro de Tinhorão e uma citação em outro de Mário de Andrade. Também a entrevista ao *Som do Pasquim* e à *Enciclopédia da Música Brasileira*. Nada muito além disso. Conversando com Moreira, ele me falou animado sobre um livro em que aparecia "como testemunha ocular da História da Guanabara". Era um relato escrito em 1930 por um assessor do prefeito Prado Júnior sobre o último dia do Governo Washington Luís. Moreira era motorista do autor e, segundo ele, era citado em alguns trechos. O problema é que ele havia perdido o livro e eu revirei o Rio e não achei nada. Biblioteca Nacional, sebos, livraria, arquivo público... Nada.

Ao sair chateado do prédio onde fiz a entrevista com Sílvio Caldas, no Centro de São Paulo, me deparei com uma rua cheia de livrarias antigas. Não tinha mais esperanças de encontrar o bendito livro. Estava, na verdade, atrás de outro livro, que nem era assim tão difícil de encontrar. Num dos sebos, o atendente me indicou uma estante gigantesca onde eu poderia começar a procurar. Meio desanimado, ajeitei a escada para iniciar o trabalho e esbarrei a mão num pequeno volume marrom. Era justamente um exemplar de *O Último Dia de Governo do Presidente Washington Luís no Palácio Guanabara*, de Cícero Marques. Tirei uma cópia e dei de presente para José Ramos Tinhorão que, no dia anterior, havia me ajudado a organizar a discografia de 78 rpm de Moreira. Até hoje, é difícil acreditar naquele golpe de sorte.

Passei três anos no Rio de Janeiro pesquisando e escrevendo a biografia de Moreira. Ele nunca me pediu para ver os originais (nem eu daria), nem nunca proibiu qualquer tipo de assunto. A única coisa que lhe incomodava era a demora. Chegou a reclamar: "Você está esperando eu morrer pra lançar esse livro!". Felizmente pude lançar o livro com ele bem vivo. Foi uma bela festa no MAM do Rio. Vou lembrar pra sempre dele impecável, como nos velhos tempos. Terno S-120, Silva Braga, sapato bicolor, chapéu Panamá e anel de doutor ("pra dar mais pinta de credor").

Quando comecei a conviver com Moreira, ele tinha acabado de operar de um câncer de próstata. Dona Marli me pediu para eu não tratar do assunto no livro para não chocá-lo. Respeitei e não usei a palavra câncer na biografia, muito embora desconfiasse que ele no fundo no fundo apenas fingia não saber da doença.

Moreira nunca parou de cantar. Em abril de 2000, já com 98 anos de idade, fez o show "Quase 100", na Casa Cultural Estácio de Sá. Aos mais próximos, dizia não acreditar que chegaria a um século de vida. "Oh morte cabeluda, não me iluda!", cantava.

Meses depois passou mal em casa e foi levado para o hospital Panamericano. O câncer voltara com força total e espalhara-se por todo o corpo. Ao todo passou dois meses hospitalizado. Chegou a ser transferido para o Hospital dos Servidores, onde veio a falecer no dia 06 de junho do ano 2000. O corpo foi velado no Teatro João Caetano.

Embora Moreira da Silva tivesse dito em público que queria ser enterrado no Catumbi (de fronte ao seu apartamento, ao lado de Mariazinha) não foi assim que aconteceu. Pediu à família e o corpo foi cremado e as cinzas jogadas na Baía da Guanabara. Manteve o humor até nisso: "Não vou dar confiança das baratas me tocarem. Prefiro ser cremado".

Eu morava em Angola quando recebi o telefonema de um jornalista querendo uma frase minha para o obituário de Morengueira. A notícia foi um baque. Por mais velho que fosse, Moreira era para mim daquelas pessoas que a gente pensa que jamais vai morrer.

Nunca vou esquecer dos dias em que fomos juntos ao Maracanã ver o nosso Flamengo, das piadas, dos breques cada vez mais alongados, do privilégio de poder assistir de perto os seus shows, de conhecer sua família. Nunca vou esquecer os três anos em que vivi a rotina de Antônio Moreira da Silva, o Mulatinho, o Personalíssimo, o Tal, o Tal Moreira, o Kid Morengueira, o Último dos Malandros.

Saudades, Kid. Saudade de quando você me telefonava e aguardava eu perguntar:

— E as mulheres, Moreira?

E você respondia como de habitual:

— Sempre nervosas, meu bom baiano, sempre nervosas.

Alexandre Augusto
Londres, 11 de Junho de 2013

ENTREVISTADOS

Aidran de Carvalho

Ângelo Dell'Orto

Antônio Moreira da Silva

Bento Ferreira Gomes

Bezerra da Silva

Billy Blanco

Clemens Abi-Rihan

Clóvis do Violão de Sete Cordas

Cristina Braga

Dicró

Dirce Menezes

Elza Soares

Hélio Coelho

Hermínio Bello de Carvalho

Hilton Abi-Rihan

Igor Levy

Ivan Cardoso

Jards Macalé

José Amin

Juliana Gomes

Lourival Ramos

Luís Fernando Vieira

Márcia Pargana

Marli Gomes

Nadja Menezes Mota

Osvaldo Sargentelli

Ricardo Medeiros

Sagramor de Scuvero Martins

Sérgio Cabral

Sílvio Caldas

William Prado

Vany Bayon

GLOSSÁRIO DA MALANDRAGEM

A

Achacador — Pessoa acostumada a tomar dinheiro emprestado.
Aço — Navalha. "Meti-lhe o aço".
Aduana — Terno novo
Africano — Feijão preto. A tão apreciada feijoada nada mais é do que africano carregado no tempero.
Água pintada — Jeito muito especial de denominar o leite. A gíria surgiu da constatação de que muitos vendedores espertalhões gostavam de misturar o leite com a água.
Amarra — O mesmo que pulseira de relógio. Exemplo: Para roubar o relógio o ladrão arrebentou a amarra.
Araquiri — O mesmo que duvidoso. Se algo não é bom é de araquiri.
Amplexo — Abraço
Apanhar o sabonete — Referência a homossexualismo. "Ele adora abaixar para pegar o sabonete".

B

Base do Agrião — Viver na sombra e água fresca. A expressão vem do fato de o agrião nascer na água e em locais que tenham sombra.
Bife de padaria — O mesmo que pão, que, de tão fino e pequeno, recebeu esse nome.
Boate de lona — Circo
Bobo — Relógio, pois trabalha de graça.
Bolacha preta — Disco de 78 rpm
Bolacha grande — Long-play
Buraco do pano — Bolso da frente das calças

C

Cabreiro — Desconfiado
Cafiola — Cáften, Cafetão
Calibrina — Cachaça
Campanear — Olhar, observar
Canja de chaleira — Café com leite, a canja do pobre.
Cascatinha — Marca de cerveja
Cemiquitério — O mesmo que cemitério
Cerva — Cerveja
Chá de urubu — Café
Chapéu três-pancadas — O malandro deformava o chapéu novo com pancadas na aba e copa, para ficar daquele formato típico do chapéu de malandro.
Chave-de-cadeia — Sinônimo de problema, aborrecimento. "Aquela mulher é chave-de-cadeia".
China — Chinês
Chinfra — Pose
Crivo — Cigarro

D

Delelê — Delegado
Delerusca — Delegado

Derrepenguente — De repente
Desguiar — Desviar
Detenção — Cadeia
Dezoito por trinta e seis — Jogo de baralho
Duana — Estojo onde fica guardada a navalha.
Duringana — Sem dinheiro

E

Emblema de cavalo — Medalha de São Jorge
Escafandrista — "Para comer aquela feijoada eu vou de escafandrista. Não sou otário, dizem que o toucinho flutua, mas eu vou lá no fundo pra ver se é verdade."
Esculachar — Desleixar
Estarrar — Prender. "A polícia te estarra".

F

Farol — Quando o malandro monta uma banca de jogo sempre coloca o farol para vigiar o movimento. Geralmente, um garoto pronto a dar um sinal quando a polícia se aproxima.
Falta de ar — Falta de dinheiro
Fechar o paletó — Morrer. "Fulano fechou o paletó de madeira".
Fio de antena — Macarrão
Fritada — Tapa na cara. "Dei-lhe uma fritada".

G

Gordurame — Comida, refeição
Grande Otelo — Telefone. Naquela época os aparelhos eram em sua maioria de cor preta.

I

Igrisia — Rusga, problema, rixa

J

Jungusta — Polícia. "A jungusta já vem."
Justa — Justiça
Justina — Polícia

L

Leonora — Sinônimo de navalha

M

Mais pesado — Mais pesado que o ar, avião
Mangote — Corruptela de mangos. Cem mangos, duzentos mangotes
Maracanã — Prato fundo
Marola — Confusão
Mina — Menina, garota
Mixola — De pouco valor

N

Neca — Nada, não

O

Orgia — Não tem o sentido dos dias atuais. Era usado como sinônimo de boemia. "Viver na orgia".

P

Paletó de madeira — Caixão
Papagaio — Analfabeto, já que a referida ave também fala, mas não sabe ler e escrever.
Presepada — Fanfarronice
Porão — Bolso de trás das calças
Pichibéqui — Anel
Perna — Nota de cem. Duas pernas, duzentos.
Pinho — Violão

Q

Queimar — Ficar irritado. "Me queimei com a ignorância do chinês".
Quilo de alcatra — Como era chamada a nota de mil, pois equivalia exatamente a um quilo de alcatra.

R

Ralador de coco — Tipo de microfone bastante parecido com esse instrumento culinário.
Remo — Mão. "Vou comer num maracanã na base do remo"; ou seja, comer um prato fundo com a mão.
Ronda — Jogo de baralho

S

Salafra — Salafrário
São Pedro — Como eram chamados os manobreiros da Light.
Sentar na boneca — Designação de homossexualismo. "O sujeito senta na boneca".
Sola — Navalha
Soligem — Navalha (derivado de *Solingen*, marca registrada de uma navalha alemã)

Sonar — Tirar um sono, dormir

Suadouro — Golpe muito conhecido. Uma mulher serve de isca e atrai a vítima com promessas carinhosas. Leva o sujeito para um canto escuro, onde alguns marginais estão de prontidão. Inocente, a pessoa acaba depenada pelos bandidos. Essa prática era também muito usada tendo homossexuais como iscas.

T

Teste da farinha — Teste para descobrir se o indivíduo já teve relações homossexuais passivas. Consiste em pegar um punhado de farinha de trigo e obrigar o sujeito a sentar, despido, em cima. A partir do desenho do ânus, decalcado na farinha, chega-se a um parecer definitivo.

Teste do balde — Tem a mesma finalidade do teste da farinha. Só que nesse caso o sujeito senta-se num balde cheio d'água. Se, ao fazer isso, aparecerem bolhas, significa que já teve relações passivas.

Tiziu — Negro(a). O nome vem de um passarinho, bem pequeno e de cor preta.

Trabalhador — Como é chamado o ladrão. Sempre que vai roubar diz que "vai fazer um trabalho".

V

Vargo — Vagabundo
Vargulmo — Vagabundo

X

Xavecada — embromação, embolação

Z

Ze Trigueiro — Diabo, capeta

AGRADECIMENTOS

Este trabalho não seria possível sem a ajuda de uma porção de pessoas. A começar pelo meu tio, o jornalista José Carlos Teixeira, que me apresentou a música de Moreira da Silva quando eu ainda era um guri de dez anos de idade. E, não se dando por satisfeito, agora, uma década e meia mais tarde, leu com todo cuidado os originais desse livro.

Muito obrigado, também, a toda família Rangel (Isis, Humberto, Erika, Maira e Diana) que me adotou no período em que estive no Rio de Janeiro. Ainda a Aidran de Carvalho, o Carvalhinho, pelas informações, pelos discos e, principalmente, pela paciência. Sem esquecer, é claro, dos entrevistados e da família Moreira da Silva (Marli, Juliana, Jorge Antônio, Jorge). Todos pacientes e cordiais, sempre dispostos a contar histórias sobre Moreira e esclarecer mal-entendidos. Sem contar a ajuda em fornecer material fotográfico, muita vezes arrancando as fotos de seus álbuns de família.

Agradeço especialmente a José Ramos Tinhorão e Sérgio Cabral. Os dois, além de escreverem com maestria algumas páginas da história da nossa música, foram essenciais na conclusão desse trabalho. A Tinhorão, agradeço pela ajuda e enorme paciência na elaboração da discografia de 78 rotações. A Sérgio Cabral, pelas dicas e informações preciosas que sempre teve disposição para me fornecer. Especialmente, as informações inéditas contidas nos originais do livro que escrevia sobre as escolas de samba do Rio de Janeiro.

Gostaria de dar crédito também aos professores da Faculdade de Comunicação da Universidade Federal da Bahia, Florisvaldo Matos e Marcos Palácios. Flori foi meu orientador quando escrevi uma monografia de Moreira ainda como estudante de comunicação. Já Palácios, foi o real responsável por esse projeto ir adiante. Me deu a ideia de transformá-lo em livro e acompanhou a sua elaboração, capítulo por capítulo. Conseguiu ainda uma bolsa de aperfeiçoamento do CNPQ para que eu pudesse trabalhar um pouco mais sossegado, entre julho de 1994 e julho de 1995. Também não posso ficar sem citar os amigos Adélia Romero da Silva, Alexandre Gomes Brito, Amarildo Tosta Santos, Andréa Rabi, Alessandro Moreira Silva, Antonio Eduardo Dias, Barretinho (pelo aprendizado), Erika Baldo, Félix Augusto Santos Gonçalves (pelo estudo de uma vida), Edson Lopes de Castro Neto, Flávio Luiz, Gonçalo Júnior (pela aporrinhação e o auxílio em bibliotecas empoeiradas), Isabel Cristina Ferreira, Ivone Pinto, Jonhson Santos, Josélia Aguiar (pela leitura atenta dos originais), Luciano Evangelista Vieira, Luís Augusto, Mario Augusto Rondom, Patrícia Boueri, Paolo Marconi, Paulo Roberto do Carmo, Remier Lyon, Roberto Dias (por apostar no projeto desde o início), Rafael Menezes Formigli, Rogério Gomes Brito, Rogério dos Santos Ramos, Sandro Alex Damasceno Costa, Sérgio Carvalho de Mattos, Suzana Rodrigues de Oliveira, Tasso Franco, Valentina Garcia, Valéria Motta (pela ajuda na pesquisa). Todos colaboraram de alguma forma para a efetivação desse trabalho.

Esse livro não poderia ser realizado sem o apoio cultural da Construtora Norberto Odebrecht e do CNPQ. Foi graças ao auxílio das duas instituições que pude me dedicar exclusivamente à vida de Moreira da Silva durante todo o ano de 1995.

BIBLIOGRAFIA

ALENCAR, Edigar de. *O carnaval carioca através da música*, Rio de Janeiro, Freitas Bastos, 1965

_____. *Nosso Sinhô do samba*. 2ª ed., rev. e ampl. Rio de Janeiro, Funarte, 1981.

_____. *Claridade e sombra na música do povo*. Rio de Janeiro, Francisco Alves, 1984.

ALMEIDA, Juarez. *Sucessos musicais em sambas e valsas*. Rio de Janeiro, editora Gertum Carneiro, s/d.

ALMIRANTE (Henrique Foréis Domingues). *No tempo de Noel Rosa*, Rio de Janeiro, Livraria Francisco Alves Editora, 1963.

ALVES, Henrique Losinskas. *Sua Excelência — O Samba*. 2ª ed., São Paulo, Símbolo, 1976.

ASSIM ERA O RÁDIO. Acervo de discos de acetato gravados pelas emissoras de rádio nas décadas de 40 e 50. Collector's Editora Ltda, s/d.

BANCO CENTRAL. Tabela de taxas cambiais médias; cotação em relação à moeda nacional (1930 —1994).

BANCO CENTRAL. Evolução do padrão monetário brasileiro. Central de Atendimento ao Público do BC.

BARROS, J. Leitão de. *Roteiro dos filmes A varanda dos rouxinóis e Vendaval maravilhoso*. Lisboa, Cinemateca Portuguesa, 1982.

CABRAL, Sérgio. *No tempo de Almirante*. Rio de Janeiro, Francisco Alves, 1990.

_____. *No tempo de Ary Barroso*. Rio de Janeiro, Lumiar Editora, 1993.

_____. *Elizeth Cardoso — uma vida*. Rio de Janeiro, Lumiar Editora, 1994

CAMPOS, Alice Duarte Silva de. *Um certo Geraldo Pereira*. Rio de Janeiro, Funarte, 1983.

CARVALHO, Hermínio Bello de. *Cartas cariocas para Mário de Andrade*. Rio de Janeiro, Leviatã Publicações, 1994.

CÍCERO, Marques. *O último dia de governo do presidente Washington Luís no Palácio Guanabara*. São Paulo, Soe. Impressora Paulista, 1930.

COSTA, Haroldo. *Salgueiro: academia de samba*. Rio de Janeiro, Record, 1984.

DAMATTA, Roberto. *Carnavais, malandros e heróis; para uma sociologia do dilema brasileiro*. Rio de Janeiro, Editora Guanabara, 1990.

ENCICLOPÉDIA DA MÚSICA BRASILEIRA. Erudita, folclórica, popular. São Paulo, Art Editora Ltda, 1977.

GUIMARÃES, Francisco (Vagalume). *Na roda do samba*. 2ª ed., Rio de Janeiro, Funarte, 1978 (MPB reedições).

GOMES, Bruno Ferreira. *Wilson Batista e sua época*. Rio de Janeiro, Funarte, 1985.

GOULART, Silvana. *Sob a verdade oficial; ideologia, propaganda e censura no Estado Novo*. São Paulo, Editora Marco Zero, 1990.

HOLANDA, Nestor de. *Memórias do Café Nice — subterrâneos da música popular e da vida boemia do Rio de Janeiro*. Rio de Janeiro, Conquista, 1970.

LAGO, Mário. *Na rolança do tempo*. 49ª ed., Rio de Janeiro, Civilização Brasileira, 1979.

MARIZ, Vasco. *A Canção brasileira — Erudita, folclórica e popular*. 3ª ed., Rio de Janeiro, Civilização Brasileira, 1977.

MOBY, Alberto. *Sinal fechado; a música brasileira sob censura*. Rio de Janeiro, Obra Aberta, 1994.

MORAES, Eneida. *História do carnaval carioca*. Rio de Janeiro, Record, 1987.

MURCE, Renato. *Bastidores do rádio*, Rio de Janeiro, Record, 1983.

O SOM DO PASQUIM. *Grandes entrevistas com os astros da música popular brasileira*. Rio de Janeiro, Codecri, 1976.

RANGEL, Lúcio. *Sambistas e chorões — aspectos e figuras da música popular brasileira*. Rio de Janeiro, Editora Francisco Alves, vol. 6 da coleção Contrastes e Confrontos, 1962.

SANTOS, Alcino; BARBALHO, Grácio; SEVERIANO, Jairo & AZEVEDO, M. A de (Nirez). *Discografia brasileira 78rpm*. Rio de Janeiro, Funarte, 1982

SAROLDI, Luiz Carlos & MOREIRA, Sônia Virgínia. *Rádio Nacional — O Brasil em sintonia*. Rio de Janeiro, Martins Fontes/Funarte, 1988.

SOARES, Maria Thereza Mello. *São Ismael do Estácio; o sambista que foi rei*. Rio de Janeiro, Funarte, 1985.

SODRÉ, Muniz. *Samba, o dono do corpo*. Rio de Janeiro, Codecri, 1979.

TINHORÃO, José Ramos. *Pequena história da Música Popular (da modinha à canção de protesto)*. Petrópolis, Vozes, 1975.

_____. *Música popular — do gramofone ao rádio e tv*. São Paulo, Ática, 1981.

_____. *História social da música popular brasileira*. Lisboa, Editorial Caminho, 1990.

_____. *Música popular — teatro & cinema*. Petrópolis, Editora Vozes Ltda,1972.

U.S. DEPARTMENT OF LABOR. *Índices de inflação do dólar americano (1913-1994)*, Washington, D.C., 1995.

VENEZIANO, Neyde. *O teatro de revista no Brasil: dramaturgia e convenções*. Editora da Universidade Estadual de Campinas, 1991.

VIEIRA, Luís Fernando, PIMENTEL, Luís & VALENÇA, Suetônio. *Um escurinho direitinho — a vida e a obra de Geraldo Pereira*. Rio de Janeiro, Relume Dumará, 1995.

DISCOGRAFIA

DISCOGRAFIA

Anos 1930

1931 – 78 rpm (Odeon 10878)
A: Ererê (ponto de macumba de Getúlio Marinho)
B: Rei de Umbanda (ponto de macumba de Getúlio Marinho)

1932 – 78 rpm (Odeon 10896)
A: Na Favela
(samba de Getúlio Marinho)
B: Viva Meu Orixá
(samba de Getúlio Marinho)

1932 – 78 rpm (Odeon 10917)
A: Auê (ponto de macumba de Getúlio Marinho)
B: Cafiôto (ponto de macumba de Getúlio Marinho)

1932 – 78 rpm (Odeon 10925)
A: Na Mata Virgem (ponto de macumba de Getúlio Marinho)
B: Auê de Ganga (ponto de macumba de Cícero de Almeida "Baiano")

1932 – 78 rpm (Odeon 10930)
A: A Baiana de Nagô
(samba de Alcebíades Barcelos)
B: Martirizado
(samba de Gerônimo Cabral)

1932 – 78 rpm (Parlophon 13402)
A: Quem Vem Lá? (batucada de Leonel Farias) – Vocal: Leonel Farias
B: Era Meia-Noite! (batucada de Getúlio Marinho)

DISCOGRAFIA

1932 – 78 rpm (Columbia 22165)
A: Vejo Lágrimas (samba de Ventura e Osvaldo Vasques)
B: Arrasta a Sandália (samba de Aurélio Gomes e Osvaldo Vasques)

1932 – 78 rpm (Victor 33612)
A: Oi, Maria
(samba de Assis Valente)
B: Pra Lá de Boa
(marcha de Assis Valente)

1933 – 78 rpm (Columbia 22188)
A: Vou Vender Jornal
(samba de Benedito Lacerda)
B: Crioula Só Por Necessidade
(marcha de Benedito Lacerda e Gastão Viana)

1933 – 78 rpm (Columbia 22194)
A: É Batucada (samba de Caninha e Visconde de Bicohyba)
B: Tudo no Penhor
(samba de Benedito Lacerda)

1933 – 78 rpm (Columbia 22210)
A: Tua Vida Entortou
(samba de Alberto Ribeiro)
– Vocal: N. Duarte
B: Xandica (maxixe de Paraguassu)

1933 – 78 rpm (Victor 33622)
A: Empurra
(samba de Benedito Lacerda)
B: Implorei Sua Amizade
(samba de Benedito Lacerda e Gilberto Martins)

1933 – 78 rpm (Victor 33649)
A: Confesso (samba de Alfredo Neto e Henrique Gonçalez)
B: Homem Não Chora (samba de Waldemar Silva)

1933 – 78 rpm (Victor 33664)
A: Cabrocha Inteligente (samba de Ary Barroso)
B: Quando a Noite Vem Chegando (samba de Ary Barroso)

1933 – 78 rpm (Victor 33711)
A: No Morro de São Carlos
(samba de Hervê Cordovil e Orestes Barbosa)
B: Eu Vou Comprar (samba de Heitor dos Prazeres)

1933 – 78 rpm (Victor 33726)
A: Abre a Boca e Feche os Olhos
(samba de Assis Valente)
B: Olha à Direita
(marcha de Assis Valente)

1934 – 78 rpm (Victor 33726)
A: Levante o Dedo
(marcha de Assis Valente)
B: Cadê Você, Meu Bem? (samba de Assis Valente)

1934 – 78 rpm (Victor 33751)
A: Bráulia (frevo de J. Justiniano de Albuquerque)
B: Cadê Você? (marcha pernambucana de João Correia e H. Celso)

1934 – 78 rpm (Victor 33803)
A: Desperta (samba de Alcebíades Barcelos e Álvaro Santos)
B: Confissão de Malandro (samba de Guilherme Martins)

1935 – 78 rpm (Columbia 8109)
A: Gosto de Você Iaiá (Schubert com arranjo de Gomes Filho)
B: Coração Constipado (marcha de Gomes Filho)

1935 – 78 rpm (Columbia 8114)
A: Devias Ser Condenada (samba de Walfrido Silva e Wagmar)
B: Implorar (samba de Kid Pepe, Germano Augusto e J.S. Gaspar)

1935 – 78 rpm (Columbia 8119)
A: Sá Miquilina (marcha de Moreira da Silva e Heitor Catumbi)
B: Foi em 1500 ... (samba de Roberto Martins)

1936 – 78 rpm (Columbia 8152)
A: Qual é Teu Desejo? (samba de Heitor Catumbi)
B: Roxa de Saudade (valsa de Heitor Catumbi)

1936 – 78 rpm (Columbia 8158)
A: Depois de Você (marcha de Donga e Eduardo Almeida)
B: Adeus... Vou Partir (samba de Djalma Esteves e Moreira da Silva)

1936 – 78 rpm (Columbia 8159)
A: Olha a Lua (samba de Moreira da Silva e Siqueira Filho)
B: Tenho Tudo (samba de Moreira da Silva)

1937 – 78 rpm (Columbia 8249)
A: O Trabalho Me Deu Bolo (samba de Moreira da Silva e João Golô)
B: O Que Tem Iaiá (samba de Antônio do Samba e Getúlio Marinho)

1938 – 78 rpm (Columbia 8324)
A: Todo Mundo Está Esperando (samba de Ernesto Sepe e Moreira da Silva)
B: Mineiro Sabido (samba de Cícero Nunes e Moreira da Silva)

1938 – 78 rpm (Columbia 8325)
A: Fraco Abusado (samba de Clóvis Vieira, Moreira da Silva e Vespasiano Luz)
B: Do Amor ao Ódio (samba de Luiz Bittencourt e Heitor Catumbi)

1938 – 78 rpm (Columbia 8363)
A: Cassino (samba de Moreira da Silva e Manoel Fernandes)
B: Nega Zura (samba de José Gonçalves)

1938 – 78 rpm (Columbia 8380)
A: Mineiro Sabido (samba de Moreira da Silva e Cícero Nunes)
B: Chang-Lang Se Queimou (samba de Moreira da Silva e José Figueira)

1938 – 78 rpm (Columbia 8393)
A: Nega de Gafieira (samba-choro de Moreira da Silva e C. de Farias)
B: Beijo Furtado (samba-canção de Francisco Galvão e Apolinário)

1939 – 78 rpm (Columbia 55003)
A: Não Sou Mais Aquele (samba de Vespasiano Luz e Moreira da Silva)
B: Meu Sofrimento (samba-canção de Vespasiano Luz e Moreira da Silva) – Dueto com Leá Coutinho

1939 – 78 rpm (Odeon 11793)
A: O Trabalho Me Deu Bolo (batucada de Moreira da Silva e João Golô)
B: Adeus Orgia, Adeus (batucada de Djalma Esteves e Felisberto Martins)

Anos 1940

1940 – 78 rpm (Odeon 11883)
A: A Casinha Amarela (samba de Djalma Esteves, Edgar Freitas e Francisco Santos)
B: Acertei no Milhar! (samba-choro de Wilson Batista e Geraldo Pereira)

1940 – 78 rpm (Victor 34686)
A: A Deusa da Vila (de Djalma Esteves e David Nasser)
B: Com Açúcar (de Wilson Batista e Darci de Oliveira)

1941 – 78 rpm (Victor 34717)
A: Olha a Cara Dela (marcha de Geraldo Pereira e Moreira da Silva)
B: Assim Termina Um Grande Amor (samba de Djalma Esteves, Moreira da Silva e Miguel Baúso)

1941 – 78 rpm (Victor 34754)
A: Esta Noite Eu Tive Um Sonho (samba de Wilson Batista e Moreira da Silva)
B: Amigo Urso (samba de Henrique Gonçalez)

1941 – 78 rpm (Victor 34777)
A: O Homem Que Se Casa é Feliz (samba de Corrêa da Silva e Oduvaldo Lacerda)
B: Mendigo do Amor (samba de Gastão Viana e Oduvaldo Lacerda)

1941 – 78 rpm (Victor 34805)
A: Doutor do Futebol (samba de Valdemar Pujol e Moacyr Bernadino)
B: Bilhete Branco (samba de Henrique Gonçalez)

1941 – 78 rpm (Odeon 12072)
A: Marcha ABC (marcha de Moreira da Silva e Davina Anita)
B: Quando o Sol Apareceu (samba de Moreira da Silva e J. Portela)

1942 – 78 rpm (Odeon 12089)
A: Paraquedista do Amor
(marcha de Davina Anita)
B: O Jantar Está na Mesa (samba
de Felisberto Martins e S. Queima)

1942 – 78 rpm (Odeon)
A: Nicolau (samba de João
da Baiana e Ary Monteiro)
B: Dança do Espalha (batucada
de Ubirajara Nesdan e Gomes Filho)

1942 – 78 rpm (Odeon 12144)
A: Dormi no Molhado
(samba-choro de Moreira da Silva)
B: Fui a Paris (samba-choro
de Moreira da Silva e Ribeiro Cunha)

1942 – 78 rpm (Odeon 12186)
A: Lembranças da Bahia
(samba-choro de Moreira da Silva
e Geraldo Pereira)
B: Mentiras de Madame (samba-
choro de Henrique Gonçalez)

1942 – 78 rpm (Odeon 12208)
A: Conversa de Camelô (samba de
Sebastião Valença e Tancredo Silva)
B: Qu'est-ce Que Tu Pense? (samba
de Francisco Moreno)

1943 – 78 rpm (Odeon 12252)
A: Diplomata (samba-choro de
Henrique Gonçalez)
B: Voz do Morro (samba de Geraldo
Pereira e Moreira da Silva)

1943 – 78 rpm (Odeon 12315)
A: Antes, Porém... (samba
de Djalma Mafra e Cyro Monteiro)
B: Conversando com Satanás
(samba-choro de Henrique Gonçalez)

1943 – 78 rpm (Odeon 12349)
A: Cigano (samba de Lupicínio
Rodrigues e Felisberto Martins)
B: Copa Roca (choro de Lourival
Ramos e Moreira da Silva)

1943 – 78 rpm (Odeon 12390)
A: Samba pro Concurso (samba de
Geraldo Pereira e Moreira da Silva)
B: Maestro, Toque Aquela (samba
de Ismael Silva e José de Almeida)

1944 – 78 rpm (Odeon 12476)
A: Foi-se o Meu Azar (samba-choro
de Valdemar Pujol e Zé Ferreira)
B: Juracy, Boca de Siri (samba-choro
de Norberto Martins e Zé Ferreira)

1944 – 78 rpm (Odeon 12516)
A: Meu Grande Amigo
(choro de Henrique Gonçalez)
B: Meu Pecado (samba de Lupicínio
Rodrigues e Felisberto Martins)

1945 – 78 rpm (Odeon 12581)
A: Falavas de Mim Com Ela
(samba de Moacyr Bernadino
e J. Portela)
B: O Relógio Lá de Casa
(samba-choro de Moreira da Silva
e Inezita Falcão)

DISCOGRAFIA

1945 – 78 rpm (Odeon 12620)
A: Cremilda (samba de Antônio Diogo, Manoel Passos e José Luiz)
B: Estúdio Azul (samba de César Cruz e Moreira da Silva)

1946 – 78 rpm (Odeon 12669)
A: O Samba na Gamboa (samba de Raul Marques, Ciro Souza e Ary Alexandrino)
B: Lindo Lar (samba de Moacyr Bernadino e Norberto Martins)

1946 – 78 rpm (Odeon 12713)
A: Amigo da Onça (choro de Henrique Gonçalez)
B: Noiva da Gafieira (samba de breque de Ludovico Guimarães e Valdemar Pujol)

1946 – 78 rpm (Odeon 12738)
A: O Relógio da Matriz (samba de Corrêa Filho e José Bruni)
B: Adeus, Aurora (samba de Moacyr Bernadino e Moreira da Silva)

1947 – 78 rpm (Odeon 12803)
A: Samba Triste (samba de Moreira da Silva e Corrêa Filho)
B: Pernambuco, Você é Meu! (samba de Tancredo Silva e Daniel Lustoza)

1947 – 78 rpm (Odeon 12820)
A: Rica Cigana (marcha de José Conde e J. Dutra)
B: São Cristóvão (samba de Antenor Borges e S. Queima)

1948 – 78 rpm (Odeon 12868)
A: Amigo Desleal (samba de José Conde e Moreira da Silva)
B: Margarida (samba de Zózimo Ferreira e Moreira da Silva)

1949 – 78 rpm (Odeon 12907)
A: Estácio de Sá (samba de Antenor Borges e A. F. Marques)
B: A Volta da Jardineira (marcha de Moreira da Silva e Zózimo Ferreira)

1949 – 78 rpm (Star 108)
A: Rei dos Ciganos (marcha de Bucy Moreira, Henrique Almeida e Mario Amorim)
B: Ela é Feia, Mas é Boa (batucada de Príncipe Pretinho e Oldemar Magalhães)

1949 – 78 rpm (Star 125)
A: Mulher Que Eu Gosto (samba de Afonso Teixeira e A.F. Marques)
B: Falta de Elegância (samba de Henrique Almeida, Moreira da Silva e Walfrido Silva)

1949 – 78 rpm (Star 134)
A: Pra Cubano Ver (samba de Henrique Almeida e Moreira da Silva)
B: Alto, Moreno e Simpático (samba de Frazão e Roberto Martins)

1949 – 78 rpm (Star 165)
A: Helena Querida
(samba de Djalma Esteves
e Victor Lima)
B: Resignado (samba de Moreira
da Silva e D. Provenzano)

1949 – 78 rpm Star 195
A: Céu Azul
(samba de César Cruz
e Moreira da Silva)
B: Presépio Encantado (samba
de Moreira da Silva e B. Mota)

Anos 1950

1950 – 78 rpm (Star 209)
A: Arraiá do Barnabé
(samba-choro de Moreira da Silva)
B: Olhai Pelo Brasil
(samba de Moreira da Silva, Zezinho
e Crispim Alves)

1950 – 78 rpm (Star 225)
A: Entrevista
(samba-choro de Moreira da Silva)
B: Sou Motorista
(samba-choro de Átila Nunes
e Altamiro Carrilho)

1950 – 78 rpm (Star 301)
A: Papai dos Coroas
(marcha de Bruno Gomes, Ivo
Santos e Derossi Provenzano)
B: Meu Sapato (samba de Ribeiro
Cunha e H. Rocha)

1950 – 78 rpm (Carnaval 009)
A: Viva o Elefante
(marcha de Anadion Glauco
e Diógenes Lima)
B: Ele Tem Que Voltar
(samba de Moreira da Silva e Isidoro)

1950 – 78 rpm (Carnaval 024)
A: Sempre a Mulher
(samba de Rubens Campos e Gesta)
B: Boquinha de Siri (marcha
de Pereira Matos e Airton Amorim)

1952 – 78 rpm (Continental 16553)
A: Cavaleiro de Deus (samba
de Airton Amorim e Ferreira Gomes)
B: Na Subida do Morro (samba
de Ribeiro Cunha e Moreira da Silva)

1952 – 78 rpm (Continental 16589)
A: Olha o Padilha
(samba de Bruno Gomes, Ferreira
Gomes e Moreira da Silva)
B: Rosinha
(samba de Aírton Moreira, Moreira
da Silva e Ferreira Gomes)

1952 – 78 rpm (Continental 16116)
A: Três-Três (samba de Ferreira
Gomes e Airton Amorim)
B: São Sebastião
(samba de Bruno Gomes, Ferreira
Gomes e Airton Moreira)

1953 – 78 rpm (Continental 16668)
A: Arrependida (samba de Jorge
Gebara e Anadion Glauco)
B: Viva o Cabral
(marcha de João de Barro)

DISCOGRAFIA

1953 – 78 rpm (Continental 16724)
A: Bilhete Premiado / Dormi no Molhado (sambas de Tancredo Silva, Ribeiro Cunha e Moreira da Silva)
B: Jogo Proibido / Malandro Bombardeado (sambas de Tancredo Silva, David Silva, José Gonçalves e Moreira da Silva)

1953 – 78 rpm (Continental 16806)
A: 1.296 Mulheres (samba de Zé Trindade e Moreira da Silva)
B: Falsa Grã-fina (samba de Alfredo Costa e Oldemar Magalhães)

1953 – 78 rpm (Continental 16828)
A: Na Carreira do Crime (samba de Moreira da Silva e Lourival Ramos)
B: Poeta dos Negros (samba de J. Santos, João Batista da Silva e Valdir Machado)

1954 – 78 rpm (Continental 16897)
A: Diploma de Pobre (samba de João Batista da Silva, Príncipe Veludo e Jorge Santos)
B: A Mão do Alcides (marcha de Bruno Gomes, Ferreira Gomes e Wilson Batista)

1954 – 78 rpm (Continental 16949)
A: Bamba de Caxias (samba de Moreira da Silva e Ribeiro Cunha)
B: Laranja Tem Vitamina (samba de Moreira da Silva)

1954 – 78 rpm (Todamerica 5470)
A: Vote em Mim (samba de Bruno Gomes e Ferreira Gomes)
B: Capitão Guerreiro (samba de Antônio Gonçalves, Carlos A. da Silva e Ribeiro Cunha)

1955 – 78 rpm (Continental 17056)
A: Portuguesa da Minha Rua (samba de Alípio Rangel, Mutt e Ribeiro Cunha)
B: Aluga-se Uma Casa (samba de breque de Nilo Viana e Príncipe Veludo)

1955 – 78 rpm (Musidisc M-50039)
A: Meu Desejo (samba de Aristóteles Silva e Moreira da Silva) Participação especial: Jussara Nei e dupla Raio de Noite
B: Fingida (samba de Moreira da Silva e Sulamita Guimarães)

1955 – 78 rpm (Santa Anita 1007)
A: Zé Trombone (marcha de Castro Perret e Amado Carneiro)
B: Tentação (samba de M. Veira, A. Wanderlei e A. Viana)

1955 – 78 rpm (Santa Anita 1010)
A: A Volta do Cigano
(samba-canção de Dalmo
e Moreira da Silva)
B: São Jorge Meu Protetor
(samba de Wilson Pires
e Moreira da Silva)

1955 – 78 rpm (Santa Anita 1019)
A: O Maior do Mundo
(samba de Wilson Pires, Moreira
da Silva e Ribeiro Cunha)
B: Falso Gaiato
(samba de Lourival Ramos, Jorge
Gonçalves e Moreira da Silva)

1956 – 10 Polegadas - O Tal
(Santa Anita SALP 1006)

01 - Acertei no Milhar (Wilson Batista e Geraldo Pereira)
02 - Nova da Gafieira (Ludovico Guimarães e Waldemar Pujol)
03 - Bamba de Caxias (Moreira da Silva e Ribeiro Cunha)
04 - Falso Gaiato (Lourival Ramos, Jorge Gonçalves e Moreira da Silva)
05 - Copa Roca (Lourival Ramos e Moreira da Silva)
06 - Na Subida do Morro (Moreira da Silva e Ribeiro Cunha)
07 - Não Sou Mais Aquele (Moreira da Silva)
08 - Amigo Urso (Henrique Gonçalez)

1956 – 78 rpm (Santa Anita 1021)
A: A Turma do Funil
(marcha de Adelino Moreira
e Moreira da Silva)
B: Brotinho Bom
(marcha de Príncipe Veludo, Renato
Araújo e Nilo Viana)

1956 – 78 rpm (Santa Anita 1028)
A: Sapoti (marcha de Adelino
Moreira e Moreira da Silva)
B: Nunca Mais
(samba de Nilo Viana
e Alípio Santos)

DISCOGRAFIA

1956 – 78 rpm (Repertório 9025)
A: A Carta (samba de Marcelino Ramos e Silas Oliveira)
B: Céu Sem Balões (marcha de Amauri Silva e Daniel Simões)

Sem data – 78 rpm (Magistral M-001)
A: Rio Alegre (samba de João Corrêa da Silva e Manoel Brigadeiro)
B: Vem, Emilinha (marcha de José Batolomeu e Sebastião Martins)

Sem data - 78 rpm (Regency 2009)
A: Botafogo (samba de Haroldo Bizarro e Otacílio França)
B: Herdeiros do Brasil (samba de Otacílio França)

1957 – 78 rpm (Odeon 1264)
A: Chang Lang (samba de breque de Moreira da Silva e Ribeiro Cunha)
B: Escuta Moreninha (choro de Moreira da Silva e Heitor Catumbi)

1958 – 78 rpm (Odeon 14337)
A: Jogando Com o Capeta (samba de Moreira da Silva e Ribeiro Cunha)
B: Desprezo (samba de Moreira da Silva e Zé Kéti)

1958 – LP O Último Malandro
(Odeon MOFB 3058)

01 - Que Barbada (Walfrido Silva)
02 - Amigo Urso (Henrique Gonçalez)
03 - Vara Criminal (Moreira da Silva e Ribeiro Cunha)
04 - Olha o Padilha (Ferreira Gomes, Bruno Gomes e Moreira da Silva)
05 - Dormi no Molhado (Moreira da Silva e Ribeiro Cunha)
06 - Dona História Com Licença (Moreira da Silva)
07 - Jogando Com O Capeta (Moreira da Silva e Ribeiro Cunha)
08 - Acertei No Milhar! (Wilson Batista e Geraldo Pereira)
09 - Na Subida do Morro (Moreira da Silva e Ribeiro Cunha)
10 - Averiguações (Wilson Batista)
11 - Esta Noite Eu Tive Um Sonho (Moreira da Silva e Wilson Batista)
12 - Chang-Lang (Moreira da Silva Ribeiro Cunha)

1959 – 78 rpm (Odeon 14457)
A: Gago Apaixonado
(samba de Noel Rosa)
B: Bamba de Caxias
(samba de breque de Moreira da Silva e Ribeiro Cunha)

1959 – LP A Volta do Malandro
(Odeon MOFB 3096)

01 - Um Gago Apaixonado (Noel Rosa)
02 - Bamba de Caxias
(Moreira da Silva e Ribeiro Cunha)
03 - Pé e Bola (Moreira da Silva e Waldemar Pujol)
04 - Filmando na América
(Moreira da Silva e Waldemar Pujol)
05 - Laranja Tem Vitamina
(Moreira da Silva)
06 - Meu Pecado (Lupicínio Rodrigues e Felisberto Martins)
07 - Cidade Lagoa
(Cícero Nunes e Sebastião Fonseca)
08 - Fui ao Japão
(Moreira da Silva e Zé Ferreira)
09 - Mironga e Gronga
(Moreira da Silva, Nelson Santos e Talismã)
10 - Juracy (Antônio Almeida e Cyro de Souza)
11 - Pesadelo (Moreira da Silva)
12 - Zé Carioca (Zilda do Zé e Zé da Zilda)

Anos 1960

1959 – 78 rpm (Odeon 14543)
A: Madona de Minh'Alma (samba-canção de Alberto Costa e Liberaldina Brasil)
B: Feliz Natal, Minha Mãe (valsa de Moreira da Silva e Darcy Thompson)

1960 – 78 rpm (Albatroz B501)
A: Tradição da Lapa
(samba de A. Montenegro, R. Araújo e E. Matos)
B: Pai Adão (marcha de José Batista e Rossi Pacheco)

1960 – 78 rpm (Odeon 14611)
A: Dona Justina
(samba de Kiabo e Moreira da Silva)
B: O Conto do Pintor
(samba de Miguel Gustavo)

1960 – 78 rpm (Odeon 14700)
A: Antigamente (samba de breque de Moreira da Silva e Heitor Catumbi)
B: Cinderela em Negativo (samba de Nelson Barros e Frazão)

1960 – EP Compre Este Disco
(Odeon BWB 1093)

01 - Compre Este Disco (Cícero Nunes e Sebastião Fonseca)
02 - Malandro Manhoso (Barros Filho e Moreira da Silva)
03 - O Conto do Pintor (Miguel Gustavo)
04 - Malandro Bombardeado (Moreira da Silva e Ribeiro Cunha)

1961 – LP Malandro em Sinuca
(Odeon MOFB 3207)

01 - O Conto do Pintor (Miguel Gustavo)
02 - A Volta de Chang-Lang (Kiabo e Almir Costa Barbosa)
03 - Antigamente (Heitor Catumby e Moreira da Silva)
04 - Malandro em Sinuca (Moreira da Silva)
05 - O Tal Doutor (Almanir Grego)
06 - Meritíssimo (Moreira da Silva e Ribeiro Cunha)
07 - Malandro Bombardeado (Moreira da Silva e Ribeiro Cunha)
08 - Cinderela em Negativo (Eratóstenes Frazão e Nelson Barros)
09 - Burocracia (Cícero Nunes e Sebastião Fonseca)
10 - Cardápio Changue-U (Ricardo Lima Tavares Maruim)
11 - Cachorro de Madame (Wilson Pires e Moreira da Silva)
12 - Choro Esdrúxulo (Moreira da Silva e Zé Ferreira)
13 - Margarida (Moreira da Silva e Zózimo Ferreira)
14 - Cassino de Malandro (Raul Marques e Tancredo Silva)

1961 – 78 rpm (Odeon 14726)
A: Cardápio Chang-Wu
(samba de Maruim)
B: Cachorro de Madame
(samba de breque de
Moreira da Silva e Wilson Pires)

1961 – EP O Bom Malandro (Odeon BWB-1140)
01 - Cara Dura
(Moreira da Silva e Ribeiro Cunha)
02 - Não Sou Mais Aquele
(Moreira da Silva)
03 - Um Gago Apaixonado (Noel Rosa)
04 - Burocracia (Cícero Nunes
e Sebastião Fonseca)

1961 – LP Malandro Diferente
(Odeon MOFB 3245)

01 - Camelô na Cidade (Tancredo Silva e Vagner R. De Paula)
02 - O Pugilista de Fama (Claudionor Martins e Moreira da Silva)
03 - Vou Te Contar (Kiabo)
04 - Desculpa de Soldado (Moreira da Silva e Jehova Barbosa)
05 - Carango Assaltado (Moreira da Silva e Kiabo)
06 - Reminiscências (Heitor Catumbi e Moreira da Silva)
07 - A Dama do Cemitério (Moreira da Silva e Kiabo)
08 - No Seca-Sovaco (Jorge Gonçalves, Ribeiro Cunha e Moreira da Silva)
09 - Fui a Paris (Moreira da Silva e Ribeiro Cunha)
10 - Cabrito Com Bronca (Lourival Ramos e Moreira da Silva)
11 - Se Você For à Bahia (Alberto Costa e Oldemar Magalhães)
12 - Aquele Adeus (Mário Teresópolis)

DISCOGRAFIA

1962 – 78 rpm (Odeon 14796)
A: O Rei do Gatilho
(samba de breque de Miguel Gustavo)
B: Aquele Adeus...
(samba de Mário Teresópolis)

1962 – 78 rpm (Odeon 14810)
A: Bailarinos do gramado
(samba de Lourival Ramos,
Moreira da Silva e Ribeiro Cunha)
B: Que Loura é Essa? (
samba de breque de Alberto Costa
e Oldemar Magalhães)

1962 – 78 rpm (Orion R121)
A: Mundo Lata
(de João Correia
e Manoel Brigadeiro)
B: Meu Prazer
(de Moreira da Silva e Ribeiro Cunha)

Sem data - 78 rpm (Sondomar 1005)
A: Desta Vez Vamos! (marcha de
Pedro Caetano)
B: O Cavalo Inglês
(samba de Pedro Caetano)

1962 – LP O Tal Malandro
(Odeon MOFB 3299)

01 - O Rei do Gatilho
(Miguel Gustavo)
02 - Reconciliação
(Moreira da Silva e Jam)
03 - Fraco Abusado (Moreira da Silva,
Clóvis Silva e Vespasiano Luz)
04 - Aviso aos Fazendeiros
(Moreira da Silva, Lourival Ramos
e Ribeiro Cunha)
05 - Deu o Bode Pra Polícia
(Silvino Neto)
06 - Anúncio Pra Mulher
(Moreira da Silva e Kiabo)
07 - Bailarinos do Gramado
 (Moreira da Silva, Lourival Ramos e
Ribeiro Cunha)
08 - Papagaio Poliglota
(Miguel Lima e Adelmo Garcia)
09 - Que Loura é Essa
(Alberto Costa e Oldemar Magalhães)
10 - Sou o Primeiro
(Moreira da Silva e Moab Moreira)
11 - Ciumento
(Moreira da Silva e Ayrton Amorim)
12 - Sou do Barulho
(Sá Roris e Leonel Azevedo)

1962 – EP O Rei do Gatilho
(Odeon 7BD-1013)

01 - O Rei do Gatilho (samba de breque de Miguel Gustavo)
02 - O Pugilista de Fama (Claudionor Martins e Moreira da Silva)
03 - Ela é o Máximo (Lourival Ramos, Moreira da Silva e Anício Bichara)
04 - A Dama do Cemitério (Kiabo e Moreira da Silva)

1963 – 78 rpm (Odeon 14842)
A: O Último dos Moicanos
(samba de breque de Miguel Gustavo)
B: Dance Mademoiselle
(samba de breque de Moreira da Silva e Ribeiro Cunha)

1963 – Compacto (Odeon 7B-034)
A: Os Intocáveis (Miguel Gustavo)
B: Fingida (Moreira da Silva e Sulamita Guimarães)

1963 – LP O Último dos Moicanos
(Odeon MOFB 3351)

01 - O Último dos Moicanos (Miguel Gustavo)
02 - A Lagosta é Nossa (Moreira da Silva e Kiabo)
03 - O Sultão (Moreira da Silva e Kiabo)
04 - Mil e Uma Trapalhadas (Wilson Batista e Sinhô)
05 - Dance Madmoisele (Moreira da Silva e Ribeiro Cunha)
06 - Boletim Social (Almir Costa Barbosa, Kiabo e Adyr Gouveia)
07 - Chave de Cadeia (Moreira da Silva e Geraldo Gomes)
08 - Minha Sentença (Moacyr Bernardino)
09 - Companheiro Sincero (Moreira da Silva e Almeidinha)
10 - Hilda (Aidran de Carvalho e Barros Filho)
11 - Baiana da Lapa (Nilo Vianna)
12 - Patrulha da Cidade (Moreira da Silva e Kiabo)

DISCOGRAFIA

1963 – EP O Último dos Moicanos
(Odeon 7BD-1057)

01 - O Último dos Moicanos
(Miguel Gustavo)
02 - Dance Madmoisele
(Moreira da Silva e Ribeiro Cunha)
03 - O Rei do Gatilho (Miguel Gustavo)
04 - Que Loura é Essa
(Alberto Costa
e Oldemar Magalhães)

1963 – LP Carnaval 1964
(Odeon MOFB 3374)
Moreira da Silva participou
com 2 faixas:

01 - A Invernada
(Estanislau Silva, Raul Marques
e Aidran de Carvalho)
02 - A Bela e A Fera
(Júlio César, Moreira da Silva
e José Roy)

1964 – LP Morengueira 64
(Odeon MOFB 3385)

01 - Fui ao Dentista (Cícero Nunes
e Sebastião Fonseca)
02 - Gilda (Mário Lago e Erasmo Silva)
03 - Aquela Dama de Preto (Newton
Teixeira e Mário Rossi)
04 - Mulher Que Tem Cabeça
(Gomes Filho e Moreira da Silva)
05 - Vamos Dar Um Passeio
(Salgado, Jaime Azulay
e Roberto Muniz)
06 - Cigano (Lupicínio Rodrigues
e Felisberto Martins)
07 - Gato Azul
(Oscar Bellandi e Paulo Gesta)
08 - Bom Dia, Doutor
(Geraldo Soares e Carivaldo da Mota)
09 - Judia Rara (Moreira da Silva
e Jorge Faraj)
10 - Alma in Fiesta
(Moreira da Silva e J. Alex)
11 - Escravo do Amor (Aidran de
Carvalho e Paulo César Feital)
12 - Mulher Má
(Zé Pretinho e Moreira da Silva)

1964 – EP Moreira da Silva
(Odeon 7BD-1102)

01 - Nego Fogão (Aidran de Carvalho e Zé Pitanga)
02 - A Garota do Morro (Mário Teresópolis)
03 - Papa Defunto (Zilda do Zé e Zé da Zilda)
04 - Cenário de Luz (Moreira da Silva e Aidran de Carvalho)

1964 – Compacto (Odeon 7B-085)
A: Cassa o Mandato Dele
(Moreira da Silva, Francisco da Silva Ferreira Jr. e Romeu Scovino)
B: Adão Sem Eva (João Correia e Moreira da Silva)

1965 – Compacto (Odeon 7B-117)
A: Morenguera Contra 007
(Miguel Gustavo)
B: O Analfabeto
(S. Ferreira e Ernesto Pires)

1965 – Compacto (Odeon 7B-131)
A: Leonora (Moreira da Silva)
B: Ah! Se Eu Fosse Macaco
(Jararaca e João Correia da Silva)

1965 – LP Carnaval 66
(Odeon MOFB 3438)
Moreira da Silva participou com 2 faixas:
01 - Leonora (Moreira da Silva)
02 - Ah! Se Eu Fosse Macaco
(Jararaca e João Correia da Silva)

1966 – LP Conversa de Botequim
(Odeon MOFB 3450)

01 - Conversa de Botequim (Noel Rosa e Vadico)
02 - Avisa a Maria Que Amanhã Tem Baile (Haroldo Lobo e Milton de Oliveira)
03 - Minha Palhoça (J. Cascata)
04 - Vou Me Casar No Uruguay (Gadé e Walfrido Silva)
05 - Homenagem (Moreira da Silva)
06 - Analfabeto (S. Ferreira e Ernesto Pires)
07 - Risoleta (Raul Marques e Moacir Bernardino)
08 - 1296 Mulheres (Moreira da Silva e Zé Trindade)
09 - Piston de Gafieira (Billy Blanco)
10 - Pedra Que Rolou (Pedro Caetano)
11 - Céu Azul (Moreira da Silva e César Cruz)
12 - Faustina (Encrencas de Família) (Gadé)

1967 – LP Carnaval '67
(Odeon MOFB 3475)
Moreira da Silva participou
com 2 faixas:
01 – Quem Somos Nós
02 – Maria Tereza

1968 – LP O Sucesso Continua
(Cantagalo LPC 621)

01 - Na Subida do morro (Moreira da Silva e Ribeiro Cunha)
02 - Olha o Padilha (Bruno Gomes, Ferreira Gomes e Moreira da Silva)
03 - Amigo Urso (Henrique Gonçalez)
04 - Resposta do Amigo Urso (Maria Nazaré Maia)
05 - Te Amo Querida (Moes Filho e Moreira da Silva)
06 - Conto do Relógio (Gildo Moreno e Barbosa Silva)
07 - Beijo de Amor (Buci Moreira e Moreira da Silva)
08 - Rei do Gatilho (Miguel Gustavo)
09 - Dai Um Jeito Neste Mundo (Antônio Almeida e Alcebíades Barcelos)
10 - Baile da Piedade (Raul Marques e Jorge Veiga)
11 - A Carne (Moreira da Silva e Amorim Roxo)
12 - Apressado Queima a Boca (Moreira da Silva e H. Carvalho)
13 - Baianinha Cheirosa (Moreira da Silva)
14 - O Velho Não Bobeia (Mario Rossi e Aldo Taranto)

Anos 1970

1969 – LP Manchete do Dia
(Tropicana 01236)

01 - O Urubu Está Voando Baixo
(João Corrêa e Moreira da Silva)
02 - Chorei de Dor (M. Bernardino)
03 - Em Boa Companhia
(Motaury e Moreira da Silva)
04 - Telefonista (Moreira da Silva)
05 - Vou Voltar Pra Lapa
(H. Rocha e Moreira da Silva)
06 - Viagem Espacial
(Nelson Barros e Moreira da Silva)
07 - Plantei de Bois e Cavalos
(Moreira da Silva)
08 - Manchete do Dia
(Lourival Ramos e Moreira da Silva)
09 - A Rosa do Meu Amor
(Rubens Machado e Moreira da Silva)
10 - Escurinha Legal
(João Batista e Ubirajara)
11 - Homenagem a Paulistinha
(Graça Batista e Moreira da Silva)
12 - Está Vendo Doutor
(Gracino Campos e Antônio Filho)
13 - Moreninha Poliglota
(Milton Goulart e Moreira da Silva)
14 - Amanhã é Domingo
(Mariano Nogueira)

1970 – LP Mo"Ringo"eira
(Continental)

01 - O Sequestro de Ringo
(Miguel Gustavo)
02 - Rebocador Laurindo
(Moreira da Silva e Geraldo Gomes)
03 - Garota Genial
(Nunes Souza e João Batista Souza)
04 - O Conto da Mala
(Kiabo e Moreira da Silva)
05 - A Fera de Ouro
(Lourival Ramos e Moreira da Silva)
06 - Samba Aristocrático
(José Dilermando e Moreira da Silva)
07 - Moreira na Ópera
(Henrique Batista e Marilia Batista)
08 - Vou Cassar o Seu Mandato
(Moreira da Silva)
09 - Só Deus é Capaz (Moreira da
Silva e Fito Fernandes Cardoso)
10 - Na Subida do Morro
(Moreira da Silva e Ribeiro Cunha)
11 - Carne pra Linguiça
(Aidran de Carvalho e J. Gomes)
12 - Paraíso de Malandro (Sereno)

1970 – LP Carnaval 1971
(Continental LPK 20.219)
Moreira da Silva participou
com 2 faixas:
01 – Você Vai Ver Quem Sou Eu
(Denis Lobo e Moreira da Silva)
02 – Um Minuto Só
(Moreira da Silva e Luizito)

1971 – LP Carnaval 1972 vol. 2
(Continental LPK 20.271)
Moreira da Silva participou
com 1 faixa:
01 – A Última Seresta
(Brasinha e Moreira da Silva)

1972 – LP 70 Anos de Samba
(Tropicana 01160)

01 - Moreira Enfrenta Verdugo
(Cyro de Souza e Ribeiro Cunha)
02 - Valente Pedra-Mar (Jorge Paiva)
03 - Restaurante Chinês
(Zé da Zilda e Adilson Gonçalves)
04 - Tudo é Possível — Posso Sim
(Cícero Nunes e Aldo Cabral)
05 - Os Versos e a Valsa
(Moreira da Silva e Heitor Catumbi)
06 - Só Deus Sabe
(Ubirajara e Mario Miceli)
07 - Estou Naquela do Roberto Car
(Darcy Nascimento)
08 - A Nega da Gafieira
(Moreira da Silva e João Corrêa
de Faria)
09 - Porteiro de Boate
(Cyro de Souza e Braga Filho)
10 - A Mangueira e Você, Conceição
(Barbosa Silva e Ataulfo Júnior)
11 - Lei do Céu
(Tito Mendes e Moreira da Silva)
12 - Otário Feliz (Moreira da Silva
e João Correia da Silva)

MOREIRA DA SILVA · O ÚLTIMO DOS MALANDROS

1972 – LP Rio, Carnaval e Amor
(Imagem IMS 5039)
Moreira da Silva participou
com 2 faixas:
01 – Samba do Gravador
(Cláudio Paraíba e Barboza da Silva)
02 – Mundo Novo
(Severino de Souza, Milton
Alexandre e Ribeiro da Cunha)

**1973 – LP Consagração
(CID 4004)**

01 - Rei do Cangaço
(Miguel Gustavo)
02 - Petição (M. Micelli e D. Martins)
03 - Que Malandro Sou Eu
(José Orlando e Wilson Mell)
04 - O Novo-Rico
(Lourival Ramos e Ribeiro Cunha)
05 - Lapa na Década de Trinta
(Dalmo Niterói e M. Micelli)

06 - Eu Não Sou Baiano
(Waldemar Ressurreição)
07 - Sambista de Consultório
(René Bittencourt e Moreira da Silva)
08 - Na Subida do Morro
(Moreira da Silva e Ribeiro Cunha)
09 - Doralice
(Celso Castro e Moreira da Silva)
10 - Dormi no Molhado
(Moreira da Silva e Ribeiro Cunha)
11 - Adeus
(Newton Teixeira
e Christóvão de Alencar)
12 - Aquele Retrato Lindo
(Moreira da Silva e M. Micelli)
    Implorar
(Kid Pepe, G. Augusto e J.S. Gaspar)
    Abre a Janela (Arlindo Marques
Jr. e Roberto Roberti)
    Café Amanhã (Noel Rosa)
    É Bom Parar (Rubens Soares)
    Que Samba Bom
(Geraldo Pereira e Arnaldo Passos)

1973 - LP 1974: Carnaval Pra 100 Milhões (RCA Camden 107.0167)
Moreira da Silva participa com 1 faixa:
01 – Sozinho
(René Bittencourt e Rubens Soares)

1977 – LP Cyro Aguiar: Proporções (Som Livre 403.6105)
Moreira da Silva participa na faixa "Super Morengueira"

1979 – LP O Jovem Moreira (Polydor)

01 - Idade Não é Documento (Moreira da Silva e Cyro Aguiar)
02 - Homenagem a Noel (Moreira da Silva)
03 - Kleuza (Moreira da Silva)
04 - Diplomata (Henrique Gonçalez)
05 - Cigano (Lupicínio Rodrigues e Felisberto Martins)
06 - Gago Apaixonado (Noel Rosa)
07 - Fui a Paris (Moreira da Silva e Ribeiro Cunha)
08 - Partido Alto dos Passarinheiros (Aidran de Carvalho e Moreira da Silva)
09 - A Resposta do Amigo Urso (Moreira da Silva e Mário Nazaré Maia)
10 - Eu Vou Partir (Moreira da Silva e Zé Kéti)
11 - Vou Mudar de Escola (Nelson Barros e Moreira da Silva)
12 - Adeus Inferno Verde (Moreira da Silva)

Anos 1980

1980 – LP Chega Mais (trilha sonora) (Som Livre 403.6203)
Moreira da Silva participa com 1 faixa:
01 - Homenagem ao Malandro (Chico Buarque)

1981 – LP A Arte de Moreira da Silva
(duplo) (PolyGram)

Disco 1

01 - Morengueira contra 007
(Miguel Gustavo)
02 - Piston de Gafieira (Billy Blanco)
03 - Acertei no Milhar!
(Wilson Batista e Geraldo Pereira)
04 - Cavaleiro de Deus
(Ferreira Gomes e Ayrton Amorim)
05 - A Nega da Gafieira
(Moreira da Silva e João Correia de Faria)
06 - Idade Não é Documento
(Moreira da Silva e Cyro Aguiar)
07 - De Como Um Crioulo Doido Ficou Na Bronca
(Celso Castro e M da Silva)
08 - O Último dos Moicanos
(Miguel Gustavo)
09 - Paraíso de Malandro (Sereno)
10 - Mon Ami
(Ronaldo Corrêa e Juvenil)
11 - A Volta do Boêmio
(Adelino Moreira)
12 - A Resposta do Amigo Urso
(Moreira da Silva e Maria Nazaré Maia)
13 - Na Baixa do Sapateiro
(Ary Barroso)
14 - Gago Apaixonado (Noel Rosa)

Disco 2

01 - Rei do Gatilho (Miguel Gustavo)
02 - Tira Os Óculos e Recolhe o Homem (Jards Macalé e Moreira da Silva)
03 - Amigo Urso (Henrique Gonçalez)
04 - Plantei (Moreira da Silva)
05 - Rainha da Pérsia
(Mário Miceli e Moreira da Silva)
06 - Chave-de-Cadeia
(Moreira da Silva e Geraldo Gomes)
07 - Amigo Desleal
(Moreira da Silva e José Conde)
08 - Filmando na América
(Moreira da Silva e Waldemar Pujol)
09 - Na Subida do Morro
(Moreira da Silva e Ribeiro Cunha)
10 - Só Vou de Gíria (José Orlando)
11 - Quem Há de Dizer (Lupicínio Rodrigues e Alcides Gonçalves)
12 - Risoleta
(Raul Marques e Moacir Bernardino)
13 - Professora Suburbana
(Newton Teixeira e Jorge Faraj)
14 - Fui a Paris
(Moreira da Silva e Ribeiro Cunha)

DISCOGRAFIA

1986 – LP Cheguei e Vou Dar Trabalho
(Top Tape)

01 - Idade Não é Documento
(Ciro Aguiar e Moreira da Silva)
02 - Inadimplente (Moreira da Silva)
03 - O Rei do Gatilho
(Miguel Gustavo)
04 - Cálice Amargo
(Moreira da Silva)
05 - Último Desejo (Noel Rosa)
06 - Já Não Posso Andar Na Rua
(Moreira da Silva e J. Cristiano)
07 - Tudo Bem (Moreira da Silva)
08 - Garota de Copacabana
(Zilda do Zé)
09 - A Volta do Boêmio
(Adelimo Moreira)
10 - Tomara Que Caia (Braguinha)
11 - Amigo Urso
(Henrique Gonçalez)
12 - As Rosas Não Falam (Cartola)
13 - Na Subida do Morro
(Moreira da Silva e Ribeiro Cunha)
14 - Fui a Paris
(Moreira da Silva e Ribeiro Cunha)
15 - O Último dos Moicanos
(Miguel Gustavo)
16 - Jura de Cabocla
(Cândido das Neves)
17 - José e João
(Anderson Ferrari
e Moreira da Silva)
18 - Acertei no Milhar! (Wilson Batista e Geraldo Pereira)

1989 – LP 50 Anos de Samba de Breque
(Fama/CID)

01 - Fui ao Dentista
(Cícero Nunes e Sebastião Fonseca)
02 - Cidade Lagoa
(Cícero Nunes e Sebastião Fonseca)
03 - Fenômeno (Joaquim Domingos
Nilton Moreira)
04 - Na Subida do Morro
(Ribeiro Cunha e Moreira da Silva)
05 - O Rei do Gatilho
(Miguel Gustavo)
06 - Acertei no Milhar!
(Wilson Batista e Geraldo Pereira)
07 - Melô dos Passarinhos (Aidran
de Carvalho e Moreira da Silva)
08 - No Seca-Sovaco
(Moreira da Silva e Ribeiro Cunha)
09 - Judia Rara
(Jorge Faraj e Moreira da Silva)
10 - Sou Candidato (Aidran
de Carvalho e Ferreira Gomes)
11 - Margarida
(Zózimo Ferreira e Moreira da Silva)
12 - Chave-de-Cadeia
(Moreira da Silva e Geraldo Gomes)
13 - Jogando com o Capeta
(Moreira da Silva e Ribeiro Cunha)
14 - Pé de Laranjeira (Aidran
de Carvalho e Moreira da Silva)

Anos 1990

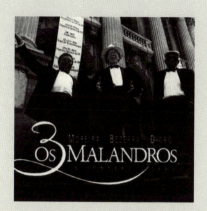

1995 – CD Os 3 Malandros In Concert[6] (CID)
(com Bezerra da Silva e Dicró)

01 - O Recital
(Dicró, G. Martins e Donduque)
02 - Os Três Pagodeiros do Rio
(Dicró e Wilsinho Saravá)
03 - Ópera do Morro (Dicró e Pongá)
04 - 3 Malandros in Concert
(Dicró e Pongá)
05 - Ressuscita Ele (Claudinho Inspiração e Evandro Galo)
06 - Chave-de-Cadeia
(Moreira da Silva e Geraldo Gomes)
07 - Malandro Não Vacila (Julinho)
08 - O Político (Dicró - Pongá)
09 - Na Subida do Morro
(Moreira da Silva e Ribeiro Cunha)
10 - Dava Dois
(Dicró e Wilsinho Saravá)
11 - Lugar Macabro
(Efson e Wilsinho Medeiros)
12 - Jogando com o Capeta
(Moreira da Silva e Ribeiro Cunha)
13 - Rua da Amargura (Dicró e Pongá)

---

6. Data de lançamento estimada, pois não aparece registrada no disco.

FOTOS

O pequeno Antônio fica órfão de pai aos dois anos. (Foto: Arquivo Moreira da Silva)

FOTOS

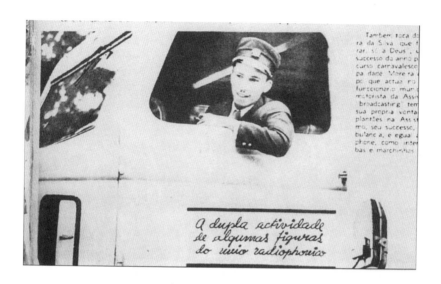

01 – Batucando sambinhas no capô da ambulância do Pronto Socorro da Praça da República (Foto: Biblioteca Nacional)

02 – Livro de Cícero Marques transforma o motorista em fragmento da História Brasileira
(Foto: Reprodução Renato Velasco)

01 – O elegante Getúlio Marinho, mais conhecido como Amor, convenceu o Mulatinho da Assistência a gravar seus pontos de macumba na Odeon. (Foto: Arquivo Moreira da Silva)

02 – Manoel Monteiro e Moreira da Silva: striptease em alto mar (Foto: Arquivo Moreira da Silva)

01 – O sucesso no luxuoso Cassino Atlântico faz César Ladeira mudar de opinião. (Foto: Arquivo Moreira da Silva)

02 – Cartaz de divulgação do show de Manoel Monteiro em Portugal. (Foto: Arquivo Moreira da Silva)

01 – Moreira (agachado de branco) e Manoel Monteiro (de pé, quarto da direita para a esquerda) foram recebidos por poetas e cantores portugueses ao desembarcarem em Lisboa. (Foto: Leitão de Barros)

02 – Cartaz do filme de Leitão de Barros: Moreira faz cinema em Portugal. (Foto: Acervo José Ramos Tinhorão)

Moreira (na ponta esquerda), Benedito Lacerda (com a flauta) e artistas cariocas posam ao lado de Getúlio Vargas e Eurico Gaspar Dutra: apologia da malandragem desagradava o Estado Novo. (Foto: Arquivo Moreira da Silva)

(Foto: Arquivo Moreira da Silva)

01 – Finalmente Mariazinha acompanha o marido (à esquerda) em uma viagem. (Foto: Arquivo Moreira da Silva)

02 – Dona Pauladina: temperamento difícil causava atrito com o filho. (Foto: Arquivo Moreira da Silva)

(Foto: Arquivo Moreira da Silva)

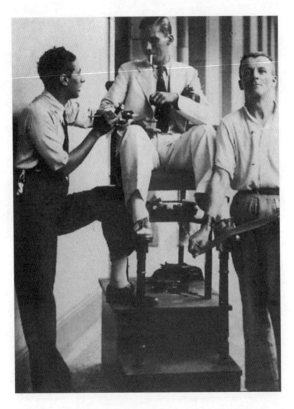

Tricampeão do carnaval carioca, Moreira da Silva não descuidava do visual e começava a despontar para o sucesso. (Foto: O Globo / Arquivo Moreira da Silva)

01 - Moreira (último à direita, agachado) participa, em Porto Alegre, de um time de futebol muito divertido. (Foto: Cordeiro / Arquivo Moreira da Silva)

02 - Moreira e Mariazinha com Orlando Barros. Amigo influente, o advogado abriu as portas da prefeitura para o cantor. (Foto: Arquivo Moreira da Silva)

No tempo dos discos de 78 rotações. (Foto: Arquivo Moreira da Silva)

FOTOS

01 – Com Mariazinha: "uma santa criatura" que acreditava que o lado mulherengo do cantor existia apenas em suas músicas. (Foto: Arquivo Moreira da Silva)

02 – Ribeiro Cunha: coautor de sambas de sucesso sem precisar compor uma única linha. (Foto: Antônio Andrade / Abril Imagens)

Jorge Veiga: o rival que causava ciúmes ao velho Moreira. (Foto: O Globo / Arquivo de Moreira da Silva)

Com Miguel Gustavo: entra em cena o Kid Morengueira. (Foto: Nelson Di Rago / Abril Imagens)

Com o genro, a filha e o neto no programa Sílvio Santos. (Foto: Arquivo Moreira da Silva)

Com o radialista José Messias no Show dos Maiorais. (Foto: Cordeiro / Arquivo Moreira da Silva)

01 – Com a neta Juliana (Foto: Arquivo Moreira da Silva)

02 – Com Elza Soares (Foto: Arquivo Moreira da Silva)

Com Dicró (Foto: Arquivo Moreira da Silva)

01– Moreira e Macalé reunidos pelo Projeto Seis e Meia. (Foto: Arquivo Jards Macalé)

02 – Cena do curta-metragem de Ivan Cardoso. Aos 72 anos, o velho malandro impressionou a todos com seu pique de trabalho. (Foto: Ivan Cardoso / Arquivo Moreira da Silva)

Macau com o presente dos "hóspedes" do Presídio da Papuda para Moreira. (Foto: Arquivo Jards Macalé)

Foto: Arquivo Jards Macalé

Moreira, Aline e Macalé viajando por todo o Brasil com o Projeto Pixinguinha. (Foto: Arquivo Jards Macalé)

Moreira e Macalé (sentados à esquerda) presentes no Festival da Tupi: vaias e chuva de bolinhas de papel. (Foto: Arquivo Jards Macalé)

Moreira da Silva concede entrevista. (Foto: Carlo Wrede / AJB)

Moreira da Silva na Rádio JB. (Foto: Carlo Wrede / AJB)

Moreira da Silva grava no MAM. (Foto: Camilo Calazans / AJB)

Mostrando que ainda dá no couro, Moreira lança "Idade não é documento", samba de breque feito em parceria com o compositor baiano Cyro Aguiar. (Foto: Joel Maia / Abril Imagens)

Com Ademilde Fonseca e Albino Pinheiro, participando mais uma vez do Projeto Seis e Meia. (Foto: Arquivo Moreira da Silva)

Moreira visita a fábrica da Souza Cruz e lembra-se do tempo de menino. (Foto: Arquivo Souza Cruz)

Foto: Arquivo Márcia Pargana

Com a produtora Márcia Pargana em Campos (RJ). (Foto: Arquivo Márcia Pargana)

Com Dicró e Márcia Pargana num show na Gamboa. (Foto: Arquivo Márcia Pargana)

01 – Circo Voador no Dia do Samba. (Foto: Arquivo Márcia Pargana)
02 – Com Nelson Sargento no Dia do Samba. (Foto: Arquivo Márcia Pargana)

01- Com a atriz Cissa Guimarães na Ritmo, casa noturna em São Conrado (RJ). (Foto: Arquivo Márcia Pargana)

02- Com Alexandre Augusto, Jards Macalé e Sérgio Cabral na Ritmo (1996). (Foto: Arquivo Alexandre Augusto)

Com Paulinho Moska em show na Ritmo, celebrando 94 anos em 1996. (Foto: Arquivo Márcia Pargana)

Com Maitê Proença e Tony Ramos durante lançamento do CD Brasil São Outros 500 no Canecão (RJ) (1998). (Foto: Arquivo Márcia Pargana)

Com Gabriel O Pensador em show na Ritmo. (Foto: Arquivo Márcia Pargana)

Com Gabriel O Pensador no estúdio, fazendo dueto de "Amigo Urso" para o CD Brasil São Outros 500 (1998). (Foto: Arquivo Márcia Pargana)

FOTOS

01 e 02 - Com o autor Alexandre Augusto no lançamento original deste livro no MAM em 1996. (Fotos: Arquivo Moreira da Silva / Arquivo Alexandre Augusto)

Aniversário de 97 anos no centro do Rio em 1º de abril de 1999. (Foto: Arquivo Moreira da Silva)

Aniversário de 98 anos no centro do Rio em 1º de abril de 2000. (Fotos: Arquivo Moreira da Silva)

Aniversário de 98 anos no centro do Rio em 1º de abril de 2000. (Fotos: Arquivo Moreira da Silva)

Aniversário de 98 anos no centro do Rio em 1º de abril de 2000. (Fotos: Arquivo Moreira da Silva)

Aniversário de 98 anos no centro do Rio em 1º de abril de 2000. (Fotos: Arquivo Moreira da Silva)

Uma das últimas entrevistas de Moreira à televisão. (Foto: Arquivo Márcia Pargana)